U0862870

国家图书馆年鉴

National Library of China Yearbook

2023

国家图书馆出版社

图书在版编目（CIP）数据

国家图书馆年鉴 . 2023 / 国家图书馆编 . -- 北京 : 国家图书馆出版社，2024. 2. -- ISBN 978-7-5013-8185-2

Ⅰ. G259. 251-54

中国国家版本馆 CIP 数据核字第 2024H7X954 号

书　　名　国家图书馆年鉴 2023
GUOJIA TUSHUGUAN NIANJIAN 2023
著　　者　国家图书馆　编
责任编辑　唐　澈
责任校对　郝　蕾
封面设计　北京金书堂文化发展有限公司

出版发行　国家图书馆出版社（北京市西城区文津街 7 号　100034）
（原书目文献出版社　北京图书馆出版社）
010-66114536　63802249　nlcpress@nlc.cn（邮购）
网　　址　http://www.nlcpress.com
排　　版　北京金书堂文化发展有限公司
印　　装　河北鲁汇荣彩印刷有限公司
版次印次　2024 年 2 月第 1 版　2024 年 2 月第 1 次印刷

开　　本　889 × 1194　1/16
印　　张　18.75　　彩插　0.75
字　　数　475 千字
书　　号　ISBN 978-7-5013-8185-2
定　　价　380.00 元

版权所有　侵权必究

本书如有印装质量问题，请与读者服务部（010-66126156）联系调换。

《国家图书馆年鉴》编纂委员会

主　任：陈　樱

副主任：张志清　张　军　霍瑞娟　魏　崇　王晓东

编　委（按姓氏笔画排序）：

马　静　王　洋　王　磊　王红蕾　王雁行　方自金
卢　希　申晓娟　吕慧军　安　洁　孙　乐　孙伯阳
李红霞　李春明　李晓明　吴　凯　辛　璐　张　洁
张　煦　张明亮　张海波　陈红彦　陈荔京　荣　杰
顾　恒　黄　亮　黄　洁　曹　宁　董雪磊　谢　强
廖永霞

《国家图书馆年鉴》编辑部

主　编：陈　樱

副主编：申晓娟　李　丹

编　辑：程　鹏　王旭东　马　涛　王秀香　李兴芳　李　劲
苏　健

撰稿人（按姓氏笔画排序）：

丁　曦　　刁婧宇　　于　琳　　于良杰　　于珊珊　　于菲菲　　马　倩　　马　骏
马　超　　马　静　　卫萌萌　　丰　楠　　王　岩　　王　洋　　王　娟　　王　琪
王　潇　　王　蕊　　王　薇　　王会娟　　王旭东　　王宇鸽　　王佳妍　　王春丽
王彦侨　　王桂杰　　韦　伟　　牛雪妮　　方　怡　　邓旭新　　平　安　　叶　茜
申子超　　申庆月　　申晓娟　　田　雯　　田　颖　　田周玲　　白云娇　　玄一凡
宁三香　　台钰莹　　毕滕予　　吕慧军　　朱　莺　　朱庆华　　乔　金　　向　辉
刘　伟　　刘　杨　　刘　柳　　刘　俊　　刘　洁　　刘　贺　　刘　瑛　　刘　雅
刘　霦　　刘仲瑄　　刘羽冰　　刘金哲　　刘思瑶　　刘雅涵　　刘晶晶　　刘源泓
刘慧雅　　闫　征　　关　月　　安　平　　安　洁　　孙　丽　　孙　俊　　孙　阔
孙齐圣　　孙保珍　　苏丽璇　　苏明忠　　杜　晓　　李　丹　　李　帅　　李　伟
李　茵　　李　洋　　李　楠　　李　静　　李月婷　　李东伦　　李东杰　　李扬清
李思思　　李菲菲　　杨　凡　　杨　帆　　杨　志　　杨海帆　　肖珂诗　　吴　凯
吴　洋　　邱奉捷　　何　隽　　余　雯　　冷　熠　　辛　璐　　汪　静　　汪凯戈
宋　辰　　宋　姝　　宋　珺　　宋仁霞　　宋莞婷　　张　洁　　张　涛　　张　雪
张　章　　张　琳　　张　辉　　张　煦　　张　鹏　　张立朝　　张收棉　　张若冰
张珊珊（典藏阅览部）　张珊珊（保卫处）　张彦希　　张美宁　　张晓今　　张黎雪
张蕾累　　邵颖超　　陈　阳　　陈　敏　　陈　琳　　陈　喆　　陈子凡　　陈明颖
陈魏玮　　武永丽　　林俊飞　　季　业　　季士妍　　岳小艺　　金文昌　　周宇鹏
周笑盈　　郑　伟　　郑云霞　　郑庆元　　郑晓雯　　孟　化　　孟　征　　孟　修
赵　娜　　赵　悦　　赵　爽　　赵　敏　　赵　蕊　　赵　磊（承德文献周转库管理处）
赵　磊（离退休干部处）　赵国香　　赵建国　　赵洪雅　　赵晓玲　　赵媛媛
郝金敏　　荣　杰　　胡　泊　　胡宏哲　　胡昱晓　　钟晶晶　　姜　蕴　　姜晓曦
娄　纯　　宣艺瑶　　姚　迎　　贺一航　　耿星河　　耿晓迪　　索　晶　　夏恩赏
顾　恒　　徐　慧　　徐　燕　　徐一田　　徐云平　　高　宏　　高　博　　高诗萌
高泉泉　　郭　妮　　郭比多　　郭远航　　唐　书　　唐　菲　　桑泽轩　　黄　亮
黄　晴　　黄　静（社会教育部）　黄　静（党群工作办公室）　黄梦洁　　萨　蕾
曹丽萍　　常荩心　　常慧慧　　崔云红　　崔志宾　　梁　淳　　梁钜霄　　梁爱梅
梁潇文　　梁蕙玮　　彭福英　　董　婧　　董雪磊　　韩　华　　韩　玲　　韩　尉
韩　超　　韩　澍　　韩晔曈　　程天舒　　程鲁洁　　敦文杰　　童忠勇　　谢　丰
谢万幸　　谢冬荣　　谢岩岩　　谢春花　　蒙海光　　槐　燕　　雷　亮　　路龙惠
蔡　丹　　蔡　颖　　裴书静　　樊亚宁　　潘常青　　戴建武

编辑说明

一、《国家图书馆年鉴》力图系统、全面记录国家图书馆年度事业发展进程，着眼于记录主要事件，反映年度工作，保存重要数据，提供决策参考，服务业界社会。首卷出版于2011年，每年编辑出版一卷。

二、《国家图书馆年鉴》由国家图书馆主办，编纂工作由国家图书馆研究院（业务管理处）《国家图书馆年鉴》编辑部主持。

三、《国家图书馆年鉴2023》反映2022年国家图书馆事业的发展状况。

四、《国家图书馆年鉴2023》正文采用分类编辑法。全文由综述、特别记载、党建工作、馆藏建设与管理、服务工作、信息化建设、重点文化工程及项目、文献整理与编辑出版、学术与科研、对外及与我国港澳台地区交流合作、群团工作、内部综合管理、统计资料、馆发文件、媒体报道、年度大事记以及综合索引等部分构成。

◆ 1月7日，“国家图书馆藏清宫‘天禄琳琅’修复项目重大成果发布会”举行。8月4日，“妙手传天禄，丹心鉴古今——国家图书馆藏清宫‘天禄琳琅’修复项目成果展”开展。图为发布会现场。

◆ 1月，立法和决策服务部团支部获评2019—2020年度“中央和国家机关五四红旗团支部”

◆ 2月4—20日，北区中文图书区设置“迎冰雪 共筑梦——2022北京冬奥图书专架”

◆ 2月23日，馆长熊远明、副馆长陈樱等会见乌拉圭驻华大使

◆ 3 月 11 日，中央歌剧院在国图艺术中心音乐厅举办《古典三杰》暨纪念海顿诞辰 290 周年交响音乐会

◆ 3 月 16 日，2022 年“中英图书馆论坛”线上研讨会召开

◆ 4 月 15—24 日，北区视听服务空间举办黑胶文化节活动，读者现场欣赏黑胶唱片

◆ 4 月 19 日，《中华医藏》出版签约仪式暨出版工作启动会议在国家图书馆出版社举行

◆ 4 月 23 日，第十七届文津图书奖颁奖典礼举行

◆ 4 月 26 日，国家图书馆知识产权信息服务中心揭牌仪式举行

◆ 5 月 15 日，国家图书馆出版社出版的《明清黄河文献丛编》入选 2022 年度“全国古籍出版社百佳图书”

◆ 6—7 月，“年华易老　技·忆永存——第四届国家级非物质文化遗产代表性传承人记录工作成果展映月暨工作回顾展”在北区二层大厅举办

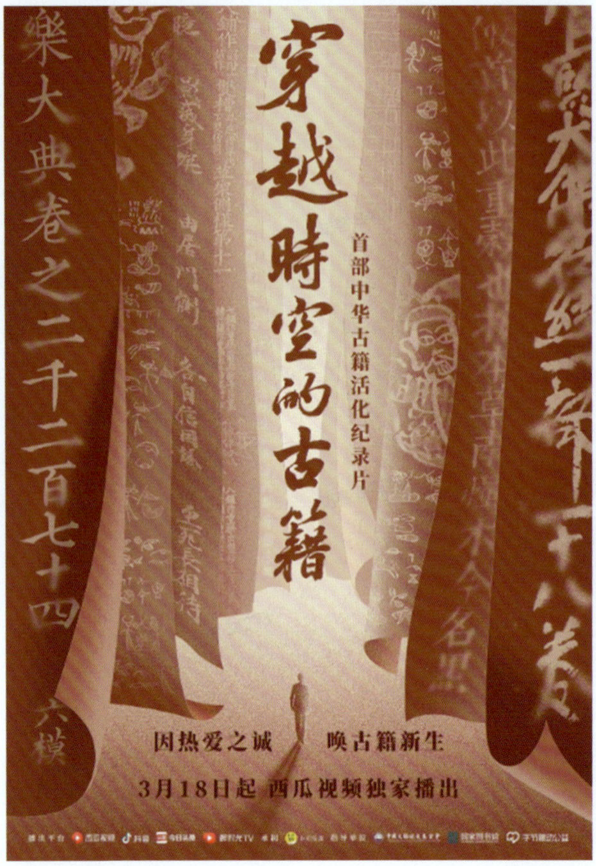

◆ 6 月 11 日，中华古籍活化纪录片《穿越时空的古籍》入选中华文物全媒体传播精品（新媒体）推介项目

◆ 6 月 21 日，国家图书馆第六届青年学术论坛举办

◆ 6 月 28 日，馆长熊远明、副馆长陈樱参加金砖国家图书馆联盟线上研讨会

◆ 6 月 29 日，中国古籍保护协会古籍编目专业委员会成立

◆ 6 月，国图讲坛“非遗讲座月”系列活动开展

◆ 7 月 1 日，副馆长陈樱代表国家图书馆向某部干休所赠送第十七届文津图书奖获奖图书

◆ 7 月 15—17 日，国家典籍博物馆“古籍零距离”专题夏令营活动举办

◆ 7 月 2—3 日、9—10 日，“国家典籍博物馆·传统动画工作室”研学活动举办

◆ 7 月 19 日，“经典薪火相传　音乐点亮人生”《中华传统文化百部经典》阅读推广专场音乐会举办。少年儿童在满天星业余交响乐团的伴奏下朗诵唐代诗人李白的诗歌《将进酒》

◆ 7 月 22 日，叙利亚驻华大使参观“邂逅·美索不达米亚——叙利亚古代文物精品展”

◆7 月 24 日，国图艺术中心邀请北方昆曲剧院演员在“昆曲体验营”活动中指导孩子们学习昆曲表演中的扇子功

◆7 月 26 日，革命文献与民国时期文献整理项目专家评审会召开

◆7 月 26 日，中国古籍保护协会举办“中华古籍保护文化志愿服务行动·山西行”活动

◆7—12 月，全国政协书院联合国家图书馆、光明日报社共同推出“加强中华儿女大团结”主题读书暨“和全国政协委员一起读书”活动

◆ 8 月 4 日，2022 年中华传统晒书活动启动

◆ 8 月 8 日，北京电视台《春妮的周末时光》走进国家图书馆，制作《典籍之光》，专题介绍《永乐大典》，制作组在修复室听专家解读《永乐大典》修复

◆ 8 月 14 日，由著名舞蹈家、北京舞蹈学院教授刘岩主讲的“艺术典藏之舞蹈艺术——讲舞堂”之“谈谈我的舞蹈实践——舞蹈创作与舞蹈艺术疗愈”举办

◆ 8 月 16 日，国家文物局副局长解冰一行到国家图书馆古籍馆调研

◆ 8 月 19 日，中国图书馆学会在贵州省安顺市幺铺镇阿歪寨村开展志愿服务行动

◆ 8 月 25 日，《中华传统文化百部经典》专题研讨会在宁夏回族自治区图书馆召开

◆ 8 月 26 日，“致敬经典 · 名家讲坛”系列讲座之第 25 届全国推广普通话宣传活动——“趣味语言大讲堂”在艺术中心音乐厅举办，新中国第一代女播音员葛兰指导学生诵读古典诗词

◆ 8—10月，国家图书馆第十三届员工艺术节举办

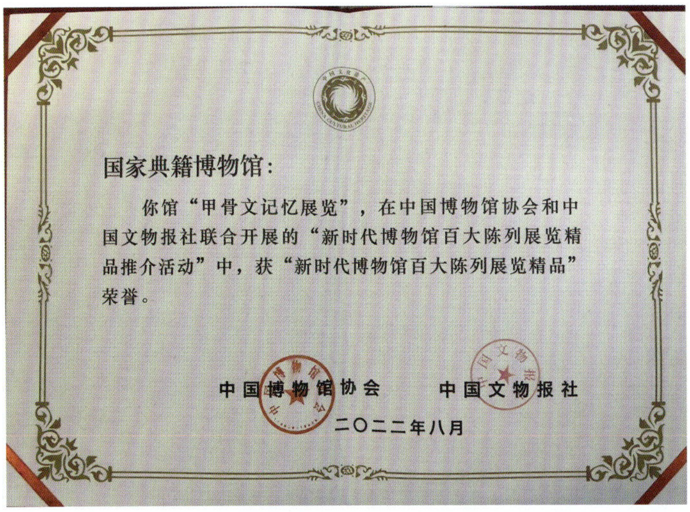

国家典籍博物馆：

你馆“甲骨文记忆展览”，在中国博物馆协会和中国文物报社联合开展的“新时代博物馆百大陈列展览精品推介活动”中，获“新时代博物馆百大陈列展览精品”荣誉。

中国博物馆协会　　中国文物报社

二〇二二年八月

◆ 8月，“甲骨文记忆展览”获“新时代博物馆百大陈列展览精品”荣誉

◆ 9月7日，国家图书馆联合全国200多家图书馆共同举办的“经典，予生活以诗意——‘文津经典诵读’十周年主题展”开幕

◆ 9月9日，国家图书馆学习贯彻习近平总书记给国图老专家回信精神三周年座谈会召开

◆ 9月9日，馆长熊远明、副馆长霍瑞娟一行到中国文化遗产研究院调研，实地参观实验室

◆ 9 月 26 日，国家图书馆党风廉政警示教育活动举行

◆ 9 月 27 日，国家图书馆组织开展反恐防暴演练

◆ 9 月，“《共产党宣言》专题展”入选 2022 年度“弘扬中华优秀传统文化、培育社会主义核心价值观”主题展览征集重点推介项目

◆ 9 月 30 日，常务副馆长张志清带队到古籍馆开展国庆节前安全检查

◆ 10月26—27日，国家图书馆举办第十四次中文文献资源共建共享合作会议

◆ 10月27日，离退休卓越乒乓球俱乐部会员举办活动

◆ 10—11月，承德文献周转库开展系列消防升级改造工作

◆ 11月3日，国家图书馆举办艺术文献捐赠仪式暨“音乐点亮人生·我和我的祖国——音乐沙龙特别版”音乐会

◆ 11月7日，古籍馆开展消防疏散演练

◆ 11月15日，《中国图书馆分类法》编委会召开第九届委员会成立大会暨工作会议

◆ 国家图书馆中国记忆项目中心对人类学家周国兴先生进行口述史访问

目录

综 述

综　述

2022年，在文化和旅游部党组的正确领导下，在各司局和有关单位的关心支持下，国家图书馆领导班子带领全馆干部员工，坚持以习近平新时代中国特色社会主义思想和习近平总书记回信精神为指导，全面深入学习宣传贯彻党的二十大精神，贯彻落实总书记给国图老专家回信精神，深入实施“智慧转型”“品质提升”“开放合作”战略，统筹推进安全生产、疫情防控与各项事业创新发展，在业务建设、读者服务、综合治理、行业交流合作等方面均实现较大提升。

一、深入学习习近平新时代中国特色社会主义思想，认真贯彻落实党的二十大精神

深入学习研讨党的十九届历次全会精神和党的二十大精神。充分发挥党委（党组）理论学习中心组领学促学作用，举办党的二十大精神宣讲和学习推进会，组织线上答题活动，推动学习全员覆盖。全年组织党委（党组）理论学习中心组学习10次，引领带动全馆党员干部员工准确把握党的二十大精神的重大意义和精髓要义，深刻领悟“两个确立”的决定性意义，进一步增强“四个意识”、坚定“四个自信”、做到“两个维护”。设立党的二十大专题图书展示区，组织开展专题活动，充分发挥党的基层宣传思想阵地作用。

组织召开学习贯彻习近平总书记给国图老专家回信精神三周年座谈会，深入推进学习贯彻落实总书记回信精神台账项目实施，所有短期台账项目已基本完成。印发《国家图书馆关于推动党史学习教育常态化长效化的实施方案》，不断巩固拓展党史学习教育成果。设立“我为群众办实事”台账，明确22个项目清单，将好事办实、实事办好。依托年轻干部理论学习小组，围绕群众关心的“关键小事”开展调研攻关，《智能技术时代国家图书馆老年读者服务》等5项调研成果获部级奖励。

二、认真贯彻落实中央关于加强新时代古籍工作的要求，创新推动中华优秀传统文化传承发展

深入实施中华古籍保护计划、革命文献与民国时期文献保护计划等重点文化工程，积极发挥国家典籍博物馆的文化传播阵地功能，多渠道、多媒介、立体化推动珍贵典籍的普及传播，进一步提升传承弘扬中华优秀传统文化水平。

（一）中华古籍保护计划深入实施

深入推进古籍类文物定级工作，完成善本文物定级备案5737部117499册/件，启动普通古

籍定级工作，研发古籍定级系统，配合文化和旅游部公共服务司研制《公共图书馆系统古籍类文物定级指南》。组织开展中华古籍保护计划实施15周年系列活动。《全国古籍普查登记目录》新增出版11种18册，“海外中华古籍书目数据库”新增书目数据12万条。圆满完成清宫“天禄琳琅”专项修复任务，完成纳格拉洞藏文古籍保护项目。脆化古籍纸张加固技术研究入选2022年度文化和旅游部重点实验室资助项目。“中华古籍资源库”新增发布两批498部6000余册50万余叶古籍数字资源，上线“日本永青文库捐赠汉籍”专题数据库。完成“《国家珍贵古籍名录》知识库建设”项目。推进中华经典传习项目，在苏州、绍兴、黄冈新设3家中华经典传习所。举办古籍修复等培训班4期，培训3000余人次；推进古籍保护学科体系建设，举办全国大学生中华典籍文化保护与传承大赛；建设古籍保护人才库，拟出版《全国古籍保护人员名录・古籍修复师》。举办中华传统晒书、“古籍守护公益项目”系列传播活动，推动形成全社会关心、支持古籍保护工作的生动局面。“中华古籍普查志愿服务行动・山西行”入选2021年度全国学雷锋志愿服务“四个100”最佳志愿服务项目。

（二）革命文献与民国时期文献保护计划稳步推进

组织开展革命文献与民国时期文献保护计划实施10周年系列活动。民国时期文献普查工作不断深入，新增民国时期书目数据1175条、馆藏数据19157条，推进《民国时期图书总目》语言文字卷、经济卷和《革命历史文献专题书目（1911—1949）》等的编纂出版。完成5.6万册馆藏民国时期图书酸化程度测试，初步拟定民国时期图书酸化分级标准。完成革命文献与民国时期文献整理项目15项，评审立项15项，出版图书1043册。实现“革命文献与民国时期文献保护网”专题资源库集中展示和免登录访问。建设二战时期西南太平洋战区日本战俘讯问档案专题资源库，完成中缅印战区抗战历史档案整理项目数据加工，启动二战时期太平洋战区美军军事档案整理项目。征集入藏日本战争罪行和中国抗战主题档案5611页。

（三）典籍整理出版和研究利用成果丰硕

《中华传统文化百部经典》召开编纂委员会会议3次，新出版《商君书》《伤寒论》等图书20种，《论语》等3种图书入选全国政协委员读书参考书目；举办专场音乐会、创意推广展、经典诵读、线上讲座等宣传推广活动，吸引近1.6亿公众参与。国家传统文化典籍整理工程成果《敦煌遗书书法选集》（第一、第二辑）、《中国国家图书馆藏黄河历史文献》出版。古文字与中华文明传承发展工程“国家图书馆藏甲骨整理、保护与研究”等3个子项目入选“十四五”重大出版工程。国家图书馆出版社全年新出版图书165种，12个项目入选《出版业“十四五”时期发展规划》，25个项目入选《2021—2035年国家古籍工作规划》重点出版项目，1个项目入选中央文化体制改革和发展工作领导小组办公室国家文化产业发展项目库第二批入库重点项目。推进“《永乐大典》研究中心”建设，制作完成5G全景VR《永乐大典》作品。策划《山海社的宝藏：雁行者》剧本杀，推出《穿越时空的古籍》纪录片、“阅字如愿”小程序、《天工开物》数字藏品等古籍“活”化产品，开发主题文创产品180余种，古书香薰、“手不释书”、《红楼梦》等主题产品先后在中国旅游商品大赛、北京旅游商品和文创产品大赛中获奖。

（四）国家典籍博物馆文化传播阵地作用积极发挥

举办“邂逅·美索不达米亚——叙利亚古代文物精品展”“‘天禄琳琅’修复项目成果展”等专题展览18场，全年接待公众参观52.27万人次，筹备“二十世纪初中国古文献四大发现展”，并在地铁国家图书馆站E出口设置线下展区。“《共产党宣言》专题展”入选2022年度“弘扬中华优秀传统文化、培育社会主义核心价值观”主题展览征集重点推介项目，“甲骨文记忆展”入选“新时代博物馆百大陈列展览精品推介活动”，“珠还合浦　历劫重光——《永乐大典》的回归和再造”入选“2021年度北京市博物馆优秀展览”，“邂逅·美索不达米亚——叙利亚古代文物精品展”荣登2022北京“年度文化消费影响力金榜”。联合新疆图书馆、天一阁博物院等举办精品馆藏巡展5场。联合中小学校开展青少年传统文化研学游活动，举办“国家典籍博物馆·传统动画工作室”研学项目、“不一样的看‘典’”话剧展演等社教活动187场，“我是小小讲解员”课程荣获“喜迎二十大　强国复兴有我——青少年中华文物我来讲”优秀博物馆志愿服务推介项目。

三、贯彻落实国家文化数字化战略要求，统筹推进“全国智慧图书馆体系”建设

在智慧图书馆项目概要设计、基础设施建设、系统平台研发、知识资源建设、理论研究等方面取得阶段性成果。同时，不断加强全行业统筹协调，引领带动全行业智慧化转型创新。

（一）项目顶层设计进一步完善

不断健全完善国家图书馆智慧图书馆建设领导小组工作机制，加强对项目建设的统筹规划与协调管理；委托专业咨询机构围绕项目概要设计深入开展调查研究，完成调研报告及概要设计方案初稿，项目总体技术架构、业务需求和实施路径基本明确。从全国遴选首批30名专家，组建动态更新的智慧图书馆建设专家库。面向全馆开展智慧图书馆技术交流活动，引导干部员工提升智慧化转型能力。与高科技企业广泛深入交流，与中国科学技术信息研究所、中国科学院文献信息情报中心等教育科研机构开展技术研讨，不断拓宽项目建设思路。

（二）各类基础性、试验性项目建设顺利实施

在继续巩固拓展2021年试点项目成果的基础上，统筹安排年度新增项目的组织实施。完成“私有云建设”项目需求及建设方案论证，有序推进软硬件设备采购；完成“全网知识内容集中仓储系统一期”项目系统详细设计和基本框架开发。“‘山海经’知识库建设”项目应用智能技术探索实现多维度阅读展示、场景分享和互动体验；“民国文献知识化加工”项目完成4万条地方文献细粒度知识数据建设；“国图公开课知识提升项目”完成1075场公开课音视频资源的知识关联图谱构建；“影音视听资源知识服务平台”基本完成，实现对语义搜索、图谱展示、知识片段揭示和微知识库等智慧化服务方式的支持。“中国战‘疫’记忆库”版权管理平台推进区块链技术在知识内容权益管理领域的示范应用，智慧化知识内容建设关键技术攻关不断取得新突破。“智能问答系统”基本达到上线服务要求，“典籍博物馆智能导览系统”完成技术方案论证，智慧化知识服务能

力有效提升。“文献捐赠系统”“开放获取资源采集与发布系统”等的开发稳步推进，为贯穿图书馆管理全流程、覆盖业务各环节的智慧图书馆管理系统建设奠定了较好基础。

（三）与地方馆围绕项目建设的试点合作持续深入

作为项目牵头实施单位，积极配合文化和旅游部相关司局，协调统筹中央对地方转移支付经费的分配、管理与使用，协助完成32个省349个项目的综合评价。联合各地图书馆开展知识资源建设，支持和指导各地图书馆立足各自资源优势和地方文化特色开展数字资源的智慧化加工标引，各地资源建设成果陆续交付验收。联合有条件的省级图书馆试点推进项目基础平台建设，合作试点单位由2021年的8家拓展到16家。组织召开全国智慧图书馆体系基础平台建设推进会，就系统设计、接口参数和专网连接等关键问题进行研讨；牵头开展技术攻关，组织编制《全网知识内容集中仓储系统省级节点主要技术参考指标》，为各馆提供有关咨询解答。

（四）理论研究、标准研制及人才培养等支撑体系建设全面推进

联合业界专家深入开展智慧图书馆理论研究，有关研究成果交付出版。启动智慧图书馆统一身份认证标准规范、智慧图书馆知识单元抽取规范、智慧图书馆知识单元描述规范3个标准研制工作。策划举办地市级图书馆馆长智慧图书馆培训班、全国智慧图书馆建设与管理馆长培训班等，全国省市级图书馆馆长、业务骨干4000余人次参与交流学习，线上培训累计1万余人次观看。

四、创新推动、引导、服务全民阅读，不断提升专业知识服务水平与公共文化服务效能

持续提升面向立法和决策及社会创新的知识服务能力，不断优化线上线下公共文化服务体验，全年接待到馆读者176.50万人次，网站点击量15.99亿次，手机门户访问量1.08亿次；文献流通695.65万册次；举办线上线下公益性展览、讲座、培训1139场，演出62场；解答各类咨询66.05万件。

（一）立法和决策服务能力持续增强

加大决策咨询服务力度，全年为党政军等重点用户提供咨询服务1712件，编制经济、文化、外交、国防、民政、海外涉华研究等领域信息专报501期。完成2022年全国两会服务工作。配合文化和旅游部公共服务司制定出台《公共图书馆馆藏文献信息处置管理办法》，围绕古籍保护、农家书屋纳入图书馆总分馆体系、实体书店与公共文化服务融合创新发展等领域重点问题组织开展调查研究，为相关部门提供立法及决策建议。筹建国家图书馆法律馆。海外中国问题研究资料中心网站建设持续推进，智库报告专题数据库、海洋专题数据库、军事专题数据库等决策咨询服务资源开发效益凸显。策划开展部级领导干部历史文化讲座20周年纪念活动，线上举办讲座12期。

部委分馆建设进一步走深走实，文化和旅游部“书香军营”阅读空间正式开架服务。积极推进智库试点单位建设，制订实施智库建设工作方案及年度计划，组织开展培训和交流活动7场，围绕立法和决策咨询研究、海外中国学研究、智慧图书馆研究等重点方向设立智库研究专项3项，获2022年度文化和旅游部智库项目立项1项。

（二）支撑科技创新的专业知识服务能力继续提升

2022年完成重点科研教育生产单位信息咨询12282件，文献传递、馆际互借、国际互借17824件，服务效益和社会影响力持续提升。围绕国家知识产权强国战略，深入开展知识产权信息服务，成立“国家图书馆知识产权信息服务中心”，举办“图书馆的使命：保护知识产权　引领知识共享”专题展览，组织国家知识产权信息公共服务网点备案政策解读与经验交流，国家图书馆（国家知识产权信息公共服务点）入选“2022年首批全国知识产权信息服务优秀案例”。依托国家图书馆科学评价中心，为中国气象局、中国人民警察大学等提供专业化知识服务。

（三）线上线下阅读服务体验不断优化

疫情防控期间克服困难，坚持提供开馆服务。结合疫情防控常态化要求动态调整服务政策，累计调整预约限流服务政策13次，协调部分馆区或服务点临时关闭5次。免除图书外借逾期费，推出“外借超期费用豁免月”，开放13—15周岁读者外借中文图书权限，调整馆藏非公有领域数字化资源服务政策。优化服务格局，调整外文文献阅览空间、法律文献阅览空间、国际组织与外国政府出版物阅览空间、咨询办证空间等，发掘空间潜力，提升读者服务体验。推动5G网络信号覆盖及无线网升级。推进官方网站改版；读者云门户发布电子图书、古籍、民国时期文献等自建资源超过3.10万种，开通古籍、民国时期文献等24个资源库免登录访问权限，年访问量达1.56亿人次。持续优化“两微一端”服务，升级国家数字图书馆app，优化移动阅读平台，升级统一用户管理系统、自助办证系统、“掌上国图”触摸体验系统。推动少年儿童馆“三中心一基地”建设，举办“每日诵读”《论语》诵读大赛、“童书阅读大挑战”、线上童书分享会等少儿阅读推广活动，策划推出“四季童读”项目。开展智能养老系列公益活动，举办“关爱夕阳”老年课堂20场，惠及老年群体4000余人次。与中国盲文图书馆共同签署《〈马拉喀什条约〉落地实施战略合作框架协议》，与北京市残疾人联合会、中国盲文图书馆合作开展数字资源阅读推广活动，更好地满足阅读障碍者分层次多样化的阅读需求。

（四）全民阅读服务品牌效应日益彰显

联合中国图书馆学会，以“书籍　春风　还有你”为主题，开展“4·23”世界读书日主题系列活动，全国1039家图书馆参与，人民日报社、新华社等20家媒体平台同步直播，观看量达1273万人次。第十七届“文津图书奖”评选出获奖图书19种、推荐图书51种，参与推荐的出版社数量较上一届增加22%。“国图公开课”制作发布视频资源76期，平台课程总量达2262场，年点击量达3.37亿次，较2021年增长约200%；“纪念王阳明诞辰550周年”特别活动观看量达321万次。“M地铁·图书馆”项目推出“纯真阅读乐趣”“如歌岁月　同心同行”等主题活动。

“文津经典诵读”以“经典，予生活以诗意”为主题，举办 10 周年主题展、全国业界巡展、边疆行等系列活动，社会反响热烈。“国图讲坛”“文津读书沙龙”2022 年举办线上线下活动 40 场；“国图讲坛”在抖音上线，播放量达 1893.20 万次。“文津讲坛”“中国典籍与文化系列讲座”共完成录制 28 讲。与全国政协书院、光明日报社合作，组织社会读者“和全国政协委员一起读书”，举办线上线下读书活动 40 场。举办“黑胶文化节”“光影中的沉浸世界——元宇宙与视听阅读线上阅读分享会”“经典展映月”“我们的文化记忆”主题纪录片展映等阅读推广活动。

五、根据多元立体馆藏体系建设要求，有序推进国家文献信息资源总库与总目建设

不断提升馆藏发展政策科学性、合理性，优化多元立体馆藏结构，传统介质资源与数字资源协调互补的资源体系日趋完善，文献信息组织加工、整合揭示与保存保护能力进一步增强。

（一）国家文献信息资源总库建设全面加强

根据社会信息环境发展变化趋势，调整优化馆藏发展政策，对《国家图书馆文献采选条例》进行全面修订，研制《国家图书馆文献资源捐赠管理办法》，开展国家图书馆外文馆藏质量评价工作。依法接受国内正式出版物交存，登记交存图书 44.08 万种、音像制品和电子出版物 6130 种。进一步鼓励捐赠，在中文图书区设置“近期捐赠文献”展示专架。统筹有限经费，保障重点领域中外文文献及数据库采购，新入藏各类型文献 96.72 万册 / 件，入藏古籍文献 8942 册 / 件，外购数据库保有量 245 个；完成馆藏文献数字化 76663 种，连续增量采集国内网站 134 个，完成政府公开信息采集超过 7 万条。联合阅文集团遴选 44 部优秀网络文学作品入藏，征集战“疫”记忆作品近 6000 件，采集活态记忆资源 204 小时；持续开展纪录片典藏计划，入藏新时代小康纪实影像 10 部、民族影像志作品 113 部；入藏冬奥会火炬奖牌等实物类藏品 241 件；采集开放获取外文图书 2.50 万种，多元立体的馆藏资源体系格局进一步拓展。截至 12 月底，馆藏文献总量达 4326.87 万册 / 件，数字资源存储总量达 2631.40TB。

（二）国家文献信息资源总目建设不断推进

全年制作书目数据 62.27 万条，书目数据总量达 1719 万条。完成 21.31 万种中文图书名称规范控制，新建名称规范数据 9.51 万条，国家书目中心新增各类型书目和馆藏数据 2.88 万条。完成中国战“疫”记忆库知识组织建设，累计形成信息资源、人物等各类型概念实体 4.40 万余个。完成文津搜索系统约 100 万条新数据的全量灌装和整合揭示。组织开展《中国图书馆分类法》第五版修订和《中国图书馆分类法》A 大类第二表的试用工作，成立《中国图书馆分类法》编委会第九届委员会。

（三）国家文献信息战略保存能力稳步提升

通过文献修复、缩微拍摄、数字化异地备份等多种手段提升文献保存保护水平，全年修复各类纸质文献 415 册 / 件、缩微胶片 500 卷。完成传统缩微拍摄 19.22 万拍、数转模拍摄 38.90 万拍、民国时期文献缩微胶片数字化 59.66 万拍，完成 184.88TB 数据的长期保存及备份。文献脱酸专利技术初步实现应用转化。启动内部库空间调整，并开展内部库文献整理工作。进一步优化调整承德文献周转库及本地库房空间，完成 103.80 万册保存本文献安全搬迁，持续推进周转库安防、消防、防汛等各项安全建设，铺设消防通道、开展库房防水修缮，库房整体环境得到显著改善。在充分调研的基础上，进一步明确北平图书馆旧址国家重点文物保护范围，北平图书馆旧址保护修缮、安防升级改造等 3 个项目获得立项批准；以北平图书馆旧址修缮工程为核心，统筹实施北平图书馆旧址整体院落的综合整治与提升，建立工作机制。努力推进国家文献战略储备库建设工程重启工作。

六、持续深化行业交流合作与跨界融合创新，凝聚多方力量共同推进事业发展

积极依托各类业务合作平台，持续深化国内外行业交流与合作，不断拓展与其他类型文化教育科研机构及高新技术企业的开放合作，形成推动事业发展更大合力。

（一）业界交流合作平台作用充分彰显

全国联合编目中心新增成员馆 428 家，上传数据 57.86 万条，下载数据 1447.70 万条；全国图书馆文献缩微复制中心成员馆完成民国时期图书和古籍拍摄 5 万拍、数转模拍摄 15.67 万拍。围绕文献采访、联合编目、参考咨询、古籍和民国时期文献保护等重点业务开展交流与培训 46 场次。全国图书馆讲座协作机制新发展成员馆 200 余家，面向图书馆界推出“年华易老　技・忆永存——第四届国家级非物质文化遗产代表性传承人记录工作成果展映月暨工作回顾展”等优质阅读联动项目。以推送优质阅读资源、选派优秀干部挂职锻炼、“订单式”人才援疆援青等方式，为西部欠发达地区图书馆提供专业指导和技术支持。“网络书香・阅见美好”微信小程序关联全国 1500 余家图书馆。继续实施文献共享借阅项目，累计为中西部 13 个省提供文献 174 万余册。

举办“第三届中国儿童阅读发展论坛”，编制《全国少年儿童图书馆（室）基本藏书目录（2021 版）》，上线第二届“国家图书馆儿童阅读指导培训班”课程，累计播放 44 万余次。组织召开第十七届全国省、自治区、直辖市、较大城市图书馆馆长联席会议，联合业界举办第十三届全国知识组织与知识服务学术研讨会、第三届 NSTL 科技文献信息开放服务云论坛暨公益性文献保障平台的高端发展路径研讨会等学术活动。支持中国图书馆学会组织举办图书馆人才培育发展高峰会议、第十四届全民阅读论坛、全国智慧图书馆建设联席会议等活动，开展第七次全国县级以上公共图书馆评估定级工作；支持中国古籍保护协会召开二届二次理事会。

配合中国国家版本馆圆满完成开馆展览各项任务，积极支持中国国家版本馆举办开馆系列展览，共完成 5 批次 375 种 1113 册 / 件文献（不含数字资源 67 种、缩微胶卷 10 种、古籍修复工具 8 件）的借展工作，并对收回的所有借展藏品进行整理保护后入库。

（二）国际及我国台港澳地区交流合作务实推进

组织参加第 87 届世界图书馆和信息大会、第 28 届亚洲和大洋洲地区国家图书馆馆长会议、金砖国家图书馆联盟线上研讨会、中英图书馆论坛、第十四次中文文献资源共建共享合作会议等国际交流活动 17 场。主办第四届丝绸之路国际图书馆联盟论坛，举办“第二期丝绸之路国际图书馆联盟图书馆员线上培训班”，上线“丝绸之路数字图书馆”网站。“敦煌遗珍数据库”实现功能升级，“中法门户网站”完成内容更新。推进“港澳大学生文化实践活动”。切实履行国际图书馆协会与机构联合会（以下简称“国际图联”）中文语言中心、保存保护中心中国中心职责，支持馆内 15 名管理干部和业务骨干在国际图联各下设机构任职。

（三）跨界合作创新深入开展

联合北京苹果慈善基金会、京东方、字节跳动共同推进古籍保护与宣传；与中国科学技术信息研究所签订战略合作协议，围绕数据库联合采购谈判、知识库建设与服务、决策参考咨询、馆藏信息共享、开放获取资源的建设与服务等方面签订战略合作协议；推动与绍兴市人民政府围绕传统文化和红色文化传承弘扬、地方特色文化资源联合建设等方面开展合作；与中国国际图书贸易集团有限公司合作开展“中国主题图书海外推广宣介项目”，向海外图书情报机构推广《习近平谈治国理政》。成立北京国家图书馆事业发展基金会，探索吸纳社会力量参与事业发展新路径。

七、深入贯彻落实党的人才政策，创新开拓人才和科研工作新局面

坚持综合性研究型图书馆功能定位，着力打造适应事业发展需要的人才队伍和研究体系，进一步推动事业发展与人才、科研工作协同融合和良性互动。

（一）高素质人才队伍对事业发展的引领支撑作用进一步彰显

在文化和旅游部人事司关心支持下，大规模拓展高校毕业生引进规模，2022 年招聘录用高校毕业生 70 人；针对特定岗位组织开展高层次人才引进工作，启动社会公开招聘工作；接收军转干部 1 人。从严从实全面强化干部管理，完成 27 名处级干部、10 名科级干部聘任工作。深入推进职称制度改革，圆满完成年度职称评审工作，推荐晋升研究馆员 10 人、编审 1 人、高级工程师 8 人、副编审 1 人，晋升副研究馆员 64 人。进一步拓宽专业技术人才职业发展通道，制定《国家图书馆专业技术人员岗位分级聘用管理办法》，组织开展专业技术人员岗位分级聘用工作，创新采用量化赋分方式，科学、规范、全面地进行人才评价，完成 177 人晋级。持续推进全员培训和员工继续教育，选派馆内专家、业务骨干参加各类专项培训。积极挖掘培养领军人才，1 人获评第十六届全国技术能手，1 人获评中宣部宣传思想文化青年英才，1 人获文化和旅游部推荐国家高层次人才特殊支持计划青年拔尖人才。会同中国艺术研究院等单位，修订图书资料专业高级职称评审基本条件。

（二）围绕事业发展重点领域的科研能力不断提升

加强科研工作管理，组织员工申报国家社会科学基金项目等国家和省部级科研项目26项，获批立项4项；开展2022年度馆级科研项目申报评审，支持立项29项；完成17项馆级科研项目、2项社科基金项目、1项文化和旅游研究项目的结项验收，组织对2022年度逾期未结项馆级科研项目进行清理。依托全国图书馆标准化技术委员会和全国文献影像技术标准化技术委员会，深入推进图书馆事业标准化发展，立项启动国家标准和行业标准制修订项目3项，推进《公共图书馆服务规范》修订，制定发布《公共图书馆年度报告编制指南》。编辑出版《中国图书馆年鉴》《国家图书馆年鉴》《中国图书馆事业发展报告（蓝皮书）》等专业文献，主办《中国图书馆学报》《文献》《国家图书馆学刊》《文津学志》《文津流觞》《古籍保护研究》《书志》《民国文献研究》等学术刊物，促进业界学术交流和实践研究。

八、全面提升综合治理水平，有效推进治理体系和治理能力现代化建设

坚持依法依规治馆，不断优化内部管理运行体系，有效提升综合管理水平，以制度管理优势推动事业高质量发展，事业发展的内生动力和发展活力持续增强。

（一）管理科学化、规范化水平不断提高

坚持民主集中制，全年召开馆务会49次、馆长办公会87次。完善部处工作动态交流机制，全年发布《双周工作动态汇编》《双周工作动态摘要》各21期。健全完善国家图书馆理事会运行机制，组织召开第六次、第七次理事会全体会议。完善内部管理制度，制定发布《国家图书馆商标和专利管理实施细则（试行）》《国家图书馆关于规范数字藏品开发与发行工作的通知》等制度文件；完成《国家图书馆官方网站管理办法（试行）》《国家图书馆合同管理办法》等修订工作。严格规范接待流程，全年接待全国人大等机构参观调研36批次、366人次。有效应对、妥善处理各类诉讼案件，积极维护单位合法权益。推进商标注册保护。法律事务处获评文化和旅游系统“七五”普法先进单位。

（二）财务和国有资产管理工作有序推进

实施中央预算管理一体化系统，严格把控经费开支，提高资金调度和使用效率。积极争取财政资金追加专项业务费120万元，追加后当年预算52267.53万元；进一步加强预算管理工作，当年预算执行进度达到98.16%。开源节流，不断拓宽创收渠道增加创收收入，克服疫情影响，自筹收入达10947.57万元，确保全年总体收支平衡。合理利用相关政策，实现2021年进口图书已缴税款退税，节约购书经费105.12万元。推进智慧财务平台建设，预算模块正式投入使用，财务报销模块上线试运行。加强内部审计制度建设，开展离任干部经济责任审计、重要财务制度落实情况跟踪审计、出版社及馆属企业财务报表审计、国家社会科学基金项目鉴定结项审计等工作，开展预算绩效评价监督、财务考评、内控体系评价、经济活动风险评估。深入落实厉行节约要求，

积极推动闲置资产调剂共享及再利用，盘活库存资产 573 件，资产总值约 151.86 万元。加强对采购代理机构的监督管理，调整委托代理方式。完善采购程序，完成 23 个政府采购项目及 59 个馆定集中采购项目招标谈判工作。制定印发《国家图书馆馆属企业监督管理办法》，规范馆属企业运营，强化企业监管和服务，全方位、多渠道激活企业发展动力与潜力，试点开展增值性业务企业化运营，推动脱酸专利技术成果市场转化，支持馆属企业承接南京江北新区图书馆、海淀图书馆北馆运营。

（三）全媒体营销宣传有力开展

组织集中宣传活动约 40 场，刊发纸媒专版 20 个，全年宣传报道共 2.10 万余条。与央视、北京卫视等媒体合作开展《开卷品书香》《典籍里的中国》《春妮的周末时光》《京城十二时辰》等品牌节目录制。进行新媒体直播 24 次，《典籍里的七夕：一起晒书吧》直播活动全平台播放量超过 1200 万次，《跟着古籍去飞天》仅抖音平台播放超过 500 万次。与阅文集团合作的“甲骨文推广公益项目”互动活动曝光量达 2.15 亿次。“国家图书馆通讯”微信公众号全年发布稿件 387 篇。文化和旅游部刊发国图报送《工作交流》40 条，在部直属单位中保持排名靠前。官方微博年阅读 8690 万次，入选中央网络安全和信息化委员会办公室“百个优秀网络正能量建设者”；官方微信订阅号年阅读 484 万次，获评“走好网上群众路线百个成绩突出账号”、第六届“大众喜爱的阅读新媒体号”；官方抖音号年播放 9483.60 万次，获评“2021 年政务抖音号优秀创作者”。

（四）安全风险防控坚实有力

统筹发展与安全两件大事，全面落实安全生产主体责任，组织召开安全工作领导小组全体会议，成立国家图书馆安全工作领导小组，排查整治各领域风险隐患 117 件，确保文献安全、读者安全、馆区安全、网络安全、设施设备安全和疫情防控安全，圆满完成北京冬奥会、全国两会、党的二十大等重要活动安全保障任务。严格落实常态化疫情防控措施，制定发布两版《国家图书馆新冠肺炎疫情应急预案》，进一步提升全馆疫情防控精准度，在馆内设置核酸检测点，组织开展 70 次核酸检测、检测 75173 人次。完成总馆南区周界视频监控系统和电气火灾监控系统安装、国家典籍博物馆安防系统升级、总馆北区消防水炮灭火系统改造、一期 C 栋气体灭火系统改造。广泛开展消防安全宣教培训，全馆防控事故能力和消防“四个能力”建设水平得到有关部门充分肯定。实行网络安全每日“零报告”制度，组织开展网络安全攻防演习，完成网络设备策略调整 430 余次，处理网络故障 40 余次。落实《中华人民共和国数据安全法》有关规定，开展用户数据、业务数据和服务数据摸底梳理。组织召开全馆保密工作会议，开展保密工作自查自评，加强涉密岗位人员管理和培训，在中央保密委员会办公室（国家保密局）组织开展的“保密故事大家讲”主题讲述活动中获“保密故事优秀讲述人”奖项。

（五）后勤保障与基本建设能力不断提高

制定发布《国家图书馆基本建设项目变更洽商管理办法（试行）》，加强工程预算控制。馆内供电、供水、供暖、空调、医务、通信、收发、保洁、防汛、车辆管理、系统设备运行保障等任务圆满完成，中央空调安全运行3781小时，车队安全行驶16万余公里。全力做好一期维修改造工程收尾工作，签署《国家图书馆一期维修改造工程施工总承包合同补充协议（2022年）》。完成总馆北区三层室外平台改造前期准备工作，完成南区老旧机组改造、热力站及人防工程屋顶防水修复等项目，配合有关部门推进老旧小区综合整治、地铁16号线还建等项目。完成热力站供热节能系统改造、地下车库照明节能改造等工程，建设节约型单位。围绕环境治理、馆容馆貌、病媒防制、无烟单位、垃圾分类、健康促进等工作重点，广泛开展爱国卫生工作，切实提升馆区环境品质，为营造良好的事业发展环境提供可靠保障。加强对物业公司的监督管理与考核，有效提升物业服务保障水平。国家图书馆总馆南区获评“北京市历史建筑”。

（六）群团工作立体推进

充分发挥群团组织联系干部职工的纽带作用。召开国家图书馆第三届职工代表大会第一次全体会议。举办“传承·创新·开放——图书馆智慧化转型时代背景下的青年责任与使命”主题青年学术论坛，为青年员工立足岗位深入开展调查研究和创新探索搭建交流展示平台。加强共青团工作信息化建设，开展“喜迎二十大、永远跟党走、奋进新征程”系列主题活动，通过专题学习、红色教育、志愿服务、培训实践、撰写心得等方式，加强团员青年思想政治引领；开展国家图书馆团委“两优一先”评选，3个集体、33位个人获得表彰。立法和决策服务部获中央和国家机关工委“五四红旗团支部”称号，典藏阅览部外文文献阅览组、立法和决策服务部外交国防组获“一星级全国青年文明号”称号。举办第十三届员工艺术节，开展群众健身活动。加强对统战对象政治引领，凝聚发展合力。

（七）多措并举关心关爱干部员工

开通员工基藏中文图书借阅权限，营造良好学习氛围。进一步加强食堂经营管理，引进新的供销存管理系统和餐卡自助充值设备，推出多项便民服务，保障食品安全。延长体检时间，增加员工体检项目，举办心肺复苏单项技能和AED使用公益培训；疫情防控期间为员工提供应急药品、抗原测试盒等保障物资。推进国家生育政策落实落地，延长女职工产假，增设育儿假、独生子女护理假。暑期举办亲子研学活动，增强员工凝聚力和归属感。向在编在岗员工发放生日慰问品，向26名有特殊困难的员工开展“送温暖”活动，慰问离退休生病人员、困难员工等187人次；支持离退休员工以线上线下形式参与摄影、舞蹈、合唱、乒乓球等各类文体活动，丰富离退休员工精神生活，助力文化养老。

九、全面加强党建工作，有效提升党建工作质量水平

始终把党要管党、全面从严治党贯穿各项工作始终，切实加强党的政治建设，全面提升党建工作质量和水平，为完成全年工作提供坚强思想保障和组织保障。

（一）全面加强党的组织建设

坚持“党政同责、一岗双责”，压紧压实“两个责任”，确保各项工作任务落实落地。扎实开展“学查改”专项工作，按照“六对照六看六查”认真找差距，编制《国家图书馆“学查改”工作台账》，明确并落实15项整改措施。加强党员队伍建设，全年接收新党员13名，预备党员转正19名；选派6名党员干部参加中央和国家机关、文化和旅游部党校各类学习。深入推进“四强”党支部建设，中文采编部、立法和决策服务部获中央和国家机关工作委员会“四强”党支部称号。组织党史学习教育先进集体和个人、党员志愿服务优秀组织和个人评选，14个党支部和96位党员获得表彰。为10名老党员颁发“光荣在党50年”纪念章。组织党员参与辅助常态化核酸检测、“文献背后的革命故事”主题宣讲、馆史资料登记与整理、老馆员口述史访问、全国公共图书馆实体馆藏整合揭示等志愿服务项目，发挥党员先锋模范作用。开展馆属企业党建工作专项调研，制定相关管理规范，明确企业党建工作要求，提升企业党建工作水平。智慧党建平台上线试运行，提升支部党建信息化水平。

（二）持之以恒推进党风廉政建设

召开国家图书馆纪委扩大会议，专题学习十九届中央纪委六次全会精神和《中国共产党纪律检查委员会工作条例》，不断推动党风廉政建设走深走实。严格落实党风廉政建设“两个责任”，坚持每季度党委纪委工作碰头会机制。严格贯彻落实中央八项规定精神，驰而不息纠治“四风”。一体推进不敢腐、不能腐、不想腐。通过专题学习讨论、观看警示教育片和廉政剧目等方式开展反腐倡廉教育，引导党员干部进一步强化廉洁自律意识。加强廉洁文化建设，设置廉洁文化阅读专架，上线廉洁文化学习专题。深化运用监督执纪“四种形态”，依纪依规做好信访举报和纪律审查工作，及时发现和掌握苗头性、倾向性问题，抓早抓小、防微杜渐。严格执行重大事项请示报告制度，重要事项和重大问题严格按规定程序向部党组请示汇报，全年提交请示报告237件。

（三）严格落实意识形态工作责任制

修订《国家图书馆意识形态工作责任制实施办法》，定期研判分析意识形态工作，建立意识形态动态管理机制和数据库意识形态风险防控使用管理机制。馆党委两次专题研究意识形态工作。建设文献审读平台，强化对各类文献资源意识形态安全的数据分析与内容审核。落实中宣部进出口管理局等单位对进口出版物意识形态筛查的具体要求，加强文献资源建设与服务过程的全流程管理，开展专项整治工作，及时屏蔽下架敏感文献。对举办或参与举办的各类文化艺术活动、接收捐赠的图书、社会机构借用场地举办的活动等，严把内容审核关，着重强化网络意识形态安全管理，确保线上线下意识形态阵地安全。

特别记载

- 国家图书馆召开学习贯彻习近平总书记给国图老专家回信精神三周年座谈会
- 第十七届全国省、自治区、直辖市、较大城市图书馆馆长联席会议召开
- 中华古籍保护计划十五周年系列活动举办
- 革命文献与民国时期文献保护计划十周年研讨会召开
- “和全国政协委员一起读书”活动举办
- 国家图书馆知识产权信息服务中心正式揭牌
- “书籍　春风　还有你——国家图书馆2022年4·23世界读书日特别活动暨第十七届文津图书奖发布”活动举行
- 重大展览
- 新入藏珍贵文献

特别记载

一、国家图书馆召开学习贯彻习近平总书记给国图老专家回信精神三周年座谈会

9月9日，国家图书馆组织召开学习贯彻习近平总书记给国图老专家回信精神三周年座谈会，回顾总结三年来贯彻落实回信精神工作情况，以总书记回信精神为指引，全面推动国家图书馆事业发展。馆党政领导班子成员，离退休老同志代表，各部处、各馆属企业主要负责人参加会议。

会前，各部门对照《关于深入学习贯彻落实习近平总书记给国家图书馆老专家回信精神　推动事业创新发展的实施意见》及有关项目工作台账，对三年来各项重点工作完成情况进行梳理总结，提交书面汇报材料。会上，相关部处的7位负责人做交流发言，分别汇报三年来各部处贯彻落实习近平总书记给国图老专家回信精神的主要工作情况、有关台账项目的落实进展，并在总结以往成绩与经验的基础上，提出对当前和未来重点工作的思考与建议。老专家代表李致忠、刘小玲结合个人体会做发言，对新时代国家图书馆事业发展提出建设性意见和建议，对新一代国图人勇担使命、砥砺奋进寄予厚望。

研究院（业务管理处）院长申晓娟从资源建设、用户服务、全民阅读、信息化和智慧图书馆建设等方面进行汇报。党群工作办公室主任荣杰从“落实各项学习安排，深入推进党的创新理论武装”“扎实开展‘不忘初心，牢记使命’主题教育，深入推进党史学习教育和‘学查改’专项工作”等方面进行汇报。经营管理处处长吕慧军从“坚持正确政治方向，有效防范和管控风险”“切实协调和监管企业，夯实发展基础”等方面进行汇报。立法和决策服务部主任李春明从“深入开展为国家立法和决策服务战略研究，助力‘十四五’规划建设”“着力探索部委分馆服务路径与模式，提升服务水平”等方面进行汇报。古籍馆馆长陈红彦从“坚持正确政治方向，用文献和智慧服务国家战略”“弘扬优秀传统文化，服务学界、大众”等方面进行汇报。国家古籍保护中心办公室主任苏品红汇报8项牵头项目及3项配合项目的完成情况，全部项目均已完成或阶段性完成。中国图书馆学会秘书处秘书长王雁行从“坚持党的领导，确保各项工作坚持正确政治方向”“提升学术引领力，构筑学术交流高地”等方面汇报近年来各项工作取得的进展。

会议认为，三年来，在文化和旅游部党组的坚强领导下，国家图书馆始终坚持将学习贯彻落实习近平总书记回信精神，同系统学习习近平新时代中国特色社会主义思想结合起来，同学习习近平总书记关于文化和旅游工作一系列重要论述结合起来，组织全馆干部员工持续深刻学习领会习近平总书记回信的核心要义和丰富内涵；建立馆领导牵头、全馆动员部署、定期检查督办的工作机制，不断将学习贯彻落实习近平总书记回信精神落到实处，各项工作取得良好成效。强调要从“围绕中心、服务大局、牢记嘱托，奋发有为，努力为建设社会主义文化强国再立新功”“坚持正确政治方向，全面夯实国家图书馆事业高质量发展的政治基础”“弘扬优秀传统文化，以经典传承‘滋养民族心灵、培育文化自信’”“坚持改革创新，大力推进国家图书馆和全

国图书馆事业智慧化转型”“推动全民阅读，构建覆盖全社会的全民阅读和终身学习服务网络”五个方面，将贯彻落实习近平总书记回信精神贯穿到全馆事业发展的全过程、全领域中去，继续增强做好工作的责任感、使命感、紧迫感，增强干事创业的信心、决心、进取心，进一步统一思想、凝聚共识，团结一致勇挑重担、齐心协力攻坚克难，共同开创国家图书馆事业高质量发展新局面。

二、第十七届全国省、自治区、直辖市、较大城市图书馆馆长联席会议召开

2022 年 12 月 27 日，第十七届省、自治区、直辖市、较大城市图书馆馆长联席会议通过线上方式召开。此届馆长联席会的主题是深入学习宣传贯彻党的二十大精神，全面贯彻落实习近平总书记给国图老专家回信精神以及中办、国办印发的《关于推进新时代古籍工作的意见》精神，推进新时期公共图书馆事业高质量发展。文化和旅游部党组成员、副部长饶权以视频方式致辞。文化和旅游部公共服务司一级巡视员陈彬斌、国家图书馆馆领导班子成员、57 家全国副省级以上公共图书馆及少儿馆领导班子参加会议，国家图书馆各部处主要负责同志列席会议。

大会上，文化和旅游部党组成员、副部长饶权代表文化和旅游部，向长期奋斗在一线的广大图书馆工作者致以崇高的敬意。饶权表示，全国上下正在深入学习贯彻党的二十大精神，这也是当前和今后一个时期图书馆业界的首要政治任务。党的二十大报告对建设社会主义文化强国做出了战略部署，为我们不断推进文化自信自强、铸就社会主义文化新辉煌、增强实现中华民族伟大复兴的精神力量提供了根本遵循。2022 年正值“中华古籍保护计划”实施十五周年。十五年来，在国家古籍保护中心和各省、市古籍保护中心的统筹规划和共同努力下，全国古籍保护工作者团结协作、砥砺奋进，在古籍抢救保护、普查修复、整理出版、传播利用等领域取得了丰硕成果，也积累了丰富经验。也是在 2022 年，围绕古籍工作，中央层面出台了一个“意见”、一个“规划”，召开了一个“会议”，明确了古籍工作的管理体制，加强了顶层设计和规划部署，也对在新的起点上推进古籍工作高质量发展做出了部署安排。

饶权强调，在新的一年里，要继续深入学习宣传贯彻党的二十大精神，深入贯彻习近平总书记关于传承弘扬中华优秀传统文化重要论述精神，持续深入贯彻落实习近平总书记给国图老专家回信精神，在中央宣传部的领导下，认真贯彻落实全国古籍工作会议精神和中办、国办《关于推进新时代古籍工作的意见》要求，切实提高政治站位，主动担当作为，更好发挥古籍在传承和弘扬中华优秀传统文化中的独特作用，推动新时代古籍保护工作再上新台阶，再创新局面。

国家图书馆馆长熊远明围绕“增强历史自觉、坚定文化自信，推动新时代古籍保护工作再创新局面”做主旨报告，从以下四个方面介绍了国家图书馆的主要思路和重点工作：一是完善古籍分级分类保护制度，夯实新时代古籍工作基础；二是充分发挥现代科技的支撑作用，推动古籍工作与智慧图书馆建设紧密结合；三是深入挖掘古籍的时代价值，促进古籍有效利用；四是加强工作统筹和保障力度，着力提升古籍工作质量。熊远明表示，下一步，国家图书馆将和全国图书馆界一起，进一步聚焦重点领域关键瓶颈问题，继续推进全国古籍保护工作不断取得新突破。

7位馆长代表结合本馆实际，分别介绍了推进新时期公共图书馆事业高质量发展的相关情况。

上海图书馆馆长陈超以“加快大阅读时代智慧复合型图书馆建设”为主题，从上海图书馆东馆开新局、阅读服务出新绩、专业服务亮新颜、古籍工作展新卷、面向未来新思考等方面对上海图书馆相关情况做了简要交流。

浙江图书馆党委书记、馆长褚树青以“完善体系创新场景　推动公共图书馆事业高质量发展”为主题，介绍了浙江图书馆在完善公共图书馆服务体系、创新公共图书馆服务新场景、扎实推进新时代古籍工作等方面所做的相关工作，并就古籍工作提出了体系化推进、数字化共享、社会化合作、品牌化推广四个工作要点。

湖南图书馆党委书记、馆长贺美华认为，党的二十大报告在“开辟马克思主义中国化时代化新境界”一章中提到的“六个必须坚持”是对图书馆事业从业者的最大启示：一是坚持人民至上，这是图书馆行业立馆宗旨；二是坚持自信自立，要摒弃图书馆是弱势部门的观念；三是坚持守正创新，赋予图书馆行业在新时代的新使命；四是坚持问题导向，要找到制约图书馆行业发展的问题所在。并就古籍保护工作，提出了厘清概念、制定标准、构建体系、分清责任、提供保障、留住人才等工作思路。

广东省立中山图书馆党委书记、馆长王惠君以“粤读通”“采编图灵”为案例，围绕“‘一张网、一个卡’，‘粤读通’数字证卡推动广东省内图书馆服务一体化建设”“科技赋能，‘采编图灵’成为首个由国内图书馆引领的全球图书馆行业科技创新”两个方面，分享了广东省立中山图书馆响应党和国家关于文化与科技融合的号召，探索行业技术创新的经验。

四川省图书馆党委书记、馆长王龙介绍四川省图书馆多措并举推动新时代古籍工作的相关做法。一是构建一体化工作格局，二是探索项目化保护模式，三是推动特色化整理研究，四是打造品牌化活化样板，五是培育专业化人才队伍。

甘肃省图书馆副馆长兼文溯阁《四库全书》馆馆长陈军围绕甘肃省图书馆古籍工作实践与发展，从以机制建立切实保障古籍工作、以古籍普查全面揭示甘肃文脉、以名录评审带动古籍分级保护、以整理出版促进保护成果转化、以师徒同修提升古籍修复技艺、以数字影印提高开放共享水平等方面，分享了甘肃省图书馆近年来古籍工作实践及发展情况。

青岛市图书馆党总支书记、馆长徐月霞以“弦歌不辍传薪火，砥砺奋发续华章”为主题，从以下四个方面，介绍了青岛市图书馆在古籍工作的探索与实践经验：一是普查登记，保护存藏，古籍寄存赓续文脉；二是加大古籍数字化工作进程，促进古籍再生性保护；三是探索古籍活化之路，推出“古籍里的清廉”系列微视频；四是多措并举，推陈出新，推动传统文化创新发展。

与会人员纷纷表示，图书馆事业正处在高质量转型发展的重要时期，也是推进古籍保护工作更上新台阶的重要时期，饶权同志的讲话为图书馆人指引了方向，将继续坚持以习近平新时代中国特色社会主义思想为指导，坚持自信自强、守正创新，踔厉奋发、勇毅前行，不断推进新时代古籍工作高质量发展，为建设社会主义文化强国，实现中华民族伟大复兴做出新的更大贡献。熊远明同志的主旨发言贴合实际、内涵丰富、高屋建瓴，希望国家图书馆充分发挥图书馆行业的引领带动作用，结合各地图书馆工作实际，携手做好新时期图书馆事业高质量转型发展，不断推进新时代古籍工作取得新进展。希望馆长联席会议定期召开，共同研究讨论公共图书馆事业发展。

馆长联席会自1991年以来已召开十七届，为全国副省级以上公共图书馆及少年儿童图书馆的馆长们提供一个交流思想、共谋发展的平台，对全国公共图书馆事业发展起到了切实有效的推动作用。

三、中华古籍保护计划十五周年系列活动举办

从2007年“中华古籍保护计划”实施以来，国家古籍保护中心会同全国古籍保护单位，在古籍保护工作上取得丰硕成果。2022年是中华古籍保护计划实施十五周年，全体古籍工作者在以习近平同志为核心的党中央坚强领导下，以一个又一个鲜活的保护实例，展现古籍保护工作者的奋进精神，保护古籍，传承文明，服务社会。2022年5月，为迎接党的二十大，深入贯彻党的十九大和十九届历次全会精神、习近平总书记关于中华优秀传统文化及古籍的重要论述和给国家图书馆老专家回信精神，国家古籍保护中心和各省古籍保护中心认真落实中共中央办公厅、国务院办公厅《关于推进新时代古籍工作的意见》文件精神，对15年来的工作成果进行系统梳理和总结。为了汇集成果，总结经验，向社会公众讲述古籍保护工作者故事，持续宣传古籍保护工作，国家古籍保护中心于2022年5月印发《关于征集“中华古籍保护计划”开展以来各地区取得的古籍保护成果案例宣传稿件的通知》（国家中心发〔2022〕2号），面向各地征集古籍保护成果案例宣传稿件。

征集稿件内容包括：①关于提炼展示中华优秀传统文化的精神标识和具有当代价值、世界意义的文化精髓；②关于坚持社会效益优先，提高古籍工作质量，实现社会效益和经济效益相统一；③关于坚持守正创新，古为今用、推陈出新，服务当代、面向未来，进一步激发古籍事业发展活力；④关于15年来古籍保护经验做法和成绩，如古籍普查、名录评审、馆藏建设、读者服务、古籍数字化、整理出版研究、古籍修复、环境改善、科技保护、学科建设、人才培养、古籍活化等。

各省古籍保护中心高度重视该工作，结合各地工作实际、工作特色和保护成果，积极组织区域内保护单位报送稿件百余篇，展现全国各地（包括所有省级行政区）、各系统（包括公共文化、文博、高等教育、医疗卫生、民族宗教）古籍保护风采，既有古籍保护单位的工作经验总结，也有古籍工作者的工作实践心得，既有整个地区的全面介绍，也有分单位的案例说明。其中部分稿件在《光明日报》《图书馆报・文献保护专刊》《藏书报・古籍保护专刊》和“国家古籍保护中心”微信公众号等平台发布，引起广泛的社会关注。为反映成果、交流经验、推动工作发展，国家古籍保护中心办公室以上述宣传案例成果为基础，组织《“中华古籍保护计划”十五周年纪念文集》的编纂工作。

四、革命文献与民国时期文献保护计划十周年研讨会召开

4月13日，革命文献与民国时期文献保护计划十周年研讨会通过线上线下相结合的方式在国家图书馆召开。国家图书馆馆长熊远明，中央文史研究馆馆员、四川大学教授、国家图书馆原常务副馆长陈力，中国社会科学院近代史研究所副所长、研究员金以林出席研讨会并致辞。会议由国家图书馆常务副馆长张志清主持，来自全国各省公共图书馆、高校图书馆、科研院所共41家单位的60余名代表参加会议。

与会人员总结10年来"革命文献与民国时期文献保护计划"各项工作开展情况，交流经验，凝聚共识，进一步明确"十四五"期间的主要工作思路和工作重点。

2011年国家图书馆联合业界共同策划"革命文献与民国时期文献保护计划"，2012年获中央财政支持，项目正式启动。2012年，在文化和旅游部的大力支持下，"革命文献与民国时期文献保护计划"作为"文献典籍保护重点项目"被纳入文化和旅游部《全国公共图书馆事业发展"十二五"规划》，2016年被列入国家"十三五"规划纲要文化重大工程"中华典籍整理"专项。10年来，在各级领导的高度重视和关怀下，在各级各类文献收藏机构的积极参与和共同努力下，"革命文献与民国时期文献保护计划"在文献普查、征集、研究、整理、数据库建设和人才培养等各方面均取得了丰硕成果，较好发挥了国家图书馆的行业引领作用。

10年来，"革命文献与民国时期文献"普查项目采取"大馆先行、分类推进"策略，依次开展民国时期平装书、连续出版物普查工作，建成《革命文献与民国时期文献联合目录》，发布含国家图书馆在内的41家普查成员馆的书目数据30余万条、馆藏数据70余万条，革命历史文献普查数据1.8万条，该联合目录截至会议召开时是国内最大的革命文献与民国时期文献普查数据库。

在民国时期文献普查成果基础上，2015年启动《民国时期图书总目》编撰工作，计划出版图书共计18卷，参编单位50余家。已出版哲学、宗教、社会科学总论、农业科学、自然科学（基础科学）等5卷，收录图书24066种。与之前出版的《民国时期总书目》相比，收录总量增长34%。在革命历史文献普查成果基础上，启动《革命历史文献专题书目（1911—1949）》编纂工作，收录革命历史文献普查数据1.4万条。未来将根据普查工作的持续推进，推出相关专题文献汇编。

积极与海内外收藏单位联络，开展珍贵文献史料征集工作。对海内外征集到馆的百万余页缩微胶卷、缩微平片、数字化档案等进行整理和开发，挖掘与揭示具有较高学术价值和爱国主义教育意义的特色文献，组织整合多载体、多语种和多类型的文献信息资源，建成"东京审判资源库""日本细菌战资源库""革命历史文献资源库"等特色专题资源库，填补了国内文献资料空白，进一步完善了馆藏资源体系建设。

与当下政治、经济、文化等各方面需要紧密结合起来，与各收藏单位的文献普查和馆藏整理工作结合起来，组织策划文献整理项目。对全国各级各类文献存藏机构资源和海外征集文献资料进行科学分类，统筹规划体系建构，使大量珍稀文献化身千百，提供学界使用，既保护了原件，又满足了公众使用文献的需求。十年来，文献整理项目累计立项308项，结项146项，出版图书8522册，形成"革命历史文献资料丛编""民国时期文献资料丛编""抗日战争文献史料丛

编”“对日战犯审判文献资料丛刊”等系列出版物，填补国内多项空白。

文献原生性保护方面，编制《图书馆民国时期文献特藏书库基本要求》，配置原生性保护装具和设备，改善文献存藏条件，延长文献使用寿命。委托有关部门完成“民国时期文献检测及国内外脱酸技术调研”“民国时期文献脱酸研究与脱酸设备研制”等项目，完成民国时期文献缩微胶卷数字化 1028 万拍、馆藏革命文献特藏数字化 2 万拍，这些数字化资源已陆续上传至国家图书馆网站，面向公众提供免费公益服务。

10 年来，围绕重大历史题材和国家重要纪念日，举办“历史的审判——馆藏东京审判图片展”“不朽的长城——纪念中国人民抗日战争暨世界反法西斯战争胜利 70 周年馆藏文献展”“红色记忆——纪念中国共产党成立 95 周年馆藏文献展”“不忘初心，砥砺奋进——国家图书馆藏革命历史文献精品展”“钢铁长城——纪念中国人民解放军建军 90 周年馆藏文献展”“中华传统文化典籍保护传承大展”“纪念中国人民抗日战争胜利 75 周年暨抗战文献整理成果发布会”，在 17 个省份举办“革命文献与民国时期文献保护计划”巡展 18 场，通过大量珍贵史料展陈，围绕中心、服务大局、切实履行好传承文明，服务社会的职责。在全国 19 个省（自治区、直辖市）举办革命文献与民国时期文献保护工作培训班 22 期，培训来自全国各级各类文献收藏单位业务骨干 3000 余人，免费开放共享“革命文献与民国时期文献保护专题讲座”15 场，普及文献保护理念，助力人才培养。

五、“和全国政协委员一起读书”活动举办

2022 年 7—12 月，国家图书馆创新服务方式，充分发挥在馆藏资源、阅读空间、读者联系等方面优势，与全国政协书院、光明日报社联合举办“和全国政协委员一起读书”活动，围绕“加强中华儿女大团结”主题，组织全国政协委员和社会读者共同读书交流，通过“书香政协”建设助力“书香社会”建设。办公室、研究院（业务管理处）、立法和决策服务部、信息技术部、社会教育部、《中华传统文化百部经典》编纂工作办公室等部门通力合作，共同保障相关工作的有序开展。

（一）精选共读书目，发挥文献支撑作用

活动筹备前期，立法和决策服务部紧扣活动主题，结合多年决策咨询服务经验，对馆藏资源进行充分挖掘和整理，遴选出 300 多册优秀图书作为备选书目并协调提供电子阅读资源。经研究选定《伟大的政治创造：中国新型政党制度》等 11 本兼具思想性、时代性和可读性的共读书目。

（二）广泛联系读者，推进读书外溢效应

基于多年来国家图书馆与中央和国家机关建立的良好合作以及深厚的读者联系基础，研究院（业务管理处）会同办公室、立法和决策服务部等部门广泛调研分析，充分挖掘与共读书目相匹配的受众读者，最终遴选在京各部委及京内外高校 40 余家单位，广泛发函招募社会读者共

488人。

（三）组织有序有力，精彩活动顺利开展

办公室、研究院（业务管理处）、立法和决策服务部、《中华传统文化百部经典》编纂工作办公室等相关部门委派部门负责人分别担任读书群群主，立法和决策服务部抽调10余位科组长和业务骨干配合制订读书计划、联系导读专家、整理精彩留言、编写活动简讯、分享延展阅读资料、监督意识形态等。导读、定题研讨、经验交流、有奖问答、原文诵读……多类型活动的设定有力地激发委员和读者的参与热情。半年时间内，各单元共组织线上线下活动50余场，引导读者发言9600余人次，整理精彩留言、学习心得和大事记等材料共计13余万字。为扩大活动宣传效果，在信息技术部、社会教育部等部门的配合下，立法和决策服务部牵头组织“9·26”读书交流会国家图书馆分会场线下活动，信息技术部设计制作国家图书馆官网读书活动专题页面，及时向广大读者发布活动书群简讯，加大宣传力度，增强“一起读书”的社会溢出效应。

在“和全国政协委员一起读书”活动中，国家图书馆充分发挥馆藏资源、阅读空间、读者联系等方面的优势，“备群书、供众览”，推动形成读书履职深度结合、委员群众互学共促、线上线下协同推进的生动局面，以“书香政协”助推“书香社会”建设。

六、国家图书馆知识产权信息服务中心正式揭牌

4月26日，在第22个世界知识产权日到来之际，国家图书馆知识产权信息服务中心揭牌仪式在国家典籍博物馆举行。国家图书馆馆长熊远明、国家知识产权局公共服务司副司长刘毅等出席活动并致辞，熊远明、刘毅共同为中心揭牌。仪式由国家图书馆副馆长汪东波主持。

长期以来，国家图书馆依托国家典籍博物馆、文津讲坛、国图公开课、微信公众号等渠道与平台，以举办主题展览、法制讲座、信息素养培训、科普宣传等方式，大力弘扬与传播知识产权文化理念。国家图书馆将“提升专业知识服务水平，服务国家创新体系和科技强国建设”作为重要发展方向，面向中央国家机关、重点科研教育生产单位、各类创新创业主体及社会公众开展专利、商标、地理标志等类型的知识产权信息检索、查新、分析、证明服务，并通过全国图书馆参考咨询协作网，推广公共图书馆知识产权信息服务经验，促进图书馆界知识产权信息服务水平的整体提高。

国家图书馆知识产权信息服务中心的成立，是国家图书馆全面落实知识产权强国建设工作的重要举措。国家图书馆将以此为契机，进一步贯彻落实习近平总书记“要形成便民利民的知识产权公共服务体系，让创新成果更好惠及人民”的重要指示精神，与公共图书馆界共同推进知识产权服务体系建设，做好知识产权高质量发展和科技创新的底层支撑，深耕文化和旅游领域知识产权研究与服务，培养公众知识产权意识，营造浓厚的知识产权文化氛围，推动知识产权强国建设。

揭牌仪式后，与会嘉宾一同参观“图书馆的使命：保护知识产权　引领知识共享”主题展览，并就公共图书馆知识产权信息服务工作进行座谈交流。

“图书馆的使命：保护知识产权　引领知识共享”主题展览在国家典籍博物馆第九展厅展出。展览介绍知识产权基础知识，利用国家图书馆馆藏文献展示我国知识产权制度的发展变迁，以图解的方式列举近年来我国知识产权事业取得的巨大成就，解读知识产权强国建设战略规划，系统梳理并展示国家图书馆在知识产权领域开展的工作与服务，面向社会普及知识产权知识，提升全社会保护知识产权的意识，传播“尊重知识、崇尚创新、诚信守法、公平竞争”的知识产权文化理念。

七、“书籍　春风　还有你——国家图书馆 2022 年 4·23 世界读书日特别活动暨第十七届文津图书奖发布”活动举行

为弘扬优秀传统文化、更好满足人民对美好生活的向往，传承中华民族生生不息的精神，塑造中国人民自信自强的品格，让全社会都参与到阅读中来，形成爱读书、读好书、善读书的浓厚氛围，国家图书馆于 2021 年 11 月 17 日正式启动第十七届文津图书奖评选及推广工作，并在 2022 年“4·23”世界读书日之际，举办“书籍　春风　还有你——国家图书馆 2022 年 4·23 世界读书日特别活动暨第十七届文津图书奖发布”活动。

（一）第十七届文津图书奖的评选

截至 2022 年 1 月 4 日，由图书馆、出版社、读者、评委等方面共推荐图书 2433 种，其中社科类 1293 种、科普类 450 种、少儿类 690 种；有效参评图书 2212 种，其中社科类 1146 种、科普类 384 种、少儿类 682 种。此届评选有 252 家出版社参与推荐，数量较上一届增加 22%，共推荐 1039 种图书。有 125 家图书馆参与推荐工作，数量较上一届增加 29%。报送出版社数量达到历史之最，参与推荐的图书馆数量创历史新高，文津图书奖的社会影响力进一步扩大。最终产生获奖图书 19 种（社科类 9 种、科普类 4 种、少儿类 6 种），推荐图书 51 种（社科类 20 种、科普类 11 种、少儿类 20 种）。

（二）“书籍　春风　还有你——国家图书馆 4·23 世界读书日特别活动暨第十七届文津图书奖发布”活动

4 月 23 日，活动在国图艺术中心举办。现场揭晓评选结果，并为获奖作者及出版社代表颁发奖牌。来自国家图书馆少年儿童馆的故事姐姐和首都少儿朗诵艺术团的小朋友，以诗文朗诵《古人怎样读书》为活动开场。各地图书馆一封邀请信的视频展示全国各地图书馆压箱底的珍贵馆藏，呈现各地图书馆为读者提供的多元服务，向读者发出“走进图书馆”倡议。让更多读者走入图书馆，学习和了解各种特色馆藏，享受阅读服务。

活动举办当日恰逢“国图公开课”上线七周年纪念日，为此在活动中开设“国图公开课·先

生的书房”环节，中国科学院院士刘嘉麒以《书通二酉　学富五车——书籍是宝贵的精神食粮》为题，现场分享他的科研经历和读书之法；国家图书馆原馆长、北京外国语大学中国语言文学学院院长詹福瑞以《读懂李白》为题，带领读者感受李白的生命意识和生命诉求。

此次活动在人民日报客户端、央视新闻客户端、新华社客户端、光明日报客户端、抖音等20家平台同步直播，观看量达1273万次。中央电视台《新闻联播》《新闻直播间》均对此次活动进行报道。人民日报官方微博发布第十七届文津图书奖获奖书单，单条微博阅读量超千万次。“4·23”相关活动原发媒体报道85篇，重要媒体转载报道164篇。国家图书馆微信公众号发布文章41篇，单篇最高阅读量2.2万次；微博37篇，单篇最高阅读量22.9万次。

（三）第十七届文津图书奖推广

“4·23”活动前夕，国家图书馆、中国图书馆学会联合全国各级各类图书馆向读者发出“书籍春风还有你——给读者的一封邀请信”，通过图书馆与读者的紧密联系，彰显图书馆精神，鼓励读者走进身边的图书馆。全国1011家各级各类图书馆参与此次活动，通过各自官方账号发出邀请信。374家图书馆积极参与录制邀请信视频，在视频中展示各地图书馆特色馆藏，介绍各地图书馆丰富的特色服务。邀请信活动得到广泛传播，374个视频在国家图书馆官方网站、各地图书馆发布平台、光明网、“学习强国”学习平台进行专题展示。“方寸大观　国图视听”抖音号开通，发布的第一条关于文津图书奖发展历程的小视频在当天就达到26万次播放量，评论数破千，进入抖音热榜。世界读书日前后，媒体发布相关稿件4062篇，阅读量4943.18万次。

4月23日，第十七届文津图书奖获奖图书展在国家图书馆北区二层大厅和国家典籍博物馆第七展厅同时开展，北区中文图书区和国家图书馆少年儿童馆也同步展示文津书架。全国各地90家各级各类图书馆当天同步举办展览并设置文津书架。后续全国18个省份共计300余家单位参与相关推广活动，线下专题展览观众参观量达151.09万人次，线上专题展览观众浏览量达90.92万人次。

与中央广播电视总台文艺节目中心合作，在世界读书日当天共同推出《开卷品书香——世界读书日特别节目》。

同时，与阅文集团开展合作，通过QQ阅读app开屏投放，将文津图书奖向QQ阅读的1亿活跃用户进行推送。联合QQ阅读（限免1个月）、微信读书平台（限免7天），推出文津图书奖限免书单。

八、重大展览

（一）“天禄琳琅”修复项目重大成果展

1月7日，国家图书馆藏清宫“天禄琳琅”修复项目正式结项，这是在“中华古籍保护计划”支持下，国家图书馆继“赵城金藏”“永乐大典”等国宝级珍贵文献修复之后，又一次文物级别高、修复数量大的专项修复工程。项目历时8年完成。国家图书馆藏清宫“天禄琳琅”修复项目不仅顺利修复300册“天禄琳琅”藏书，同时培养一批青年修复人才，推动国家级非物质文化遗产“古籍修复技艺”的传承保护。

8月4日，由国家图书馆（国家古籍保护中心、国家典籍博物馆）主办的“妙手传天禄　丹心鉴古今——国家图书馆藏清宫‘天禄琳琅’修复项目成果展”在国家典籍博物馆第四展厅正式开展。展览不仅向社会公众介绍清宫“天禄琳琅”藏书，更重点展现“天禄琳琅”修复项目的繁难过程、艰巨任务和巨大成就。

“天禄琳琅”藏书是清代宫廷珍藏图籍的精华与瑰宝，也是中国历史上极具代表性的宫廷善本特藏。清乾隆九年（1744），高宗弘历命内廷翰林院检阅内府藏书，选择其中善本进呈御览，并在乾清宫东侧的昭仁殿内列架收藏，御笔亲题匾联，赐名“天禄琳琅”，主要典藏宋、元、明刊本及影写宋本等珍稀古籍。清嘉庆二年（1797），乾清宫失火，波及昭仁殿，乾隆时期收藏在昭仁殿的“天禄琳琅”前编书付之一炬。嘉庆皇帝敕令重修昭仁殿，并命大臣重新甄选御花园与宫中各殿所藏珍籍，用7个月时间完成选目，重建“天禄琳琅”藏书。由于乾隆时期的“天禄琳琅”藏书几乎焚毁，现今所谓的“天禄琳琅”藏书，多属火灾后重建的后编书。

清末及民国时期，“天禄琳琅”藏书历劫兵、盗，流散四方。中华人民共和国成立后，通过政府拨交、私人捐赠和单位采访等渠道，国家图书馆共收藏“天禄琳琅”珍籍279部，成为我国收藏数量最多的单位。国家图书馆所藏“天禄琳琅”珍本中，宋元版（含金刻本）有79部，大多数都是珍贵罕见的旧椠佳本，流传有序，许多系海内孤本，具有极为重要的文物价值、数据价值。

此次展览展出善本、普通古籍、中外文现代图书、报纸、档案复制件等不同类型展品共计72种85册/件，其中有一部分为“天禄琳琅”旧藏的珍贵古籍，大多是经过修复师用不同修复技法修复的曾经严重破损、不同破损类型的天禄珍籍，另配合展出修复过程中精心制作、选配的材料和工具等48种。重点展出的珍贵古籍有清乾隆内府抄本《钦定天禄琳琅书目十卷》、宋绍兴二年至三年（1132—1133）两浙东路茶盐司公使库刻本《资治通鉴二百九十四卷目录三十卷》、宋绍定六年（1233）临江军学刻本《朱文公校昌黎先生集四十卷》等，其中元大德九年（1305）太平路儒学刻本《汉书一百卷》版本珍贵，但之前地脚处书叶、衬纸纸张表面生有大量霉斑，并存在泥渍、糟朽、残损等，修复后方能一睹真容，明成化九年（1473）内府刻本《资治通鉴纲目五十九卷》，由朱熹手定其纲、朱熹门人赵师渊撰写其目，因该本原瓷青绢质书衣破损面积大，故采用补绢仿制与染色、做旧等修复方法，呈现出补绢与原书衣高度匹配的自然老化效果，非常适合观众现场感受“整旧如旧”的古籍修复原则。

为配合此次展览，国家典籍博物馆设计多项社会教育课程，如“纸载千秋　修补时光”“你好，褚先生”“古籍入门第一课”等，通过手工体验，借助展厅陈列、多媒体等形式，把晦涩难懂的古籍修复原则、抽象的修复流程以生动的面貌呈现给大家，受到广大古籍爱好者的欢迎。

（二）“邂逅·美索不达米亚——叙利亚古代文物精品展”

展览由中国文物交流中心和国家图书馆（国家典籍博物馆）联合主办，于6月25日在国家典籍博物馆第三展厅正式向公众开放。此次展览得到阿拉伯叙利亚共和国驻华大使馆的大力支持。

为促进中叙人文交流，助力两国友好发展，满足中国观众多元的观展需求，中国文物交流中心组织策划叙利亚古代文物主题展览来华巡展。“邂逅·美索不达米亚——叙利亚古代文物精品展”是该展来华巡展的第三站。

展览分为“曙光”“变革”“争霸”“融合”“对话”5个单元，横跨叙利亚的石器时代、青铜时代、铁器时代以及希腊、罗马时代等，描绘长达50万年的文化图景。

展览汇聚来自大马士革国家博物馆、阿勒颇博物馆等9家叙利亚博物馆和3家国内博物馆的196件/组精美文物，包括来自叙利亚的祭拜者雕像、亚述壁画、青金石项链以及西安碑林博物馆的《大秦景教流行中国碑》拓片、新疆维吾尔自治区博物馆的刻花纹石碑、敦煌研究院的叙利亚文《圣经·诗篇》复制品等，以展示中叙两国历史上的文化交流和贸易往来。

此次展览共吸引7万余名观众，约178个团体参观。展览现场提供语音导览器及人工讲解服务。展览展出期间，举办专题讲解活动162场，开设线上专题讲座16场。

（三）“经典，予生活以诗意——文津经典诵读十周年主题展”

9月7日，由国家图书馆联合全国228家图书馆共同举办、北京国图文化发展有限责任公司协办的“经典，予生活以诗意——文津经典诵读十周年主题展”在国家图书馆北区二层展厅正式开幕。国家图书馆馆长熊远明、副馆长霍瑞娟，安徽省图书馆馆长林旭东、北京工业大学耿丹学院图书馆馆长付瑶以及30余家媒体和读者代表出席开幕式。

开幕式上，熊远明代表主办单位发表致辞，指出国家图书馆作为滋养民族心灵、培育文化自信的重要场所，始终以传播弘扬中华优秀传统文化、促进全民阅读为己任，长期以来开展了大量读者服务工作，“文津经典诵读”是其中的代表性项目，希望借助“经典，予生活以诗意——文津经典诵读十周年主题展”和全国228家兄弟图书馆的合力，将以经典诗词为代表的中华优秀传统文化推广到更多读者的视野中去，呼吁读者从诵读诗词中品味四季、领悟人生。林旭东、付瑶代表联合主办单位先后发表致辞。文津琴社社长、管派古琴传承人任景利在现场吟唱琴歌《欸乃》，演奏古琴名曲《阳关三叠》。

此次展览是国家图书馆为庆祝建馆113周年、迎接2022年中秋佳节特别推出的经典文化推广活动，也是“文津经典诵读”项目10周年系列活动的重要组成部分。展览共设立4个板块，包括前言、诗词赏析、格言撷萃、工作回顾等内容。其中诗词赏析板块分设劳作、读书、游历、交友、居家、宴饮、赏玩7个单元，配以国家图书馆诗词主题讲座视频和诗词音频等数字资源。读者通过精选的经典诗词、赏析文字、精美配图，走进立体的古典世界，感受古人的生活情趣。工作回顾部分系统梳理“文津经典诵读”项目宗旨以及历年来举办的系列推广活动，展示项目10年来的发展历程和取得的成绩。除实体展览外，国家图书馆网站还设立专题网页对此次展览内容进行集中展示，微信、微博等新媒体平台也对展览内容进行持续推送。

为更好地推广经典文化，推进优质资源共建共享，共邀请全国228家各级各类图书馆联合主办此次展览，实际参与联合展览的图书馆数量超过250家。

九、新入藏珍贵文献

（一）韩素音、陈祖德致严文井书信

严文井（1915—2002），作家、编辑出版家。原名严文锦，湖北武昌人。1935 年，他只身来到北平，在北平图书馆当职员。七七事变后，到延安进入抗日军政大学学习。1938 年 7 月，加入中国共产党。曾任延安鲁迅艺术文学院教员。1945 年，到东北参加东北文艺工作团，担任《东北日报》副总编辑兼副刊部主任。1951 年，调任中共中央宣传部文艺处副处长。从 1953 年春起，任《人民文学》杂志副主编兼编辑部主任，后任主编，并先后担任中国作家协会党组副书记、书记处书记。1959 年兼任作家出版社社长。从 1961 年 4 月起，兼任人民文学出版社社长、总编辑。主要作品有长篇小说《一个人的烦恼》、童话《丁丁的一次奇怪旅行》《蚯蚓和蜜蜂的故事》《唐小西在下一次开船港》等。

严文井与作家韩素音、围棋国手陈祖德均有着极深的友谊。2022 年 7 月，国家图书馆入藏 20 世纪 80 年代韩素音、陈祖德致严文井的书信，共计 8 通 9 叶，为严文井之女严欣久捐赠。

1. 韩素音致严文井书信六通

韩素音（1917—2012），英籍华裔女作家，原名周光瑚，出生于河南省，父亲是一位早年留学西方的中国铁路工程师，母亲是比利时人。韩素音一生出版约 40 部作品，这些作品被译成多种文字。《残树》《凡花》《寂夏》《吾宅双门》《再生凤凰》等传记著作让世人了解她坎坷的一生以及作品所折射的 20 世纪中国历史背景。《早晨的洪流》《中国，2001 年》《餐风沐雨》《回面》《拉萨，开放的城市》《周恩来传》等一批著作向世界介绍中国的历史与民族宗教、政治与社会进程、青年与知识分子以及妇女等多类题材的现实状况。这些作品有助于世界客观地看待中国。

1969 年，韩素音定居瑞士莱蒙湖畔的洛桑市。致严文井的六通书信均写于瑞士洛桑，时间分别为 1982 年 11 月 7 日、1982 年 12 月 13 日、1984 年 4 月 4 日、1984 年 5 月 9 日、1984 年 12 月 15 日、1987 年 1 月 1 日。除 1984 年 4 月 4 日为中文信外，其余均为英文信，末有手写中文签名“光瑚”，篇幅均不长。内容涉及中国的行程安排、新年问候、寄赠书籍、请求帮助翻译投稿等，亦有提到国外关于中国宣传的不良现象。

2. 陈祖德致严文井书信两通

陈祖德（1944—2012），围棋运动员、教练员。上海市嘉定县人。1979 年任中国围棋协会副主席。1980 年获国家级围棋教练员称号。1982 年获九段棋手称号。1984 年被评为中华人民共和国成立 35 年以来杰出运动员。1989 年被评为中华人民共和国成立 40 年以来杰出教练员。曾任国家体育总局棋牌运动管理中心主任、中国棋院院长、中国围棋协会主席等职。著有《超越自我》《当湖十局细解》等书。

严文井与陈祖德相识于政协会议，并成为莫逆之交。严文井喜欢围棋，自言“是一个从十五六岁起就爱好围棋而一直下臭棋的人”。1982 年，陈祖德癌症手术后，准备以回忆录的方式，把中国现代围棋的发展史以及围棋事业的兴衰写成一本书。严文井立即表示支持和鼓励。1985 年，陈祖德长篇传记文学《超越自我》在大型文学丛刊《当代》上连载发表。1986 年，该书又由人民文学出版社出版。严文井为该书撰写序言《探索人生真谛》。

此次入藏的陈祖德致严文井书信分别写于1986年7月2日、1986年7月10日。信中主要谈及当时在深圳举行的中日围棋擂台赛和中国棋手失利的情况，并感谢严文井提出的意见，又寄赠棋谱，以便严文井打谱分析。

（二）张适烈士旧藏文献资料

2022年3月，东北抗联战士张适后代张同嘉向国家图书馆无偿捐赠一批张适烈士旧藏文献资料。

张适（1904—1946），原名来顺，别字适斋，化名弓、有才。山东昌乐人。1926年加入中国共产党。1930年至1933年任中共哈尔滨市委委员、道外区委书记、中共满洲省委巡视员、中共奉天特委书记。1933年10月被捕入狱，1942年出狱。1946年春，任中苏友好协会秘书长。同年3月9日，遭国民党特务暗杀，与李兆麟将军同日遇害，牺牲时年仅42岁。2017年，张同嘉参加国家图书馆“中国记忆”项目关于东北抗联后代的口述史料采集项目之后，将其父亲旧藏的46种46册/件文献资料实物捐赠给国家图书馆。

此次捐赠的资料大多是张适1920—1923年在昌乐县立高等小学学生时期的遗物，包括英文、理科、国文、地理、历史、作文等笔记21册、各类教科书24册、日记1册。这批资料记录张适青少年时代的思想、学习和生活，从中亦可以追寻出他成年后走上革命道路的许多踪迹。1919年，中国在山东问题上的外交失败，引发五四运动，反帝爱国浪潮迅速席卷全国。张适日记和笔记随处可见五四运动对当时学生的影响。

张适笔记之中除记录一般的知识性内容之外，最为突出特征就是其中的爱国意识。在1921年的作文本上，张适抄录的文章有《驱盗》《武能自卫说》《外国税重而民乐输其故安在》《学贵自求说》《人非经磨炼不成器说》《说勤学》《夫妇之伦关于国家论》《述犹太亡国之惨状》《陕人讨陈毒菌檄》《朝鲜学生之泣告世界书》《徐总统申令全国国民以为将来之湔涤国耻预备》等，多为关于社会和政治问题的论说文字。

1923年，张适以优异的成绩考入济南育英中学，在这里遇到他的国文老师、山东党组织创建时期的灵魂人物王翔千。张适保存的一册国文笔记中，前面是《盲者说》《黄金杀人》《记承天寺夜游》《观渔》等课本笔记，后面抄有《学生联合会第五届评议会特刊发刊词》的梗概，这些署名“劬髯”的文章均出自王翔千之手，具有极为浓厚的革命色彩。张适在济南育英中学进一步接受革命和进步思想，积极参加反帝反封建的革命活动，先是加入了共青团，1926年，又经王翔千介绍加入中国共产党。

张适是家中独子，从育英中学毕业后，不顾家人反对，抛妻别子，来到上海、南京做党的地下工作。北伐战争时期，赴中央军事政治学校武汉分校学习，被分配到国民革命军做党的工作。大革命失败后，随国民革命军第四军教导团开赴广州，参加广州起义。起义失败后，远上东北，与中共满洲省委接上关系。张适长期从事地下工作，其间入狱近10年，留下来的革命资料非常之少。张适牺牲后，英名不显，事迹不彰。张适烈士青少年时代的笔记、日记和课本的入藏，丰富了国家图书馆革命历史文献馆藏，也为学界研究张适烈士以及山东昌乐、济南早期革命历史提供了珍贵的史料。

（三）新入藏外文文书

2022年国家图书馆新入藏一批外文文书，包括历史文书和拉丁文写本文献共427种686册/件。历史文书是档案性质的写本，写本文献是一些早期手抄书叶，或小手卷。

1. 历史文书

历史文书主要涉及拉丁文、法文、英文、德文和意大利文5种语言文字。法文文书共250种，能确定年代的有244种，其中16世纪的7种、17世纪的51种、18世纪的92种、19世纪的94种。英文文书共21种，德文文书131种，主要为17—20世纪的各类政治、经济、法律有关的文书。意大利文文书14种，其中17世纪的3种、18世纪的11种。这些历史文书，从材质上看，既有羊皮纸文书，也有纸质文书；从内容和类型上来看，以财产契约类主题文献居多，可为欧洲16—20世纪的政治、文化、法律、经济、技术、社会生活等各个方面的研究提供重要的一手资料。

（1）英文历史文书

新采访的英文历史文书中，有15种是有偿转让，6种是无偿转让。英文羊皮纸文书最早可以追溯到1734年，最晚为1901年，跨度有不到200年的历史，基本涵盖了英国整个汉诺威王朝统治时期（1714—1901）；从地源来看，此批文书主要来自英国的兰卡斯特郡、塞夫顿南港、伦敦西南部的南安普敦、爱尔兰都柏林（这一时期爱尔兰都柏林属于英国）等地区；从内容来看，此批文书主要是一批财产类法律文书，比如有建筑借款、税票、房屋租赁合同、所有权协议、财产分配说明等，大多都保留了印花税印章，有的带有火漆印，多数保存状况良好。

纸质文书最早可以追溯到1704年，最晚为1920年，跨越了英国斯图亚特王朝（1371—1714）、汉诺威王朝和温莎王朝（1917—）三大历史时期。此外，在一份20世纪初的房屋购买合同中，还附有丝质地图一张，为同类文书中相对少见形式。

此批英文文书不仅内容资料性强，文书上的印花税票、火漆印、地图等物件信息也保留较为完整，为研究英国近现代社会经济生活提供了一手材料。同时，文书中的墨水成分、颜色，使用的金粉，文书的折叠方式、钤印方式等，也为更为深入的研究提供了实物材料。

（2）法文历史文书

法文历史文书主要来自法国的巴黎、鲁昂、卡昂等地区，最早可追溯到法国波旁王朝的亨利四世（1553—1610），晚至二战期间的法国。文书类型和内容丰富多样，既有法院传票、续租条约、商业合约、买卖合约、土地租约，亦有婚约、私人信函等，为了解这一时期的政治、经济、法律、社会等各个方面提供了重要一手资料；同时文书形制也反映出各个历史时期的特征。这些文书，既有羊皮纸文书，也有纸质文书，多保留着印花税印章，有的带有火漆印，多数保存状况佳，能够为国内法国近现代历史的研究提供重要的一手材料，也能够为西方文书的书写、制作、保存、利用等相关研究提供重要的实物材料。

（3）德文历史文书

德文历史文书主要为17—20世纪的各类档案文书，其中19世纪档案数量最多，20世纪次之，此外还有18世纪历史文书14种、17世纪历史文书1种。从时间跨度上看，最早一份为1684年的历史文书，内容为《奥滕贝伦法典》中平民向贵族行政长官交税的相关记载。其余绝大多数历史文书均来自神圣罗马帝国时期（962—1806）和德意志邦联时期（1806—1815）。彼时德意志境内众多公国、侯国、贵族领地、自由城市林立，此批文书中即包含黑森州土地购买合同（1775）、汉诺威王国判决书（1822）、下莱茵大公审判书（1852）和萨克森王国的居民死亡证明（1859）等该历史时期的相关文书。此外还有德国统一（1871）之后的历史文书20余种，如1873年的土地住房公证书、1879年维也纳议会决议、1890年的财政部文书、1899年德国驻维也纳总领事馆文书以及若干私人收据等。

从地域分布来看，此批文书主要来自德国，还包含奥匈帝国时期的维也纳、布拉格、布达佩斯等地区。从形制上看，此批文书中既有羊皮纸文书，也有纸质文书，且多有火漆印、钢印、水印和印花税印章等；信件几乎均有邮戳，少量还附有邮票；此批文书大多数为手写体，主要为库伦特体（Kurrent Schrift）和聚特林体（Sütterlin Schrift）；另有少量制式印刷体，内容多为商业合同、土地登记表、债务契约文书、审判书、各类证书、公证文书等；19世纪后期至20世纪则以印刷文书居多，有众多彩色印刷品，内容包括进货单、发票、商业合同、各类证明证书等，大多数文书保存状况良好。

2. 拉丁文写本文献

拉丁文写本文献均为羊皮纸文献，共有11种。从材质、书写风格等推断，大部分为中世纪晚期欧洲的作品。其中第4号为13世纪左右的拉丁文写本《圣经》，存3叶，每叶厚度仅为0.03毫米—0.06毫米，存世稀少，具有重要的文物价值。国家图书馆藏外文善本，年代最早的为1473—1477年出版的摇篮本印本《反异教大全》（*Summa Contra Gentiles*），而古登堡活字印刷术发明之前的手抄本并无收藏。此批早期拉丁文写本的入藏，可弥补这一方面的空白。另一件1725年8月20日法国贝桑松克劳迪乌斯·比奥索（Claudius Biosot）的拉丁文医学博士学位证书，文本四周饰有彩绘，下方带火漆印及其金属壳，保留了完整的证书和构件，为国家图书馆此前所无的文献样式。

党建工作

- 党组织建设
- 纪检监察工作
- 年度掠影

党建工作

一、党组织建设

2022年，在文化和旅游部党组的正确领导和部直属机关党委的指导下，国家图书馆党政班子以习近平新时代中国特色社会主义思想为指导，以迎接党的二十大胜利召开和学习宣传贯彻党的二十大精神为主线，深入贯彻落实习近平总书记给国图老专家回信精神，以党的政治建设为统领，扎实推进党史学习教育常态化长效化、“学查改”专项工作，严格落实党建工作责任制和意识形态工作责任制，坚持党建工作和业务发展“两手抓、两加强、两促进”，进一步发挥国家图书馆党组织战斗堡垒作用和党员先锋模范作用，为推进国家图书馆事业转型创新发展提供强大政治动力和坚强保障。

（一）深入学习宣传贯彻党的二十大精神，深刻领悟“两个确立”的决定性意义

坚持原原本本读原文和鼓励创新学习方式相结合，推进全馆各层面党的二十大精神学习全覆盖、见实效。组织全体党员干部收听收看大会开幕式和新一届常委媒体见面会。馆党委（党组）理论学习中心组第一时间围绕党的二十大报告开展专题交流研讨。对标党中央和部党组相关部署，制订国家图书馆学习宣传贯彻党的二十大精神实施方案。组织正处级及以上干部参加文化和旅游部党的二十大精神学习班。举办国家图书馆党的二十大精神宣讲和学习推进会，国家图书馆党的二十大代表在会上做专题宣讲。发挥阵地作用，推出“党的二十大专题图书”展示阅读区，面向读者积极宣传党的二十大精神。组织学习党的二十大精神线上知识问答，全员参与活动。馆工会和馆团委制订学习方案，组织工会干部、团员青年深入学习领会大会精神。各党支部发挥主阵地作用，积极创新学习方式方法。年轻干部理论学习小组结合青年特点开展专题学习。依托“两微一端”及时宣传报道有关学习贯彻情况。

全年持续推进党的创新理论武装工作，馆党政班子坚持领学促学、督促推进全馆各层面学习。馆党委（党组）理论学习中心组制订年度计划，围绕党的十九届六中全会精神、《习近平谈治国理政》第四卷、习近平总书记关于文化和旅游工作的重要论述精神等，开展10次专题学习研讨。举办学习贯彻习近平总书记给国图老专家回信精神三周年座谈会，坚持在常学常新中推进贯彻落实，以回信精神指导事业发展。组织全体员工参加“学习习近平新时代中国特色社会主义思想”线上培训，完成率超过90%，获得文化和旅游部人事司通报表扬。各党支部依托“三会一课”、主题党日开展形式丰富的学习活动。通过开展各层面学习，全馆党员干部深刻领悟“两个确立”的决定性意义，进一步增强“四个意识”、坚定“四个自信”、做到“两个维护”。

（二）扎实落实“学查改”专项工作，推进党史学习教育常态化长效化

开展“学查改”专项工作，取得良好成效。组织全馆党员干部员工深入开展学习，围绕习近平

总书记关于把握新发展阶段、贯彻新发展理念、构建新发展格局、推进高质量发展的重要论述以及习近平总书记在中央经济工作会议上的重要讲话精神、《习近平关于文化和旅游工作重要论述摘编》等，开展交流研讨，紧密联系工作实际，增强做好国家图书馆工作的政治自觉和行动自觉。组织全馆各层面按照“六对照六看六查”认真找差距，摆问题，析根源，明确整改举措。馆党政班子在深入调研分析的基础上编制整改台账，制定15项整改措施，明确责任人、时限，确保事事有人抓、件件有着落。各项整改举措均得到落实。

推进党史学习教育常态化长效化取得新成绩。馆党政班子总结运用好党史学习教育的成功经验，制订印发推动党史学习教育常态化长效化的实施方案，建立常态化长效化工作机制。开展2022年“我为群众办实事”工作，围绕传承弘扬中华优秀传统文化、丰富优质文化产品和服务供给、提升公共文化服务水平、为全馆职工办实事等方面，确立22项“办实事”项目，完成年度任务。按照部党组相关要求，积极开展巡视整改“回头看”自查，强化整改成果对事业发展的促进作用。

（三）深入贯彻落实新时代党的组织路线，提升党组织建设质量

增强党组织政治功能和组织功能。持续推动党支部标准化规范化建设，总结三年来党支部标准化规范化建设工作经验，开展“四强”党支部评选推荐，两个党支部荣获中央和国家机关“四强”党支部称号。推进党建工作和业务工作深度融合，在落实国家图书馆“十四五”规划、实施重点文化工程、推进日常业务工作、开展常态化疫情防控等工作中，充分发挥党组织政治引领、督促落实、监督保障作用。严格落实意识形态工作责任制，确保正确政治方向。积极策划开展党员志愿服务活动，制订2022年全馆党员志愿服务工作方案，结合馆内核酸检测点工作，发挥党员志愿服务作用，取得良好反响。七一前夕，组织表彰党史学习教育先进集体和个人、党员志愿服务优秀组织和个人，14个党支部和96位党员获得相关表彰，发挥先进榜样示范引领作用。严肃党的组织生活，各党支部紧扣学习贯彻党的创新理论，严格落实“三会一课”、主题党日、组织生活会等制度，突出政治学习和教育，突出党性锻炼；馆班子成员、各党支部书记围绕“履职尽责　我为二十大做贡献”为主题带头讲党课。开展馆属企业党建工作专项调研，进一步梳理企业党建情况，积极探索社会化用工条件下党员发展与教育管理有效途径；印发《国家图书馆馆属企业监督管理办法》，设置企业党建工作专章，进一步提升企业党建工作水平。开展党支部党建工作述职评议考核工作，强化考核结果运用。各党支部以建设“政治功能强、支部班子强、党员队伍强、作用发挥强”党支部为目标，积极推进党建和业务工作融合。

（四）加强党员教育管理，发挥党员先锋模范作用

加强新形势下党员发展和管理工作，按照年度计划，新发展党员13名，预备党员转正19名。向各党支部配发《党的二十大报告辅导读本》《二十大党章修正案学习问答》等10余种学习读物，引导党员加强理论学习。全年选派6名党员干部参加中央和国家机关、文化和旅游部党校各类学习。颁发“光荣在党50年”纪念章，做好老党员、困难党员慰问，过好党员“政治生日”，提升党支部的战斗力和凝聚力。加强党建宣传，深入挖掘报道各层面党建特色做法，营造良好党建氛

围。建设国家图书馆智慧党建平台，提升支部党建信息化水平。加强党务工作培训，保障党费使用、党员管理规范化。

各党支部结合学习宣传贯彻党的二十大精神，加强党员教育管理，策划实施了许多各具特色、贴近实际的学习教育。有的党支部开展党的二十大精神学习会、读书分享交流会，通过学习党的二十大报告、观看解读视频、开展读书分享等丰富形式，引领支部党员深刻感受党和国家事业发展成就。有的党支部举办业务宣讲赛，提升员工推进新时代图书馆业务发展的本领能力。有的党支部依托年轻干部理论学习小组，策划“我思我学二十大”系列学习活动，加强青年党员对党的二十大精神内涵的领悟。有的党支部绘制主题板报，通过党员编写学习内容、设计绘制主题板报等形式，激发学习兴趣，把对党的二十大报告内涵的深刻领会融进画笔，用心勾勒出充满感情和温度的作品。有的党支部以党小组为单位组织党员观看党的二十大报告解读——《奋斗　新的伟业》系列电视节目，并通过年轻干部理论学习小组组织青年干部深入学习，立足岗位实际交流研讨贯彻落实大会精神的意见建议。

二、纪检监察工作

（一）加强党规党纪理论学习，不断提升监督执纪问责的专业化水平

1. 组织召开纪委扩大会议

为深入学习贯彻习近平总书记在十九届中央纪委六次全会上的重要讲话精神，把十九届中央纪委六次全会各项要求落到实处，馆纪委于 3 月 2 日组织召开纪委扩大会，专题学习习近平总书记在十九届中央纪委六次全会上的重要讲话精神、十九届中央纪委六次全会会议公报以及赵乐际同志代表十九届中央纪律检查委员会常务委员会所做的工作报告要点，并集体学习中共中央最新颁布的《中国共产党纪律检查委员会工作条例》。馆纪委委员、各党支部纪检委员及纪检监察处全体同志近 30 人参加会议。

2. 组织各党支部纪检委员等参加上级纪委在线培训

为进一步提高各党支部纪检委员的履职能力，按照文化和旅游部直属机关纪委有关培训工作安排，馆纪委陆续组织馆纪委委员、各党支部纪检委员及纪检监察处专职纪检干部在线参加《中国共产党纪律处分条例》《文化和旅游部党支部党纪处分工作规程》等专题培训。全年共组织 7 次培训，参与培训人员近 200 人次。

（二）深入贯彻落实中央八项规定精神，持之以恒纠治“四风”

1. 不断提高政治站位，巩固拓展落实中央八项规定精神成果

馆纪委立足职能定位，从讲政治的高度深入学习贯彻习近平总书记对作风建设的重要论述精神，把落实中央八项规定精神，纠治“四风”作为重要政治任务。严格执行《国家图书馆关于进一步贯彻落实中央八项规定精神实施细则》，加强监督执纪，持续巩固拓展落实中央八项规定精神

成果。

2. 重点抓好节日关口反“四风”工作

在元旦、春节、五一、端午、中秋、国庆各节日关口，及时发布通知，加强提醒、严明纪律、明确要求。节前及时做好中央、文化和旅游部关于节日期间严明纪律的有关文件和情况通报精神的学习传达贯彻工作，及时向全馆中层及以上干部和馆属企业负责人传达中共中央纪律检查委员会、机关党委转发的中央和国家机关纪检监察工作委员会等典型案例通报，要求高度警醒，引以为戒。按照有关工作要求，在各重要节日关口前，由党委书记、纪委书记约谈财务、公务接待、公车、食堂等重点部门及场所负责人，督促相关负责人严格落实中央八项规定精神，认真履行监管职责，把好第一道关口。通过加强节前宣传教育提醒、开展重点部门节前约谈、节日期间监督检查，认真做好节日关口的反“四风”工作，切实执行中央精神和相关规定。

（三）加强党风廉政警示教育，进一步强化党员干部纪律规矩意识

1. 组织开展党风廉政警示教育活动

为进一步落实全面从严治党要求，加强党风廉政教育，严明党的纪律规矩，强化党员干部廉洁从政意识，馆纪委于 9 月 26 日上午组织开展国家图书馆党风廉政警示教育活动，以案释纪明纪，集体观看党风廉政警示教育片。馆领导班子成员、中层干部、各党支部委员、馆属企业主要负责同志等 130 余人参加此次活动。为提高警示教育效果，选取《公职人员酒驾案警示录》等 4 部贴近实际、典型性强、针对性强的警示教育片在现场播放。此次活动中还传达了文化和旅游部警示教育大会通报的部系统近年来查处的典型案例情况，通报馆纪委过去一年查处的馆内党员干部违纪违法典型案例情况，教育引导广大党员领导干部高度警醒，不断强化纪律规矩意识，切实筑牢拒腐防变思想防线，警示教育活动取得较好效果。

2. 要求各党支部组织党员干部观看中共中央纪律检查委员会（国家监察委员会）反腐专题片

为有效发挥各基层党支部党员教育管理主体责任，在十九届中央纪委六次全会召开前夕下发通知，要求各党支部结合自身实际组织党员干部观看中共中央纪律检查委员会（国家监察委员会）宣传部电视专题片《零容忍》，通过以警示教育为抓手，切实做好本支部党员干部的教育管理。

3. 组织专兼职纪检干部观看廉政剧目

馆纪委于 7 月 8 日组织馆纪委委员、各党支部纪检委员及纪检监察处专职纪检干部等共计 30 人集体观看大型新编历史京剧《陈廷敬》，教育引导专兼职纪检干部不断增强使命担当，学习前人不畏凶险、大公无私、肃贪倡廉的事迹和精神。

4. 纪委书记对新提任副处级干部进行任前集体廉政谈话

2022 年，馆内新提任副处级干部 25 名，按照干部任前廉政谈话有关规定，馆纪委书记对新聘任的干部进行任前集体廉政谈话，要求大家严守党内纪律规矩和国家法律，自觉严格执行馆内各项规章制度，谨慎用权，自觉接受群众监督，在新的工作岗位上恪尽职守、廉洁自律、勤勉工作。

年度掠影

【开展馆属企业党建工作专项调研】

4 月，国家图书馆党委组织开展馆属企业党建工作专项调研。馆领导带队先后到国家图书馆出版社、北京国图文化发展有限责任公司、北京国图书店有限责任公司、北京国图创新文化服务有限公司、北京国图酒店管理有限公司、北京国图文化艺术有限公司，以实地走访、座谈会等形式开展调研。党群工作办公室、经营管理处负责人参加调研。经营管理处党支部汇报了支部组建以来党建工作进展以及推进馆属企业党建工作和生产经营融合发展情况，各馆属企业围绕当前企业党建工作现状和存在的不足做了汇报。

【召开党的二十大精神宣讲和学习推进会】

11 月 22 日，国家图书馆以线上视频会议方式召开党的二十大精神宣讲和学习推进会。文化和旅游部直属机关党委副书记杨彬线上出席会议并讲话。馆长熊远明、党委书记魏大威出席会议并讲话，党的二十大代表、典藏阅览部主任李晓明做宣讲报告，馆班子成员、党委委员、纪委委员、中层干部、馆属企业主要负责人、各党支部委员、团员代表、统战人士代表、离退休同志代表等 150 余人参加会议。党的二十大召开以来，国家图书馆紧密结合实际，研究制定《国家图书馆关于深入学习宣传贯彻党的二十大精神实施方案》，推进各层面学习全覆盖，深入推动党的二十大精神入脑入心。

馆藏建设与管理

- 文献信息建设
- 文献信息组织
- 文献信息保存与保护
- 年度掠影

馆藏建设与管理

一、文献信息建设

（一）实体文献的采集

1. 中文文献

（1）中文图书

接收交存 440786 种 1058767 册，较 2021 年种数减少 10.66%，册数减少 11.03%。购买 72793 种 94792 册，较 2021 年种数减少 27.49%，册数减少 31.47%。接受赠送 8432 种 19029 册，较 2021 年种数减少 10.91%，册数减少 36.75%。中文图书旧书补藏 8432 种，较 2021 年增加 11.55%。

（2）学位论文

采访 201558 种，较 2021 年减少 16.31%。其中博士论文 60835 种、硕士论文 130781 种、博士后报告 9942 种。

（3）台港澳文献

采访图书 9373 种，较 2021 年减少 24.90%。采访期刊 371 种 3619 册，较 2021 年种数减少 45.20%，册数减少 43.50%。采访报纸 42 种 15078 期，较 2021 年种数减少 46.84%，期数减少 33.12%。

（4）中文期刊报纸

入藏期刊 10148 种 376320 册，较 2021 年种数减少 0.26%，册数减少 12.50%。入藏报纸 1267 种 427146 期，较 2021 年种数减少 3.13%，期数减少 4.78%。

（5）音像制品和电子出版物

接收交存 6130 种 9317 盘，较 2021 年种数减少 4.78%，盘数减少 7.73%。购买 856 种 1424 盘，较 2021 年种数减少 0.23%，盘数减少 25.41%。接受赠送 41 种 162 盘，较 2021 年种数减少 46.75%，盘数减少 36.72%。

（6）中文资料

采访非正式出版文献 2846 种 3142 册，较 2021 年种数减少 21.14%。存疑文献 231 种 262 册，较 2021 年种数减少 22.22%。

2. 外文文献

（1）西文文献

订到图书 12544 种 12759 册，较 2021 年册数减少 62.03%。缩微平片和胶卷 0 种，0 片 / 卷，较 2021 年无变化。补订海外中国学文献 780 种，较 2021 年种数减少 20.40%。

（2）东文文献

订到日文图书 10155 种 10215 册，较 2021 年册数减少 23.88%。补订日文中国学文献 271 种，较 2021 年种数减少 63.82%。订到东文图书 3900 种 4013 册（其中阿拉伯文图书 876 种 884 册、韩文图书 756 种 806 册、越南文图书 756 种 811 册、泰文图书 756 种 756 册、印尼文图书 608 种 608 册、马来文图书 148 种 148 册），较 2021 年册数减少 13.31%。

（3）俄文文献

订到图书 3181 种 3198 册，较 2021 年册数增加 8.59%，补订海外中国学文献 4 种。

（4）国际组织与外国政府出版物

订到各类型文献 2161 种 5915 册 / 件（其中图书 586 种 634 册、期刊 148 册、缩微平片 1572 种 5130 片、光盘 3 种 3 盘），较 2021 年册 / 件数增加 1.80%。

（5）出版物交换

交换到各类型文献 3185 种 5575 册 / 件（其中图书 2672 种 2679 册、期刊 274 种 1778 册、平片 225 种 1104 张、随书刊光盘 13 种 13 盘、电子出版物 1 种 1 件），较 2021 年册 / 件数减少 54.21%。

（6）外文报刊

订到外文期刊 29726 册，较 2021 年减少 25.36%。外文报纸 16923 份，较 2021 减少 11.39%。

3. 古籍特藏文献

2022 年，通过多种途径入藏各类古籍特藏文献 3752 种 10259 册 / 件，其中：善本 1 种 10 册、新善本 111 种 122 册、精装精印 43 种 60 册、手稿 19 种 49 册、其他资料 1 种 1 册、普通古籍 63 种 199 册、金石拓片 594 种 780 件、敦煌吐鲁番资料 471 种 666 册、中文舆图 1348 种 2470 册、外文舆图 192 种 196 册、年画 1 种 1 件、老照片 175 种 3794 件、方志 1 种 2 册、家谱 205 种 1251 册、外文善本 527 种 658 册 / 件。另外，接受少数民族语文文献 2793 种 6659 册，编目后转入中国少数民族语文文献阅览室 1426 种 1559 册。

4. 缩微文献

全国图书馆文献缩微复制中心各成员馆全年共拍摄民国图书 35208 拍、民国时期期刊 132876 拍、善本古籍 31124 拍、中华人民共和国成立初期中文图书 22951 拍、现报 151931 拍，共计 374090 拍。其中国家图书馆完成民国时期文献、中华人民共和国成立初期中文文献及报纸黑白缩微拍摄 192229 拍，完成馆藏提善古籍彩色缩微拍摄 5137 拍。完成珍贵文献数字资源转换缩微胶片 545774 拍，其中国家图书馆馆藏家谱数字资源转换黑白胶片 389084 拍。完成母片拷底 3684 卷，拷贝 2797 卷。

5. 国家典籍博物馆实物资源征集入藏

展览部新增藏品 125 种 241 件，藏品总计 652 种 885 件。全年接收捐赠钟南山铜像 1 件，接收 2022 年冬奥会国际版画捐赠作品 53 件，接收“当代国际藏书票巡展”新增藏书票捐赠 46 件，接收国家图书馆 2022 年“古籍里的春联”现场书写活动春联 7 副，接收北京奥运城市发展促进中心移交冬奥会、冬残奥会相关物资 18 种 114 件。

（二）数字资源的采集和文献数字化

截至 2022 年底，国家图书馆数字资源总量达 2631.40TB，较 2021 年增长 133.42TB，主要包括馆藏特色数字资源 2014.66TB（含征集资源和交存报纸）、外购数据库 289.29TB、网络采集资源 327.45TB。资源内容主要包括：电子图书 2211125 种 2691730 册、电子期刊 58243 种、电子报纸 3612 种、学位论文 9795264 篇、会议论文 7402300 篇、音频资料 1919972 首、视频资料 199412 小时。

1. 馆藏特色数字资源

截至 2022 年底，特色数字化资源全文近 3.40 亿页，资源存储量共计 1845.18TB。主要包括：现代文献电子图书 751366 种 758916 册 225872957 页、博士论文 315517 种 44329286 页、音频资料 697933 首、视频资料 60656 小时。民国时期文献民国图书缩微胶片 114081 种、约 2201 万页，民国期刊缩微胶片 5876 种、约 627 万页，民国报纸缩微胶片 351 种、约 129 万页，民国法律 11118 件 37199 页，革命文献 275 种 20071 页，地方征集和补藏民国时期文献 708.60 万页，海外回归民国时期文献 3.96 万种 33.81 万页。古籍文献甲骨实物 6575 种 11732 幅，甲骨拓片 12775 种 14333 幅，敦煌写卷 1.60 万种 5905 卷 220184 拍，石刻拓片 26763 种 33143 幅，地方志全文影像 6868 种 3340000 叶，地方志全文文本 3181 种 2031400 叶，地方志类书和工具书 78 种 208302 页，西夏文献 124 种 4909 页，西夏论著 1202 种 9793 页，善本老照片 7264 种 7328 幅，年画 5278 种 5834 幅，新善本 101 种 6987 页，手稿 760 种 67400 拍，古籍信札 182 种 39000 叶，大藏经 202 种 48000 拍，永乐大典 38 种 14930 页，宋人文集 513 种 162237 页，家谱 5741 种 4616025 页，舆图 62 种 332 拍，样式雷 12006 种 15929 拍，契约文书 20038 种 23776 叶，普通古籍 10162 种 30419 册，印谱 960 种 229773 页，山海经 92 种 13525 页，善本胶卷转换数字资源 26628 种 13165639 页，海外中华古籍数字化回归资源 14699 种 2108130 页，中国古代典籍 1084 种、约 1 亿字。

截至 2022 年底，征集数字资源存储量共计 162.53TB，主要包括地方志、民国时期文献、老照片、家谱、专题视频和馆藏特色资源等。

截至 2022 年底，接受电子报纸交存 146 种，存储量 6.95TB。

2. 外购数据库

2022 年，国家图书馆外购数据库共计 245 个，包括中文数据库 137 个、外文数据库 108 个。其中，已完成本地镜像数据库 107 个（包含子库），占用本地存储 289.29TB。

外购数据库相关数据见下表。

外购数据库所含主要内容单元

文献类型	中文数量	外文数量	合计
电子图书	812642种 1293386册	512350种 512350册	1324992种 1805736册

（续表）

文献类型	中文数量	外文数量	合计
电子期刊	26449种	25479种	51928种
电子报纸	1865种	883种	2748种
学位论文	8693200篇	786547篇	9479747篇
会议论文	7402300篇	0篇	7402300篇
音频资料	1222039首	0首	1222039首
视频资料	141269小时	0小时	141269小时

为开展移动服务工作，采购 2 个数据库以及有声资源和电子图书等裸数据资源。

3. 网络采集资源

国家图书馆网络导航资源主要包括国内外图书馆导航、电子报刊导航、新农村建设专题导航、农林导航等，总计 18644 项。截至 2022 年底，已保存我国约 5 万个政府网站、732 个人大网站、2864 个其他国内网站、5581 个国外网站，315 种中文电子报纸以及中国学、开放存取、奥运会、航空航天等 344 个专题信息。网络采集资源存储量共计 327.45TB。

4. “第十七届文津图书奖”专题资源

完成“第十七届文津图书奖”专题网站建设。设计并制作第十七届文津图书奖专题网站，整合历届获奖图书和推荐图书，形成完整的数字资源专题导读。完成参评图书封面的数据发布、数据管理工作。配合完成“文津图书奖”评奖活动，将获奖书单同步发布到网站上进行展示。制作首页、获奖图书、推荐图书、往届回顾页面，新增在线阅读专区——历届文津图书奖专题阅读页面。实现资源导航及图书展示等功能。完成第十七届文津图书奖发布系统和数据库系统部署。

5. 移动服务资源建设

完成年度“掌上国图”外购资源建设。续订阅文电子书数据库图书 1 万册，续订读览天下电子期刊 150 种，完成采购资源验收和发布工作，包含诚品读库电子图书 200 册、有声读物 27 部。

6. 互联网信息资源采集与保存

紧密结合国家重大战略和热点主题采集互联网资源，进行持续性采集和保存。2022 年围绕社会、文化、民生、科技等重要领域实施专题性网络资源采集与保存，构建多样化和特色化的网络专题资源，进一步充实网络资源保存体系。2022 年共计开展 19 个网络专题资源采集与保存，合计 3037 条，数据量 8.62TB。

采用全站采集与增量采集相结合的模式开展网站资源采集与保存，2022 年，通过全站采集模式完成 134 个重要领域的国内网站的网络资源采集，对其中 42 个网站实施增量采集模式的网络资源采集，增量采集次数共 38 次，总数据量 8.27TB。

7. 政府公开信息整合服务平台资源建设

持续开展政府公开信息整合服务平台资源建设，2022 年共完成 70085 条国务院政府信息采集，包括 69180 条各部委的机构数据，905 条政府公报。

8. 中国战“疫”记忆库专题资源征集

持续推进中国战“疫”记忆库项目，开展全国省市级图书馆战“疫”资源摸底调研，共 157 家图书馆参与问卷填写，完成《全国省级公共图书馆战“疫”资源建设和服务调研分析报告》。继续开展战“疫”资源建设，梳理含各地图书馆在内的拟征集对象清单，联系近 60 家单位及个人，新征集作品近 6000 件，完成约 5000 件入藏作品授权书签署。

9. 记忆资源建设

中国记忆项目自建口述史料、影音资料等活态记忆资源约 204 小时。

10. 国图讲坛文津读书沙龙和文津经典诵读项目资源建设

文津经典诵读项目提交验收诗词音频 365 首，存储量共 2.92GB。国图讲坛文津读书沙龙共提交验收讲座视频 50 场 4824 分钟，总存储量 951GB。

11. 影视资源建设

2022 年完成“天禄琳琅”修复成果、第十三届艺术节、馆长致辞等 20 部短片，完成 2022 年馆宣传片。完成 2781 分钟 2021 年自建视频资源的档案数字化工作。完成国图公开课 76 期课程的后期制作和上线工作，其中“诗经二十讲”共 61 个视频全部提交入藏。2022 年继续推进“国图馆员故事”薛殿玺、邢淑贤 2 位老馆员的口述采访工作，为馆史研究、馆史宣传提供第一手的资料。

探索公共图书馆影音文献建设的方法与路径，加大对影视资源特别是纪录片资源的征集与建设工作。1 月 13—15 日与中国文学艺术界联合会、中国电视艺术家协会、国家乡村振兴局联合主办“新时代小康纪实影像征集典藏活动”，举办“讲好小康故事，记录时代风云”主题论坛，并征集 10 部最佳作品入藏。联合举办影展，征集 113 部民族影像志作品入藏国家图书馆。6 月 22 日，《党的盛典　人民的节日——中央广播电视总台庆祝建党百年全记录典藏》入藏国家图书馆，为公众了解中国共产党百年华诞庆祝活动盛况提供更加全面的视听文献资源。

12. 数字资源征集工作

2022 年继续开展公共文化资源征集项目。开展音视频征集工作。已取得相应授权或对象数据近 1700 件，资源类型包括纪录片、照片、报纸等，资源主题涉及战“疫”、冬奥会、传统文化、红色记忆、“一带一路”、脱贫攻坚等，征集到抗美援朝主题电影纪录片、“第 35 届中国电影金鸡奖提名最佳纪录 / 科教片”《1950 他们正年轻》。持续开展电子图书征集工作。开展电子图书专题征集，面向出版社开展 15—17 届文津图书奖获奖图书全文征集工作。同时采取灵活多样的授权方式，开展电子图书部分章节的征集，无偿征集到包括文津图书奖在内的电子图书 176 种，涵盖科技、文学、少儿等主题。持续开展数字版权捐赠，陆续收到地方志、音视频资源共计 13 种。

二、文献信息组织

（一）中文文献

1. 中文图书

制作中文图书书目数据 247435 条，较 2021 年减少 8.18%。其中：普通图书书目数据 196562 条，较 2021 年减少 14.72%；少儿图书书目数据 50872 条，较 2021 年增加 31.77%；民国时期图书书目数据 1 条。完成中文图书加工 754313 册（含光盘），较 2021 年减少 24.66%。新建名称规范数据 95133 条，完成规范数据与书目数据的同步挂接。

2. 学位论文

完成学位论文编目加工 175939 种，较 2021 年增加 22%。其中：博士论文 66046 种、博士后报告 4893 种、硕士论文 105000 种。

3. 台港澳文献

完成图书编目加工 12225 种 / 册，较 2021 年减少 33.91%。制作图书书目数据 12255 条，较 2021 年减少 33.99%。完成期刊编目 5 种。

4. 中文期刊报纸

新编期刊书目数据 112 条、报纸书目数据 16 条。完成中文期刊加工 376320 册、中文报纸加工 427146 期。

5. 音像制品和电子出版物

登记加工 7760 种 10743 盘，较 2021 年种数减少 16.50%，盘数减少 15.98%。编目入库（含少儿音像制品等，不含复本、附件）6882 种 8272 盘，较 2021 年种数减少 11.54%。制作书目数据 6926 条，较 2021 年减少 11.01%。

6. 中文资料

完成非正式出版文献编目加工 2872 种 2988 册，较 2021 年种数减少 43.42%，册数减少 43.88%。完成存疑文献编目加工 149 种 164 册，较 2021 年种数减少 75.96%，册数减少 74.92%。

7. 缩微文献

制作缩微品拷底片书目数据 4033 条，制作缩微品拷贝片书目数据 1537 条，维护书目数据 1523 条。

（二）外文文献

1. 西文文献

编目加工西文图书 37654 种 41278 册，较 2021 年种数减少 11.14%。

2. 东文文献

编目加工日文图书 8705 种 8805 册，较 2021 年种数减少 29.49%。编目加工东文图书 3900 种 4013 册（其中阿拉伯文图书 876 种 884 册、韩文图书 756 种 806 册、越南文图书 756 种 811 册、泰文图书 756 种 756 册、印尼文图书 608 种 608 册、马来文图书 148 种 148 册），较 2021 年册数减少 10.22%。

3. 俄文文献

编目加工图书 6000 种 6191 册，较 2021 年种数减少 5.06%。

4. 国际组织与外国政府出版物

各类文献编目加工 5605 种 11073 册 / 件（其中图书 562 种 773 册、期刊 81 册、缩微平片 5042 种 10218 片、光盘 1 种 1 盘），较 2021 年种数减少 31.78%。

5. 外文报刊

新编目外文期刊 113 种。新编外文连续出版物书目数量较 2021 年增加 32 种。

6. 外文实体音像电子资源

编目加工西文实体音像电子资源 830 种 4222 盘，较 2021 年种数减少 26.40%。

（三）古籍文献

古籍馆新编书目数据 7034 条，开展回溯工作制作数据 5697 条。

（四）数字资源

完成 19 批自建和征集数字资源的发布工作，包括完成 2019 年公有领域图书 2234 册，2020 年国际组织与外国政府出版物开放获取文献 11902 册，2018 年和 2020 年民国时期期刊 17763 册，图书馆风采视频讲座 361 场，2022 年世界读书日面向出版社征集电子图书 117 册、阅文专题库 44 册，2021 年永青文库 3709 册、天津古籍重新加水印替换发布 42221 册，2015 年、2016 年和 2018 年数字古籍 4326 册、2021 年云南古籍 535 册，2020 年博士论文 7945 册等资源发布工作。全年共发布资源 31488 种 91157 册。数字资源发布的对象数据共占空间约为 2.60TB。另外完成 14 批次资源的修改工作，共计修改资源 837 种。2022 年发布总量比 2021 年增长 24%。

截至 2022 年底，国家图书馆已发布数字资源的内容单元主要包括：电子图书（含民国时期图书）1484128 种，发布率 67.12%；电子期刊（含民国时期期刊）57639 种，发布率 98.96%；电子报纸（含民国时期报纸）2752 种，发布率 76.19%；学位论文 9772066 篇，发布率 99.76%；会议论文 7402300 篇，发布率 100%；音频资料 1194070 首，发布率 62.19%；视频资料 148359 小时，发布率 74.40%；古籍类资源 99754 种，发布率 46.86%。

1. 特色数字资源

已发布特色馆藏数字化资源中，现代文献主要实现局域网发布，发布率 33.28%；民国时期文献基本实现互联网发布，发布率 55.95%；古籍文献基本实现互联网发布，发布率 61.02%。

征集数字资源已发布资源的存量约为 160.23TB，占全部征集资源存储量的 98.58%，全部实现互联网发布。

接受交存的电子报纸 146 种，因与外购资源内容重复，资源未发布，主要用于备份保存。

2. 外购数据库

245 个外购数据库均已在馆域网发布。其中：126 个数据库授权许可馆域网和互联网远程访问，占全部外购数据库的 51.43%；119 个数据库仅授权许可馆域网服务，占全部外购数据库的 48.57%。

3. 网络采集资源

网络导航数据采取建设即发布的方式，并保持定期更新维护，全部实现互联网服务。网络采集资源发布资源的存储量为 129.74B，占全部网络资源采集存储量的 39.62%，实现局域网发布。

4. 移动服务资源

发布移动端“M・地铁图书馆”阅读专题“纯真童年　阅读乐趣”“如歌岁月　同心同行”“探寻文明的印迹”共计 3 期；发布“阅享春意　筑梦冰雪”2022 年新春专题、“一起来阅读”4・23 世界读书日线上专题、“走进科技　你我同行”科技周专题、“节气之美”专题共计 4 个，以及“邀明月　品书香　共团圆”“冬日暖阳”2 个主题阅读专题；官方抖音号发布短视频 48 部。

5. 中国战“疫”记忆库项目建设

围绕战“疫”主题，对疫情相关网络资源实施专题性资源采集，新增采集 2313 条网络资源，数据量 0.90TB，累计采集疫情主题网络资源 38150 条，数据量 22.75TB。按照《中国战“疫”记忆库资源描述元数据规范》，对采集完成的专题网络资源实施元数据著录，新增元数据 10113 条，项目累计完成元数据著录共 26252 条。

持续推进战“疫”记忆库知识组织建设。接收并基于《中国战“疫”记忆库资源描述元数据规范》核查各类资源数据，利用本体建模原语构建项目类—属性关系，通过项目整体知识建模预设的核心语义结构与关系为通过验收的多来源、各类型数据实现语义化描述与组织。2022 年，共接收人物谱数据、事件谱数据、网络采集数据、版权征集数据合计 20555 条，通过自动化验收程序核查数据规范性、完整性、一致性及正确性问题。

管理人物谱、事件谱分类标签、项目资源类型、体裁分类、民族编码体系词表、语种词表等共计 20 余个简单知识组织系统（Simple Knowledge Organization，SKOS）语义化词表，基于词条上下位类关系实现概念及实体之间的关联，助力知识融合与知识发现。持续以关系属性将战“疫”入藏资源关联已有馆藏资源，盘活馆藏资源体系，借助馆藏规范数据实现关系发现和知识补全、语义丰富和增强。2022 年，通过知识组织建设，累计形成信息资源实体、人物实体、机构实体、事件实体以及各类型概念实体共计 4.40 万余个，发现并揭示多维关系 22.30 万余条，构建三元组 89.30 万余条。

推进中国战“疫”记忆库项目入藏资源加工，完成数据初加工 19450 条。持续运营和维护中国战“疫”记忆库版权管理平台，实现版权全流程管理。在中国战“疫”记忆库版权管理平台完成数据上链 16423 条。

6. 数字馆藏元数据整合

持续开展数字馆藏元数据整合工作，加大数字馆藏元数据收集整理力度，实现元数据仓储的统一管理。2022 年，整合中文外购数据库 26 批次，元数据数量约 2803.40 万条；整合自建数字资源 34 批次，元数据数量约 7.30 万条；制定 8 个外购数据库的映射规则。

三、文献信息保存与保护

（一）数字信息保存与保护

1. 自建数字资源入藏

2022 年自建数字资源典藏库房光盘入藏量持续减少，年内新增入藏光盘 435 盘，同比减少 66.64%。组织开展入藏光盘维护工作，全年修复维护光盘 880 盘，倒架光盘 900 盘，提供空白光盘补刻修改数据 10 盘。开展数字资源集中管理存储介质应用研究，完成磁盘阵列和蓝光存储系统产品调研。针对已存藏资源中的疑难数据进行摸排分析，整理归纳问题类型并有针对性地开展研究试验，提出切实有效的解决办法，为下一步筹划相关数据清洗工作提供实践参考。

2. 数字资源长期保存

完成古籍、拓片、网页采集、中文图书、民国时期期刊、民国时期文献、外文资源、国际敦煌项目、世界图书馆项目共计 9 类 184.88TB 的数字资源的长期保存。截至 2022 年底，国家图书馆长期保存数字资源总量达到 2348TB。

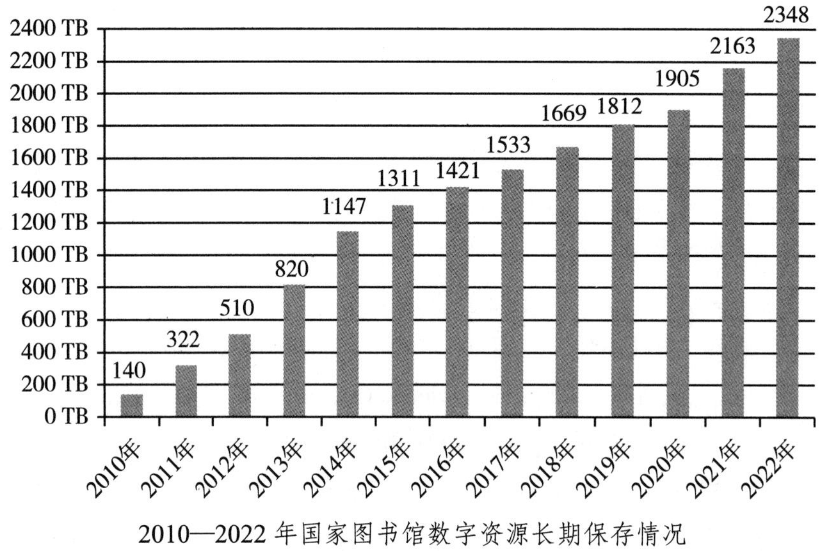

2010—2022 年国家图书馆数字资源长期保存情况

2022 年灾备中心磁带库完成增量数据备份 197.12TB，灾备中心磁带库数据总量达到 2489.93TB。对新增数据进行安全性检查，全年共完成 420 盘次检查，检查结果全部正常，保证两地数据的完整性和一致性。

实施数字资源保存策略，丰富资源保存介质，完成首套对象存储采购用于数字资源保存。

2022 年完成互联网信息资源的长期保存，内容包括 2020 年至 2022 年度各专题数据、战“疫”记忆库专题数据，数据量共计 14663GB。

（二）文献修复与保护

认真履行国家级古籍修复中心职责，承担或协助各地方单位的藏品修复工作，修复广济寺字画29件、电影资料馆海报118件、内蒙古喀喇沁旗文化旅游体育局书画4件，通过线上授课方式，帮助各地培训古籍修复人员，参与中国华侨博物馆文物修复项目的申报工作；开展各项修复视频教学，2月，配合中国图书馆学会举办“中华传统文化经典”系列研修班——中西文古籍的装帧与修复专题，古籍馆修复组2位专家参与拍摄教学视频，视频时长4小时。2—10月，社会教育部举办“古籍修复基础周末班”，古籍馆修复组6位青年修复师参与授课，授课时长104学时；为中国社会科学院大学文博专业硕士研究生讲授古籍修复理论及实操课程，并指导学生撰写开题报告，授课时长80余学时。9月，国家古籍保护中心拍摄网上视频教学课程，时长2小时。8月至10月，配合文化和旅游部2022年“订单式”人才援助工作，选派李屹东赴青海省图书馆开展古籍修复培训教学工作；对古籍修复技艺相关传统技术开展发掘和技术攻关工作，并取得突破，正在开展的工作包括：档案字迹恢复技术研究、传统盘扣制作工艺研究、传统书帙缝制工艺研究，积极推进古籍修复补书机等修复设备工具的研制工作；配合文化和旅游部非物质文化遗产司开展国家级非物质文化遗产代表性项目保护单位履职尽责情况评估和调整工作、国家级非物质文化遗产代表性传承人传承活动评估工作，开展国家级古籍修复中心工作进展评估工作，配合国家文物局开展可移动文物修复资质单位信息报送工作。

积极开展馆藏珍贵文献的修复工作，全年共修复415册/件，其中：善本64册、民族文字古籍17件（其中西夏文献15件）、普通古籍25册、金石拓片282件（其中拓片镶衬269件）、舆图27件。按期提交西夏文献修复项目结项报告。馆藏清宫“天禄琳琅”修复项目圆满结项，并于1月7日召开修复成果新闻发布会。

在中国文物保护协会字节跳动文物守护专项基金支持下，开展《永乐大典》《大清律例》封面丝织品面料复制及染色工艺研究工作；在中国文物保护基金会花呗文物守护专项基金支持下，开展敦煌遗书修复用纸自行抄造工作；申请2023年度国家文物保护专项资金，用于开展郑振铎先生旧藏《十竹斋书画谱》16册和《十竹斋笺谱初集》4册的修复工作；申报2023年度国家非物质文化遗产保护资金中央部门保护补助费，用于开展承担的非遗技艺保护工作。此外，积极筹建国家级纸质文献修复保护中心，提出需求，配合相关部门调查场地。

开展虫霉防治、文献及装具挥发物、颜料字迹、造纸科技史、纸张鉴定与分析、文献脱酸等研究；参与国际标准ISO 16245《信息与文献　用于储存纸张和羊皮纸文献的由纤维素材料制成的纸箱、文件封面和其他装具》、ISO 11798《信息与文献　纸上书写、打印和复印图像的持久性和耐久性要求和测试方法》和ISO 11799《信息与文献　档案和图书资料的文件存储要求》的修改和制定工作，参与国际标准化组织信息与文献标准化技术委员会文献存储要求和保存条件分委员会（ISO/TC46/SC10）的投票等工作；结合民国时期及中华人民共和国成立初期中文报纸缩微拍摄工作，提交“报纸合订本拆装订鉴定评估规范（草稿）”；开展库房温湿度监测工作，每日查看库房温湿度自动监测系统，每周进行一次重点库房巡查，每月提交一次温湿度、虫害监测报告；及时更换库房温湿度检测仪的电池，做好馆库房温湿度自动监测系统的维护工作，发现问题及时联系相关负责部门，并与承德文献周转库负责人员及时联系沟通温湿度情况。

在缩微文献保存保护方面，继续加强国家母片库建设，严格按照藏品出入库管理制度进行管理，日常做好人员入库登记、库房温湿度登记，做好母片库和拷底片库日常巡查，确保库房和藏品安全。持续推进缩微品长期保存与保护问题研究，继续推进缩微文献的原生性与再生性保护。继续开展古籍缩微胶片修复，通过对胶片的筛查分类、接片处理、拷底制作、质量验收等流程，加强古籍缩微文献的保存保护，2022 年完成修复古籍缩微胶片 500 卷；继续开展成员馆善本缩微胶片数字化异质保存相关工作；开展敏感文献回溯筛查，完成季度缩微文献数据质量自查报告。

年度掠影

【承德文献周转库管理处完成 2022 年文献外迁的安全保障工作】

2022 年国家图书馆外迁文献总计约 24000 箱 146 万册 / 件。承德文献周转库（以下简称“周转库”）管理处持续做好文献外迁各项安全准备工作，全力保障外迁文献接收安全有序。

8 月 7 日，海南、内蒙古突发疫情，周转库管理处第一时间进行综合研判，提前与相关部门就文献码垛、登记进行沟通，充分做好突发疫情下的文献外迁准备工作。8 月 9—12 日，2022 年第一批总馆外迁文献进驻周转库。

8 月 26 日，第二批文献外迁工作开始启动。因当天承德市双桥区小佟沟自来水小区等区域突发疫情，实施临时性封控管理，周转库值班领导经与承德县卫健局等相关部门多方了解和沟通，进行综合研判、预判，第一时间向北京总馆发出疫情预警，建议暂停该轮文献外迁，有效避免人员、车辆及文献被封控的风险。

【承德文献周转库开展系列消防升级改造工作】

10—11 月，周转库开展一系列消防安全建设升级改造工作。11 月 11 日，周转库防火通道升级改造工作全面完成。之前，防火通道改造工作已于十一国庆节后启动，值班部处领导与业主现场实地勘察，业主组织多种大型机械进行施工，将原先在个别库房铺设 2 米宽的消防通道扩建为在 4 个库房周边铺设 4 米宽、总面积 2600 余平方米的透水砖路面防火通道，工期花费共 1 个月左右时间。改造后的防火通道可容纳消防车在库房周边行驶。除此之外，周转库业主还组织工人完成对文献库房屋顶以及墙面进行修补和防水作业。

【国家图书馆艺术文献捐赠仪式暨“音乐点亮人生，我和我的祖国——音乐沙龙特别版”活动】

11 月 3 日，策划举办国家图书馆艺术文献捐赠仪式暨“音乐点亮人生，我和我的祖国——音乐沙龙特别版”活动。7 位知名艺术家捐赠的 540 余种 1100 余册 / 件共计 3780 余张重要艺术文献（手稿、日记、老照片等）入藏国家图书馆，包括著名作曲家、“七一勋章”获得者吕其明的《红旗颂》手抄本，著名作曲家铁源的《十五的月亮》《在那桃花盛开的地方》手稿，著名表演艺术家、第一代白毛女扮演者孟于在延安时期的老照片，著名电影表演艺术家于蓝的手稿和数千张照片，著名电影表演艺术家王铁成的电影拍摄日记，著名钢琴家鲍蕙荞专访国内外钢琴家和教育家的《鲍蕙荞倾听同行——中外钢琴家访谈录》著作手稿，延安时期文艺工作者田霞光的手稿及照片等。在捐赠仪式后举办的“音乐点亮人生，我和我的祖国——音乐沙龙特别版”活动中，满天星业余交响乐团和银杏合唱团联袂演绎了与此次捐赠文献有关的部分艺术作品。

【“新 RDA 的理论与实践”培训班举办】

为推动国内编目人员及时追踪编目理论的发展前沿，获取和掌握新 RDA 的内容和变化，促进新 RDA 的推广与本地化应用，10 月 28 日—11 月 4 日，外文采编部和社会教育部联合策划举办“新 RDA 的理论与实践”培训班。此次培训班以线上形式开展，来自各省、自治区、市、直辖市公共图书馆、高校图书馆、书商等机构的 64 位编目界人士参与。

《资源描述与检索》（Resource Description and Access，RDA）是近十年来备受瞩目的国际编目规则。培训课程围绕修订后的新 RDA 展开，在保留 RDA 本地应用技巧传统课程的基础上，加大对 IFLA LRM、新 RDA 框架特色以及 BIBFRAME 最新应用实践等前沿信息的讲解，激发我国编目界追踪学习新 RDA 的兴趣和热情，促进新 RDA 在我国的推广与普及。

【有序开展文献基藏本补藏】

结合国家图书馆国家文献战略储备库建设和保存本搬迁计划，继续有序开展基藏本补藏目录梳理工作。全年系统梳理中文图书保存本和基藏本的收藏情况，广泛搜集目录，整理查重，共提交可补基藏本书目 25000 余种。

【为海外中国文化中心图书馆提供采编服务】

2022 年，继续承接海外中国文化中心图书馆藏书书目建设，为该中心提供最新出版书目 2500 余种。同时，根据各海外中国文化中心实际需求，继续完善所需文献目录的遴选工作。

【配合国务院教育督导委员会、学位委员会学科评议组提取相关博士学位论文】

根据《教育督导条例》（国务院令第 624 号）和《博士硕士学位论文抽检办法》（学位〔2014〕5 号）有关要求，为保证博士生培养质量，国务院教育督导委员会办公室决定 2022 年度抽检的博士学位论文继续从国家图书馆调用。按照国务院教育督导办公室函件要求，论文收藏中心克服经费预算大幅下降、新型冠状病毒疫情等不利影响，对分散在采访、编目、加工、外包等多环节工作流程中的博士学位论文逐一筛查，共提取博士论文 7888 种，按照要求提交国务院教育督导办公室。

配合国务院学位委员会中医学、中西医结合、中药学学科评议组面向全国中医药学位授予单位开展的第四届“全国中医药优秀博士学位论文”评选工作。为保证评审工作公正公开，该学科评议组联合中国中医科学院研究生院商请国家图书馆继续协助调取推荐参加评审的学位论文。接到相关函件后，论文收藏中心对采编流程中的学位论文进行摸排查找，共提取参评中医药优秀博士论文 93 篇，按要求提交评选工作办公室。

【发挥出版物交换渠道优势，推动中国主题重点图书海外传播】

国家图书馆与 78 个国家和地区的 265 家图书情报机构有出版物交换合作关系。2022 年，国家图书馆与中国国际图书贸易集团有限公司合作开展“中国主题图书海外推广宣介项目”。该项目计划通过国家图书馆现有出版物交换渠道，向俄罗斯国家图书馆、美国国会图书馆、日本东洋文库等200家海外图书情报机构推广《习近平谈治国理政》第二卷、第三卷、第四卷中文版、英文版，并根据受赠机构具体情况配发相应非通用语种版本。以此为契机，国家图书馆继续深入探索出版物交换工作与国际交流合作顶层设计的政策衔接，一手抓采访，一手促传播，在拓展域外文献采访渠道的同时，不断丰富国际交流合作的内涵，提升中国国家图书馆在国际学术界、知识界的传播力和影响力，强化出版物交换工作在推动中华文化走出去中的抓手作用。

【开展开放获取外文图书采集加工，构建多元立体化的馆藏资源体系】

积极跟踪开放获取（Open Access，以下简称OA）运动发展，尝试性开展外文文献OA资源的采集加工工作。针对OA资源不同类型，从资源渠道、采集方式、采集标准等方面开展广泛调研和统筹规划，前期完成外文OA图书项目市场调研和采购需求报告，完成外文OA文献元数据编制格式与标准的制定，梳理拟采购的OA资源列表，通过合作共建的方式，尝试性开展外文OA图书的采集加工。截至2022年底，已完成20112种西文OA图书与16902种国际组织与外国政府出版物OA资源的遴选采集和编目加工，正在完成OA图书元数据、对象数据的验收审核工作。

【“中国古代典籍外文译本专题数据库”完成项目建设和验收】

“中国古代典籍外文译本专题数据库”建设项目由外文采编部、国家古籍保护中心办公室及国图书店合作开展，在典藏阅览部、立法决策部等部门大力配合下，2022年底顺利结项。该项目共计提书4776册，完成有效对象数据制作，编制译本元数据（含提要）共计3661条（含丛书或析出数据75条），对应3586种图书，涉及41个外文语种（含英语、法语、德语、日语、俄语、西班牙语等）。

该项目自2019年年中正式启动，2020—2022年受新型冠状病毒疫情影响，克服重重困难，完成全部既定目标。根据国家数字图书馆工程标准规范制定的专题数据库元数据制作标准开展元数据制作，进行内容抽查、人员培训、问题数据核实修改，并完成元数据和对象数据统计汇总上报等，完成该项目的质量验收工作。

【积极开展全馆数字资源版权支撑与宣传】

做好全馆数字资源版权授权管理工作。做好数字资源捐赠证书管理，制作并发放捐赠证书21份，完成相应登记。做好往期征集资源上下架以及元数据管理共计65条。审核阅文集团44部网络文学作品的46份授权材料。完成对外提供数字资源的版权筛查和遴选，解答读者信箱来件4封。受文化和旅游部政策法规司委托，推进《公共图书馆知识产权工作指南》文稿编写工作，根据最新著作权法进行修改，提交文化和旅游部政策法规司。积极开展版权管理宣传。在图书馆知识产权风险管理培训班开展“图书馆数字资源版权管理的制度与实务”“基于区块链技术的版权登记管理系统”授课培训。

【“珍贵文献的揭示与服务项目”启动】

2022年，“珍贵文献的揭示与服务项目”启动，该项目通过缩微技术对珍贵文献进行再生性保护及利用，将珍贵文献的内容以更加便于获取的方式展示给读者，提高文献的开发利用效率，2022—2023年计划完成9万页期刊平片数字化。国家图书馆目前存藏的期刊平片是珍贵期刊文献资源，并无备份，期刊平片数字化是将这些珍贵的平片文献进行数字化，做到文献的异质保存，同时将这些文献进行在线发布，结合国家图书馆民国时期期刊专题资源数据库的建设，为读者提供服务。

服务工作

- 立法和决策服务
- 重点教育科研和生产单位的信息服务
- 社会公众服务
- 业界服务
- 年度掠影

服务工作

一、立法和决策服务

（一）专题阅览服务

1. 法律参考阅览室

受新冠疫情和阅览空间调整影响，法律参考阅览室 2022 年开放服务时间为 1 月 1 日—5 月 1 日、6 月 7 日—9 月 23 日。

法律参考阅览室全年共接收中文图书 22 种 22 册、中文期刊 74 册、外文图书 2491 种 2556 册、外文期刊 8 种 1376 册、光盘 14 册 / 件。室藏文献总量为 29012 种 52603 册，其中中文图书 5534 种 11360 册、中文期刊 180 种 10726 册、外文图书 22740 种 22768 册、外文期刊 403 种 7594 册、光盘 155 册 / 件。全年文献流通 1703 册次，比 2021 年减少 47.22%，其中中文图书 390 册次、中文期刊 68 册次、外文图书 1045 册次、外文期刊 200 册次；接待读者 1418 人次，比 2021 年减少 48.51%。自 9 月 24 日起，在法律参考阅览室基础上升级改造国家图书馆法律馆的工作正式启动，法律参考阅览室关闭，图书流通和读者服务暂时停止。

2. 海外中国问题研究资料中心（中国学阅览室）

受新冠疫情影响，海外中国问题研究资料中心（中国学阅览室）2022 年开放服务时间为 1 月 1 日—5 月 1 日、6 月 7 日—12 月 14 日。

海外中国问题研究资料中心（中国学阅览室）全年共接收中文图书 13 种 13 册、外文图书 1218 种 1265 册、外文期刊 305 册、光盘 15 册 / 件。室藏文献总量为 47456 种 55110 册，其中中文图书 3249 种 3291 册、外文图书 44039 种 46822 册、外文期刊 168 种 4997 册。全年文献流通 1917 册次，比 2021 年减少 28.36%，其中中文图书 70 册次、外文图书 1795 册次、外文期刊 52 册次；全年接待读者 1888 人次，比 2021 年增长 10.47%。

（二）重点服务项目

1. 国家立法与决策咨询服务

2022 年，继续为党和国家领导人、党中央各部门及所属单位、国务院各部门及所属单位、全国人大相关部门、全国政协相关部门、中央军事委员会相关部门提供立法与决策咨询服务。全年累计完成各类咨询 1712 件，其中编制各领域文献 1627 件。多期《国图决策参考》被重点用户采用，其中 2 期获中央领导批示。围绕文化和旅游领域的政策法规调研、工作议题研判、重大项目研究提供文献资料的收集、分析和综述服务。全年共完成《习近平关于文化和旅游工作重要论述摘编（2022 年）》《文化和旅游改革发展研究参考资料》《文化和旅游热点舆情分析》《文化和旅游工作议题研判参考资料》等共计 34 期，为文化和旅游工作开展提供决策咨询服务。协助文化和旅游部开展全国旅行社企业统计调查相关工作。编制完成全国旅行社季度、年度统计调查报告 5 期，撰写形势研判报告、行业发展研究报告共 5 期，总结行业的总体发展情况，分析行业发展特点，研判存在问题和发展趋势。

2. 两会服务

2022 年两会期间，编制两会审议专题资料 656 篇，编制 5 个专题的文献信息专报，形成含有 20 个热点、600 篇文章的专题资料库，为代表委员提供全面深入的文献参考。报送两会舆情 37 期，并以可视化展现形式提供 24 小时信息发布趋势图、高频热词、微博新增热议话题及持续性热议话题等，增强报送信息的全面性和可读性。

3. 专项重点工作

根据中央某机构“三服务”工作指示，继续为该机构数字图书馆提供资源加工与发布工作。完成平台栏目《每月新书目》更新工作，提供书目 1100 余种。跟踪并遴选每月出版新书，制作《新书推荐》12 期，推介图书 600 种。完成用户个性化书目定制及专题咨询 15 次。与用户建立日常沟通机制，进一步细化图书数据加工标准，保证该项工作有序进行。

4. 部级领导干部历史文化讲座

2022 年，部级领导干部历史文化讲座（以下简称“讲座”）仍以线上形式进行，全年共录制线上讲座 12 场，参加人数达 753 人，讲座累计举办 315 场（含艺术讲座及参观等）。

2022 年是讲座举办 20 周年，筹备安排 20 周年纪念图书、20 周年纪念宣传片等纪念活动。11 月 21 日，讲座主办方与承办方老同志专题座谈会召开。会上，老同志们回忆了讲座初创时的种种细节，对下一步讲座工作提出指导意见。此外，以讲座举办 20 周年为契机，重新设计讲座视频展现画面，改善观看体验；优化讲座云平台，开通积分换书、提问专区、短视频答疑等板块，弥补线上模式短板，增强互动性、实效性，拉近与听众之间的距离。

5. 部委分馆建设

截至 2022 年底，国家图书馆部委分馆建设数量总计 19 家。

为财政部图书馆二期改造工程提供优化馆藏资源建设建议方案。为海关数字图书馆筛选电子图书 4 批 372 册。

继续承担发改书吧、文旅阅读空间运行服务和维护工作。其中：文旅阅读空间全年编目上架新书 348 册，接收捐赠图书 601 册；外借国家图书馆藏书 729 册；新建“书香军营”图书专架，上架图书 120 余册，并配置 6 部电子阅读器；新增党的二十大学习图书专架。为发改书吧协调落实拥军书吧图书的采购、编目、配送工作，共采购配送图书 4 批次 343 册；根据国家发展和改革委员会业务工作主题，编制并推送《经济和社会热点要目》11 期。

依托部委分馆开展《百部经典》中央国家机关推广活动（参见“重点文化工程及项目”之“《中华传统文化百部经典》编纂项目”）。

（三）专题数字信息服务

完成国家图书馆立法决策服务平台、国家图书馆部委分馆内网平台、国家图书馆人民法院分馆平台、海外中国问题研究资料中心网站、部级领导干部历史文化讲座云平台等专题数字平台的维护与更新。完成省情概况数据库、书林撷英、部级领导干部历史文化讲座视频库、海外智库报告专题数据库等专题库的维护与更新建设。

继续维护2022年两会服务平台。在充分调研代表、委员信息需求的基础上，为其量身打造国家图书馆人大代表服务平台和国家图书馆政协委员服务平台。对全国人大代表服务平台进行升级改造，并根据全国人大需求增加资源并重新设计平台页面，以适应移动端访问需求。两会期间，保障平台的正常平稳运行，做好平台运行值班监测及使用答疑等工作。两会期间，国家图书馆人大代表服务平台点击量为249次，国家图书馆政协委员服务平台点击量为1347次。

继续维护团中央分馆平台、民政部分馆平台、水利部平台等，保障立法决策服务平台全年平稳运行。

（四）重点建设工作

1. 智库建设研究

围绕“文化和旅游行业智库建设试点单位”建设，全面开展决策咨询服务研究和海外中国问题研究。

决策咨询服务研究。完成自主选题申报；依托馆藏优势，深挖选题，统筹推送系列信息产品，全年共报送《文旅智库要报》7期、《文旅研究专报》13期；组织编发《国家图书馆智库通讯》《立法和决策服务部智库发展动态》，畅通信息渠道，通报智库建设进展。通过视频调研、实地走访、数据库提供等多种方式与中央党史和文献研究院等4家国家高端智库及相关科研机构建立联系，借助“外脑”为立法和决策服务建设提供智力保障，为智库建设积累资源。

海外中国问题研究。制作海外中国问题研究资料中心系列产品，包括《海外涉华研究内参·半年刊》《海外中国问题研究资料中心通讯·学界版》各2期、《外文新刊中国研究篇目汉译目录》11期、《海外中国问题研究资料中心文献资讯》12期，举办“海外中国问题研究资料中心微展览”，建设海外中国问题研究资料中心网站，发布数据83781条（较2021年同期增长2313条）。

2. 国家图书馆法律馆建设

为回应社会对法学资源的需求、助力法治强国建设，9月23日，国家图书馆法律馆建设项目正式批准立项。该项目在国家图书馆原法律阅览室的基础上，通过对阅览空间、实体馆藏、数字资源、读者服务等方面的全面改造与升级，打造出发挥中外文法律文献收藏中心、文献服务与咨询中心、中外法律图书馆交流中心及全民普法教育阵地等重要作用的国家图书馆法律馆。

截至2022年底，国家图书馆法律馆已基本完成基础建设工作。其中，实体馆建设方面，完成室内装修改造和瀑布流借阅机等电子设备的安装调试工作。实体文献方面，完成馆内5万余册文献的提取、上架和顺架工作。数字馆建设方面，已完成法律馆网站的初步搭建工作，共发布数字资源库79个、开放资源数据库87个、法律专栏2个。

二、重点教育科研和生产单位的信息服务

2022年，完成社科类一般性咨询3741件，同比减少10%。其中：知识产权信息一般性咨询1465件，知识产权专题咨询6件；代检索课题66件，同比增长47%；馆藏复制证明和专题检索证明2121件，同比减少5%。完成科技类辅导性咨询6388件，同比增长17%。完成科技查新209件，同比减少12%。完成专题类咨询109件，同比增长9%。完成论文收引查证业务6429件，同比增长17%。

完成重点生产、科研教育单位竞争情报类咨询227件次。编制的二、三次文献咨询件次分别占全年咨询件次的70%和29%。

为互联网企业用户提供咨询服务，围绕国家重要政策、监管动态、专家解读等内容，制作信息参考。全年完成《数字经济政策报送》52期、《数字经济研究学习资料》12期，帮助用户把握涉及该领域的政治、经济、科技、社会等环境变化和政策法规导向，洞察行业发展趋势，为其决策提供信息支持。

馆际互借与文献传递系统全年接收文献传递、馆际互借、国际互借（含借进借出）请求35512件，同比减少6%；接收北京地区高校图书馆文献资源保障体系（BALIS）文献传递请求2154件，同比减少14%；接收BALIS馆际互借请求1964件，同比减少25%。满足联机计算机图书馆中心（OCLC）借进请求129件和借出请求983件。

三、社会公众服务

2022年，国家图书馆共接待到馆读者1764992人次，比2021年增长7.18%。全馆流通书刊6956524册次，比2021年减少6.70%。完成各类咨询66.05万件，比2021年增长7.25%，其中一般咨询64.88万件，比2021年增长7.22%。2022年线下讲座、培训、参观、展览等各项活动共计接待读者59.30万人次，比2021年增长58.73%。线上讲座、培训、展览、演出等各项活动共计参与读者31.83万人次，浏览量4775.60万次，分别比2021年增长452.60%和76.81%。国家图书馆网站读者年访问量159885.76万次，比2021年增长41.71%，月平均访问量13323.81万次，日平均访问量438.04万次。手机门户网站读者年访问量10770.01万次，比2021年增长15.41%；月平均访问量897.50万次，日平均访问量29.51万次。

（一）证卡办理与用户服务

1. 证卡办理

总馆南区、北区服务台及古籍馆办证处全年共接待读者96465人次，比2021年减少25.15%。人工服务台办理读者卡5421张，比2021年减少28.43%；办理加功能业务676件，比2021年减少36.82%；办理减功能业务3565件，比2021年减少36.37%；清退押金68460元，比2021年减少29%；完成金融充值5749.90元，比2021年减少71%，办理金融退费25485.60元，比2021

年减少 24.90%。自助办证充值机受理读者自助办理新卡 37234 张，比 2021 年减少 29.24%。收取金融充值金额 67758 元，比 2021 年减少 15%。

2. 统一用户管理系统

截至 2022 年底，国家图书馆用户共 10490357 人，其中实体卡用户 2943003 人、无实体卡实名注册用户 3215902 人、无实体卡非实名注册用户 4331452 人。

数据库对接方面，继续做好读者权限管理工作，进一步梳理业务流程，规范资源管理模式。全年处理各部处提交的工单 136 个。开通“科学智库”“中国生物志库”“中国古生物底层知识库”等 9 个中外文数据库，变更“北大法宝”“科学文库”“SAGE Journals Online”等 97 个中外文数据库，下架“Global Books In Print 在版书目”“Ulrich’s Periodicals Directory 乌利希期刊指南”等 26 个中外文数据库，开通“橙艺艺术在线”等 4 个试用数据库。

（二）日常咨询服务

各服务点全年累计口头咨询 101016 人次，比 2021 年减少 14.96%。OPAC 机检 29971 人次，比 2021 年减少 1.80%；现场代查 4627 人次，比 2021 年减少 41.70%。呼叫中心接待读者总计 132970 人次，比 2021 年增长 4.10%。共处理有效邮件 1573 封，比 2021 年减少 7%。虚拟咨询接收实时咨询 427 人次，比 2021 年减少 55%。

（三）文献借阅服务

2022 年，各阅览室累计接待借阅读者 1120673 人次，比 2021 年减少 7.19%；累计接待复制读者 15641 人次，比 2021 年减少 42.49%。

1. 中文图书区（由中文图书阅览区和中文图书借阅区合并而成）

受新冠疫情影响，中文图书区 2022 年开放服务时间为 1 月 1 日—5 月 1 日、6 月 7 日—12 月 31 日。

截至 2022 年底，中文图书区室藏文献总量为 387389 册 / 件，比 2021 年增加 7.55%。其中：中文图书 382599 册，比 2021 年增加 7.50%；经典图书 1690 册、盲文图书 301 册，与 2021 年持平；光盘 2799 册 / 件，比 2021 年增加 22.28%。全年共接待读者 689712 人次，比 2021 年增加 19.85%；解答读者咨询 499707 件次，比 2021 年增加 14.86%；开架阅览流通图书 5211660 册次，比 2021 年增加 0.62%；开架外借流通图书 169994 册次，比 2021 年减少 4.13%。24 小时室外还书机归还图书 32287 册，比 2021 年减少 19.54%。全年接收新书 176263 册，比 2021 年减少 7.04%；剔除图书 149072 册，比 2021 年减少 21.08%。继续承担首都图书馆联盟还书业务，全年共接收通还文献 549 册 / 件，比 2021 年增加 3.64%。

2. 中文报刊区和学位论文阅览室

受新冠疫情影响，中文报刊区和学位论文阅览室 2022 年开放服务时间为 1 月 1 日—5 月 1 日、6 月 7 日—12 月 14 日。

截至 2022 年底，中文报刊区室藏总量为 327281 册，比 2021 年减少 2.96%，其中中文期刊 323922 册、中文报纸 3359 册，分别比 2021 年减少 2.70% 和 22.98%。2022 年共接待读者

43110 人次，比 2021 年增加 10%，其中中文期刊区 25867 人次、中文报纸区 17243 人次。全年文献流通总量为 723647 册次，比 2021 年增加 6.53%，其中期刊开架流通 580608 册次、闭架流通 6125 册次，分别比 2021 年增加 6.48%、减少 2.78%；报纸开架流通 132020 册次、闭架流通 4894 册次，分别比 2021 年增加 8.95%、减少 24.60%。全年接收文献 75487 册，比 2021 年减少 12.06%，其中期刊 74694 册、中文报纸 793 册。另外接收现报累计 44021 期，比 2021 年减少 9.07%。

学位论文阅览室共接待读者 6638 人次，学位论文流通 7773 册次，分别比 2021 年减少 5.21%、23.70%。

3. 台港澳文献阅览室

受新冠疫情影响，台港澳文献阅览室 2022 年开放服务时间为 1 月 1 日—5 月 1 日、6 月 7 日—12 月 9 日。

截至 2022 年底，台港澳文献阅览室室藏文献总量为 41053 册 / 件，比 2021 年减少 5.45%。其中：图书 21791 册，比 2021 年减少 16.82%；期刊 14769 册，比 2021 年增加 10.12%；光盘 2021 册 / 件，比 2021 年减少 4.26%；另有 2021—2022 年台港澳地区及海外华文报纸 2472 册，比 2021 年增加 45.33%。全年共接待读者 14609 人次，比 2021 年增加 3.03%。2022 年文献流通总量为 12739 册 / 件次，比 2021 年减少 13.55%。其中：图书流通 11363 册次，比 2021 年减少 9.95%；期刊流通 263 册次，比 2021 年减少 62.70%；报纸流通 1089 册次，比 2021 年减少 20.10%；光盘流通 24 册 / 件次，比 2021 年减少 52%。全年接收文献 13130 册 / 件，比 2021 年减少 49.80%，其中图书 10738 册、期刊 1366 册、报纸 771 册 / 件、光盘 255 册 / 件。全年退库文献 15497 册 / 件，比 2021 年减少 46.72%，其中图书 15143 册、期刊 9 册、光盘 345 册 / 件。此外，全年共完成台港澳图书推介网页及阅览室展板制作 11 期。

4. 综合阅览室

受新冠疫情影响，综合阅览室 2022 年开放服务时间为 1 月 1 日—5 月 1 日、6 月 7 日—12 月 14 日。

截至 2022 年底，综合阅览室室藏文献总量为 51315 册 / 件，比 2021 年增加 1.26%，其中中文工具书 20194 册、外文工具书 30794 册、工具书光盘 327 册 / 件。综合阅览室提供保存本图书、基藏本图书闭架阅览，工具书的开架阅览。2022 年共接待读者 124687 人次，比 2021 年减少 5.13%；图书流通 89005 册次，比 2021 年减少 1.92%；一般性咨询 95766 件次，比 2021 年减少 13.09%。全年接收中外文工具书 635 册，比 2021 年减少 11.81%。

5. 外文文献阅览室

受新冠疫情和阅览空间调整影响，外文文献阅览室 2022 年开放服务时间为 1 月 1 日—5 月 1 日、6 月 7 日—10 月 24 日（外文文献第一阅览室服务至 10 月 10 日，外文文献第二阅览室、第三阅览室及国际组织与外国政府出版物阅览室服务至 10 月 24 日）。

截至 2022 年底，外文文献第一阅览室室藏文献总量 54330 册 / 件，其中西文社科图书 53622 册、西文工具书 609 册、光盘 99 册 / 件；外文文献第二阅览室室藏文献总量 68465 册 / 件，其中西文科技图书 13858 册、西文期刊 54164 册、光盘 443 册 / 件；外文文献第三阅览室（国际赠书

阅览室 / 日本出版物文库阅览室）室藏文献总量 166968 册 / 件，其中日俄文及东文小语种图书 29205 册、日俄文及东文小语种期刊 119569 册、光盘 1914 册 / 件、国际赠书 5481 册、日本出版物文库图书 10799 册。

外文文献阅览室 2022 年共接待读者 49824 人次，比 2021 年减少 14.37%。读者开架阅览各语种文献 23195 册次，比 2021 年增加 45.78%；闭架阅览 16136 册次，比 2021 年减少 46.71%；出室复制 5870 册次，比 2021 年减少 50.48%。基藏外文图书外借出纳台外借图书 6403 册次，比 2021 年减少 31.21%；还书 4685 册次，比 2021 年减少 35.07%；借书 3341 人次，还书 2469 人次。读者咨询 12223 件次，比 2021 年减少 25.02%。

外文文献阅览室 2022 年接收外文图书 32532 册（其中西文社科图书 15058 册、西文科技图书 5618 册、日文自采图书 3774 册、俄文图书 3159 册、小语种图书 1493 册、日贩图书 2820 册、国际赠书 610 册），比 2021 年减少 34.43%；剔除外文图书 77682 册，比 2021 年增加 45.30%。接收外文期刊共计 25182 册（其中日俄文期刊 5676 册、小语种期刊 576 册、西文期刊 18930 册），比 2021 年减少 38.58%；剔除外文期刊 135445 册，比 2021 年增加 102.92%。接收各类文献的附带光盘 41 册 / 件，比 2021 年减少 90.35%；剔除附带光盘 69 册 / 件，比 2021 年减少 15.85%。

6. 视听服务空间

受新冠疫情影响，视听服务空间 2022 年开放服务时间为 1 月 1 日—5 月 1 日、6 月 7 日—12 月 14 日。

截至 2022 年底，视听服务空间室藏文献总量 641482 册 / 件，比 2021 年增加 1.91%。其中视听文献（含录音带、录像带、激光唱片、立体声唱片、MP3、LD/VCD/VHD/DVD 视盘等）513460 册 / 件、电子文献（CD-ROM 等）128022 册 / 件，分别比 2021 年增加 1.45%、3.78%。全年接收上架各类文献 12344 册 / 件，比 2021 年减少 53.19%，其中黑胶唱片 139 张、磁带 179 盒、CD 光盘 4161 张、VCD 光盘 37 张、DVD 光盘 2753 张、MP3 光盘 71 张、EOD 光盘 4665 张、期刊 339 册。全年共接待读者 38345 人次，比 2021 年增加 52.61%；开架图书、期刊流通 1959 册次，比 2021 年增加 32.45%；提供光盘、黑胶唱片闭架阅览共计 3393 张，比 2021 年减少 8.41%，其中 CD 光盘 206 张、VCD 光盘 446 张、DVD 光盘 2403 张、MP3 光盘 48 张、EOD 光盘 252 张、黑胶唱片 38 张；提供专架文献阅览 440 张，比 2021 年减少 8.90%；提供数字资源用机 117 人次，比 2021 年减少 15.22%；接待各界人士参观访问 30 次，比 2021 年减少 11.76%。

7. 数字共享空间

受新冠疫情影响，数字共享空间 2022 年开放服务时间为 1 月 1 日—5 月 1 日、6 月 7 日—12 月 14 日。

2022 年，数字共享空间共接待读者 23962 人次，比 2021 年减少 6.62%；解答各类读者咨询 8548 件次，比 2021 年增加 22.82%；为读者提供代查代检、打印、复印等服务共计 716 次，比 2021 年增加 1.42%；答复读者信件 4 封，比 2021 年增加 33.30%；进行服务宣传展示，接待各界参观来访，承担业务讲解 16 次，比 2021 年减少 20%。

8. 年鉴新方志阅览室

受新冠疫情影响，年鉴新方志阅览室 2022 年开放服务时间为 1 月 1 日—5 月 1 日、6 月 7 日—12 月 9 日。

截至 2022 年底，年鉴新方志阅览室室藏文献总量为 43943 册 / 件，比 2021 年减少 2.90%，其中年鉴 24896 册、地方志 15587 册、光盘 3460 册 / 件。2022 年接待读者 4561 人次，比 2021 年减少 6.77%。开架文献流通 16377 册次，比 2021 年增加 5.50%；闭架文献借阅 990 册次，比 2021 年减少 30.52%。全年接收上架文献 5453 册，比 2021 年减少 20.10%；下架剔除文献 7718 册，比 2021 年减少 45.34%。

9. 缩微文献阅览室

受新冠疫情影响，缩微文献阅览室 2022 年开放服务时间为 1 月 1 日—5 月 1 日、6 月 7 日—12 月 9 日。

截至 2022 年底，缩微文献阅览室文献总量为 612173 册 / 件，比 2021 年增加 0.57%。其中：中文期刊 6811 册 / 件、中文报纸 14788 册 / 件、中文资料 1912 册 / 件，均与 2021 年持平；特藏文献 588662 册 / 件，比 2021 年增加 0.59%。2022 年接待读者 3790 人次，比 2021 年减少 28%；流通文献 19793 册 / 件，比 2021 年减少 21%。全年上架文献 4471 册 / 件，比 2021 年增加 392.40%。针对胶卷老旧问题，年内集中替换老旧胶卷 1005 卷；针对缩微阅读器老旧问题，年内集中更换缩微阅读器 8 台。同时做好涉密文献保管工作。

10. 国际组织与外国政府出版物阅览室

受新冠疫情和阅览空间调整影响，国际组织与外国政府出版物阅览室 2022 年开放服务时间为 1 月 1 日—5 月 1 日、6 月 7 日—10 月 24 日。

2022 年，国际组织与外国政府出版物阅览室全年共接待读者 1146 人次，开架阅览 3055 册次，闭架阅览 47 册次，接待读者咨询 126 件次，代检索课题 18 个。

11. 古籍馆所属阅览室

受新冠疫情影响，位于总馆馆区的善本特藏阅览室、敦煌吐鲁番资料阅览室和中国少数民族语文文献阅览室 2022 年开放服务时间为 1 月 1 日—5 月 1 日、6 月 7 日—12 月 14 日；位于古籍馆馆区的普通古籍阅览室开放服务时间为 1 月 1 日—5 月 1 日、6 月 7 日—10 月 28 日、11 月 1—7 日、11 月 15 日—12 月 12 日，家谱旧方志阅览室开放服务时间为 1 月 1 日—5 月 1 日、6 月 7 日—12 月 9 日。

2022 年，善本特藏阅览室接待读者 775 人次，流通文献 5671 册次；敦煌吐鲁番资料阅览室接待读者 2406 人次，流通文献 15761 册次；中国少数民族语文文献阅览室接待读者 3535 人次，流通文献 3747 册次；普通古籍阅览室接待读者 11081 人次，流通文献 39512 册次；家谱旧方志阅览室接待读者 4522 人次，流通文献 10882 册次。

（四）新媒体服务

1. 网站建设

国家图书馆网站群共更新 1050 次，发布数据 5569 条、页面 41999 个。

全年共完成12个专题网站的设计制作发布，其中大部分专题采用多终端适配方式制作完成。配合馆内重点工作和重要活动，推出“阅享春意　筑梦冰雪——国家图书馆2022年新春年俗”“典籍里的中国年”“文津经典诵读十周年主题展”“一起来阅读——4·23世界读书日”等专题网页。完成春节期间国家图书馆网站和国家典籍博物馆网站首页氛围渲染工作。

调整国家典籍博物馆网站导航，修改中国古籍保护网网站栏目名称，重新发布并上传两个网站全站数据；调整国家图书馆少年儿童馆网站首页栏目。完成国家图书馆基金会网站整站建设，在广泛调研并以业务需求书和框架图的形式确定网页风格之后着手设计，至2022年底已经具备上线条件。

作为落实《文化和旅游部党组巡视国家图书馆整改工作台账》要求的重点工作之一，着力开展国家图书馆网站改版工作，提升网站管理能力。开展新版网站页面设计，完成各级页面设计图168张，制作网页文件近11万个。删除栏目56个，整合后三级以上栏目共保留157个。落实工业和信息化部“互联网应用适老化及无障碍改造专项行动”，增加无障碍辅助工具条，为老年人和视障人群提供服务。新增站内检索，提供侧边栏、顶栏等便捷入口，便捷用户使用。支持多终端适配，自动符合PC、手机、平板电脑、触摸屏等终端显示效果。升级后台管理系统。

完成国家典籍博物馆网站日常更新、板块调整等工作，完成网站自查和内容调整工作。全年更新34条，调整、删除17条；删除媒体报道板块，新增精品文物板块。完成国家图书馆网站“展览预告”栏目调整7条。

2. 移动端服务

2022年，国家图书馆手机门户以中国各个传统节日和时间节点为入手点，设计并更换首页界面；发布新闻25条、公告16条，发布文津经典诵读302次；推荐图书12次共49册；更新读者指南内容2次；上下架第三方资源库8次；建设和发布移动端资源导读3期；完成“阅享春意　筑梦冰雪”2022年新春专题、“一起来阅读——4·23世界读书日”线上专题、“走进科技　你我同行”全国科技活动周专题、“节气之美”专题等4个自建专题和“邀明月　品书香　共团圆”“冬日暖阳”2个自建主题阅读专题的资源发布工作。

2022年，国家数字图书馆app用户达519万人，虚拟用户与实名用户数量比2021年分别增长249%和258%，日活跃用户超过2万人，月均增长达29万人，全年累计装机400万余次。短彩信系统全年发送短信537万余条，比2021年增长68.87%。

3. 国家图书馆微博、微信

截至2022年底，国家图书馆官方微博用户总数达到83万余人，比2021年增加4.60万人，全年发布微博2050条，解答读者咨询632次，博文阅读量7763万次，转发、点赞、评论总数近9.80万次；登上微博热搜榜3次，微博视窗推荐2次；日常运营并主持“每日经典诵读”“文津图书奖”“国图日历”等话题，话题累计阅读量超过36亿次，讨论量超过303万次。国家图书馆官方微信订阅号用户总数超过112万人，比2021年增加19.20万人，全年发布信息351条，回复读者咨询4996次，文章阅读量超过171万次，转发、点赞、评论总数约10万次；微信视频号创作并发布视频31条，浏览量68万次，转发、点赞、评论总数约2万次。国家图书馆官方微信服务号配合全馆疫情防控常态化工作要求完成预约系统开放调整24次，全年发布图文消息34条，图文阅读量 82.68 万次，累计关注用户 80.82 万人，比 2021 年增加 28.72 万人。官方微博入选 2022 年度政务微博影响力排行榜图书馆微博前十名，获评 2022 年度创新应用与传播优秀微博，运营团队荣获“百个优秀网络正能量建设者”称号；官方微信订阅号获评“走好网上群众路线百个成绩突出账号”、第六届“大众喜爱的阅读新媒体号”。

在春节、世界读书日、全国科技活动周等重要节点，通过官方微博、微信订阅号、微信视频号联动开展多项重点活动：

（1）2022 年春节活动

2022 年春节期间，国家图书馆官方微博开启“我家乡的图书馆”新春特别活动，邀请全国读者通过投稿短视频的方式讲述图书馆的故事。活动受到广大读者及各地方图书馆的持续关注和积极参与，收到来自全国 50 余个城市和地区的投稿，“我家乡的图书馆”微博话题阅读量达 473.6 万次，登上微博热搜要闻榜。

（2）2022 年世界读书日活动

2022 年世界读书日期间，国家图书馆与新浪微博合作，联合全国图书馆及社会各界，发起第四季“全民读书季”主题活动，策划“微博春日读书会”“这本原著我看过”“让阅读流动起来”等子话题，以形式多样、内涵丰富的线上互动活动掀起全网读书热潮。活动话题分别登上微博开屏、微博热搜榜、微博视窗及要闻榜，“全民读书季”话题总阅读量超过 24.8 亿次，讨论量达 275.7 万次。其中：“这本原著我看过”子话题登上自然热搜，阅读量达 6237.8 万次；制作《读书就现在》原创短视频，通过微博和微信视频号平台发布，其中微博平台阅读量 317 万次、播放量 39 万次，转发、点赞、评论量超过 4200 次，微信视频号分享近 2000 次；号召读者参与“推荐手边的一本书”“晒晒我家的书架”“讲讲我和读书的故事”等贴近生活的活动议题，并与读者进行互动；邀请知名大 V 发布相关内容，同首都图书馆、广东省立中山图书馆、重庆图书馆、宁波图书馆一起联合 5 位知名作家开展读书活动，与“北师大康震”官方微博号开展七日读书打卡计划，与“北大眼科医生陶勇”官方微博号进行互动。同时，国家图书馆还在微博平台与全国百余家图书馆形成宣传矩阵，共同面向读者推出“书籍　春风　还有你——给读者的一封邀请信”主题活动。全国各地图书馆就此次“全民读书季”活动开展线下宣传联动，其中国家图书馆及 36 家地方图书馆在馆区显著位置通过海报进行线下宣传。

（3）2022 年全国科技活动周活动

2022 年全国科技活动周期间，国家图书馆官方微博开通并运营“走进科技你我同行”话题，开展在线阅读、视频推送、读者互动等系列活动，提升科普类书籍、科技知识的普及度及影响力，话题总阅读量超过 224.5 万次。以原创绘画为核心推出“古诗中的科学知识”互动活动，邀请读者进行猜诗词、讲知识在线互动，“古诗中的科学知识”话题总阅读量 54.1 万次、视频总播放量 2.2 万次，共计 519 位读者参与线上答题。以“阅读教给我的科学知识”为题，邀请读者分享从科普类图书阅读中获得的知识，鼓励读者学科学、用科学、爱科学，“阅读教给我的科学知识”话题总阅读量 81.1 万次。

此外，从馆藏中撷取经典诗词，配合国家图书馆场景，经过二次创作制作成“风”“花”“雪”“月”系列数字藏品并通过微博平台发布，“国图数字藏品微博首发”话题阅读量 7424.3 万次，登上微博热搜榜。

国家典籍博物馆微信公众号全年发布推文112篇，发布文章3条，阅读量294659次，比2021年增长148.31%；用户总数86891人，比2021年增加29116人；录制中华传统文化典籍陈列展新增语音导览2301字，上传新录音6条。国图艺术中心微信公众号在春节期间开展“福虎迎春——荣庆学堂‘北方昆曲传统折子戏’欣赏”活动，线上播放《西游记·借扇》《凤凰山·百花点将》《玉簪记·偷诗》《红梨记·亭会》《宵光剑·功臣宴》等经典剧目，累计观看1683次。

4. 国家图书馆抖音号

2022年，国家图书馆抖音号继续结合国家图书馆特色资源与服务，推出紧跟社会热点的短视频作品和直播。举办“4·23”世界读书日特别活动，推出“书籍　春风　还有你”直播1场，累计观看5.60万次。结合2022年北京冬奥会、黑胶文化节、全国科技活动周、“跟着样式雷游颐和园”等活动，发布相关短视频作品48部。全年新增粉丝6.33万人，粉丝总数11.94万人；新增短视频播放量近百万次，获得点赞6.66万余次。

5. 国家典籍博物馆哔哩哔哩账号

4月23日，国家典籍博物馆正式入驻哔哩哔哩平台（B站）。截至12月31日，国家典籍博物馆哔哩哔哩账号粉丝量超过3万人，发布线上自制视频及联合视频14个、动态50条，总阅读播放量超过20万次。与“央视新闻”客户端等其他平台、账号开展协同直播4次。

6. 国家典籍博物馆直播

2022年，国家典籍博物馆利用新媒体平台积极开展直播活动。独立策划直播活动2场：4月23日世界读书日当天，在央视频进行“遇见典籍——读万卷书　行万里路”专题直播，全平台观看超过56万次；5月18日国际博物馆日当天，于艺术平台网站进行“典籍的力量”专题直播，让观众感受典籍带给今人的启示与思考。合作直播2场：与“央视新闻”客户端合作直播“典籍里的七夕——一起晒书吧”，全平台播放量超过1200万次；与字节跳动公益合作直播“跟着古籍去飞天”，仅在抖音单个平台播放量就超过500万次。

7. 传统文化系列全景VR服务

利用“5G+VR”技术，集成8K全景视频拍摄，制作完成5G全景VR《永乐大典》下部“瑞世鸿宝　历劫重光”，重现《永乐大典》在历史变迁中遭受重重厄运的沧桑经历和海内外人士为《永乐大典》传承后世而呕心沥血的名人事迹。在作品制作过程中，逐一核阅国家图书馆藏全部200余册《永乐大典》卷次，翻看书影资料300余册，筛选扫描书影200余幅，查阅明代官吏服饰、宫廷家具、书画、建筑、园林等各方面的专业文献40余种，参考明代绘画百余幅。针对古籍人物和历史事件场景进行虚拟形象设计，通过视频捕捉AI姿态的方式，设计人物模型和动作数据，从技术实现角度实现模型设计、动画绘制和场景的搭建，实现对养心殿的3D复原和对明代皇宫的场景复原。

5G全景VR《永乐大典》上部“旷世宏编　文献大成”和下部“瑞世鸿宝　历劫重光”共同构成全景典籍文化系列作品，从宏观上按照时间结构铺陈展现《永乐大典》600年历史风云，将书本中的文字及场景立体化展示，利用虚拟现实技术为传统文化赋予新的生命力，也为未来更多的古籍文献等传统文化的模式创新、技术创新、服务创新提供可参考的应用实例。

8. 传统文化系列融媒体服务

基于《中华传统文化百部经典》（以下简称“《百部经典》”）文献资源，利用5G+VR和新媒体技术手段，实施《百部经典》融媒体内容制作，内容包括短视频节目和VR节目两种形式。

《百部经典》系列短视频采用“高清实景拍摄＋专家解读＋书影展示”的形式，在总馆北区、总馆南区、行政楼和古籍馆进行实地拍摄，依据拍摄资料画面进行配音、剪辑和包装，以触摸屏和智能设备为传播媒介。全年共完成《荀子》《周易》《尚书》《楚辞》4部短视频的内容制作。

《百部经典》VR内容制作立足《百部经典》编纂项目，以“激活经典、熔古铸今、立足学术、面向大众”的编撰宗旨为着力点，利用全息影像虚拟现实技术，突显《百部经典》项目的独特编纂体例。年内完成VR内容的前期制作工作，进入发布测试阶段。《百部经典》VR节目适配国家图书馆总馆北区三折环屏幕、电脑、手机VR眼镜等多终端设备。

9. 自有版权多媒体资源多渠道服务

（1）月坛街道党群服务中心资源服务。基于国家图书馆馆藏自有版权资源，围绕传承经典、赓续红色基因的主题，遴选国家图书馆举办的精品讲座以及特色展览，以专题视频服务和在线展览的形式，通过触摸屏一体机终端为月坛街道党群服务中心的用户提供服务。结合该服务中心触摸屏设备的技术参数和国家图书馆资源的特点，对遴选出来的资源进行二次加工和制作，包括展示页面设计、网页切图、视频播放页面制作等，以保证资源的正常访问。全年共完成20场视频、4场在线展览的资源制作与资源提供。

（2）“首都之窗”网站之“国家典籍博物馆”专题页面。继续主动拓展更多更广泛的宣传渠道，与北京市人民政府门户网站“首都之窗”达成合作意向，在“首都之窗”的“人文北京”栏目下制作“国家典籍博物馆”专题页面，分为要闻、精彩展览、珍贵展品、社会教育活动4个板块。专题页面于2022年8月底正式上线，首次上线信息13条，后续同步更新国家典籍博物馆的各种动态，推广国家典籍博物馆的展览、社会教育活动。

（五）少儿服务

1. 国家图书馆少年儿童馆

受新冠疫情影响，国家图书馆少年儿童馆2022年开放服务时间为1月1日—5月1日、6月7日—6月21日、6月28日—12月9日。

2022年，国家图书馆少年儿童馆共接收新到室文献40702册/件，比2021年增加4.51%；接待到馆读者49268人次，比2021年减少5.38%；文献提供量370515册次，比2021年减少5.38%；文献下架量29839册，比2021年减少37.44%。全年通过线上为主、线下为辅的方式开展儿童阅读推广活动。举办线下活动14场，包括阵地手工活动3场、暑期童书阅读大挑战6场、儿童读物与影展2场、图文展览3场，参与活动读者27452人次。举办线上活动410场，其中：文津少儿讲坛7场，浏览量13643次；线上专题活动403场，包括第三届中国儿童阅读发展论坛、“仲夏书香　云旅游云逛展——解锁你的知识盲盒”、“仲夏书香·童书阅读大挑战”、“国图少儿馆非遗体验活动——冬奥会颁奖礼服上的北京绒鸟（绒花）”、“点亮花灯 共话团圆——国图少儿馆中秋节非遗互动体验活动”、“冬奥小课堂”系列活动以及定期推出的“云上畅听会”“线上童书分享会”“原创图画书故事会”“每日诵读《论语》”“每日诵读《诗经》”栏目等，参与活动读者 1978 人，浏览量 92504 次。举办大型线上童书展览 8 场，包括腊八节民俗文化展、冬季残疾人奥林匹克运动会科普展、“百年青春心向党——庆祝中国共产主义青年团成立 100 周年”线上展、“述往思来——中国原创图画书发展史图文展”等，浏览量 3689 次。

2. 国家典籍博物馆青少年服务

（1）研学活动、主题活动

2022 年，结合传统节日、世界读书日、文化和自然遗产日、全国科技活动周等，国家典籍博物馆全年共举办形式多样的主题活动 22 场，累计参与活动 477 人次。

在“邂逅·美索不达米亚——叙利亚古代文物精品展”展出期间，国家典籍博物馆借助社会机构资源组织多次亲子主题参观研学活动，内容涉及探索美索不达米亚的楔形文字、古巴比伦文明、横跨西亚历史的古代五大帝国等；另外策划两场青少年专属主题活动“文字发明家”与“文物盲盒设计师”，共计 461 人参与活动。年内还与社会机构合作开展“国家典籍博物馆·传统动画工作室”研学活动，共接待 953 组家庭、约 2600 人。

（2）典籍课堂

国家典籍博物馆“典籍课堂”全年推出“古籍零距离”专题班 2 期、“我是小小讲解员”3 期，共招生 70 人，比 2021 年增长 75%。对“典籍课堂”系列课程内容进行全面更新，“古籍零距离”专题班在 2021 年“探秘纸与书”专题班基础上重新进行课程设置，改良了课程结构。“我是小小讲解员”暑假班以“珠还合浦 历劫重光——《永乐大典》的回归和再造”展为课程核心，在学习讲解词的同时融入戏剧体验教学。

（3）志愿者工作

2022 年，17 名国家典籍博物馆志愿者主要负责讲解“珠还合浦 历劫重光——《永乐大典》的回归和再造”展，志愿服务时长共计 205 个小时。国家典籍博物馆在 9 月入选中央宣传部志愿服务促进中心、国家文物局博物馆与社会文物司评选的“喜迎二十大 强国复兴有我——青少年中华文物我来讲”优秀博物馆志愿服务推介项目。

（六）弱势群体服务

1. 残疾人服务

2022 年，继续通过中国盲人数字图书馆、中国残疾人数字图书馆网站提供面向残疾人的信息文化服务。

数字共享空间是中国盲人数字图书馆、中国残疾人信息无障碍技术支撑体系的示范应用基地。为优化到馆残障读者数字阅览服务，年内不断完善残障读者上机制度，规范残障读者服务标准，全年指导并辅助残障读者上机 1704 人次。

2. 老年读者服务

2022 年，数字共享空间以腾讯会议为依托，全年共开展线上老年读者培训直播课程 24 场。

定期为老年读者提供咨询答疑，每日回复老年读者咨询十余条。在常规培训之余，“关爱夕阳”老年课堂录制了“生活中您应知的侵权纠纷法律常识”“防范房产纠纷　守护老年生活”“行为有规则　权利有保障”“做自己的家庭医生”等普法和普及急救知识的系列视频，分别邀请法律和急救领域专家，为老年读者普及相关专业知识，助力老年读者安享晚年。

（七）全民阅读推广活动

1. 文津经典诵读

文津经典诵读项目全年共制作发布诗词、格言各365条，制作365首经典诗词音频；完成2021年365首经典诗词音频资源的验收提交工作。加强内容策划专题化，配合廉政文化建设，策划制作廉政主题格言专题。推进社会化合作，承接北京市海淀区紫竹院学区管理中心诗词荐读项目，制作并发布二十四节气主题诗词专题内容；与深圳梵尼诗公司合作，依托诗词音频资源开发科技产品，创新资源开发新模式。以项目十周年为契机，策划推出“经典，予生活以诗意——文津经典诵读十周年主题展”及其全国巡展、边疆行等系列活动；同时梳理项目十周年工作经验制作简报，被文化和旅游部报送到中央相关机关单位。

2. “M地铁·图书馆”项目

4月24日—5月22日，联合中国出版协会推出第二十一期主题活动“纯真阅读乐趣”，推动未成年人阅读，由中国出版协会提供电子版权，在其网站上推送包括《纽扣士兵》《仓老鼠和老鹰借粮》在内的106种少儿读物。6月15日—8月15日，联合香港特别行政区政府驻北京办事处推出第二十二期主题活动“如歌岁月　同心同行”，献礼香港回归祖国25周年，推出包括《读懂大国优势》在内的10种电子图书，呈现关于香港的点滴记录，展示城市、人文、自然、艺术之美，促进两地文化交流。两期活动在京港地铁全线投放灯箱45块，并在北京大学东门站举办专题展览。活动通过国家图书馆官方微博、微信进行推送，网站总访问量8782次、阅读量7169次。

3. 紫竹院学区青少年阅读指导项目

1—2月，邀请首都师范大学心理学院教授、北京市学校性健康教育基地主任崔丽霞和北京师范大学教育学部教育心理与学校咨询研究所副教授邓林园两位老师担任主讲嘉宾，为紫竹院学区录制家长课堂，内容分别为探讨家长如何积极有效地与孩子沟通和探讨亲子关系的建立与维护，并分别在紫竹院学区微信公众号上发稿6篇，进行相关推送。

6月，为学区定制2022年小学中高年级暑期阅读包，推荐包括《仅此一生：人生哲学八讲》等在内的5种第十七届文津图书奖获奖及推荐图书，编写相关书籍介绍、阅读注意事项等。

（八）讲座、培训、展览、演出

1. 讲座

（1）文津讲坛和中国典籍与文化系列讲座

2022年，受疫情影响，文津讲坛和中国典籍与文化系列讲座继续采用录播形式完成，其中文津讲坛拍摄录制20场，中国典籍与文化系列讲座拍摄录制8场。

（2）国图讲坛和文津读书沙龙

2022年，国图讲坛和文津读书沙龙以线上服务为主要工作方向，着力加强短视频服务。全年共举办讲座40场（含线下讲座2场），依靠官方微博、微信、抖音号累计发布视频、图文242期，总阅读量超过2925万次，比2021年增长583%。

讲座策划以读者需求为导向，围绕社会热点、节日、纪念日等，先后推出"'冰雪聪明——冬奥知识小课堂'特别活动""教育大家谈""考古有意思""世界气象日特别活动""世界读书日特别活动""2022年全国科技活动周特别活动""2022年'非遗讲座月'""文津读书沙龙线上巡讲""何以经典——中国传统文化百部经典讲座月""回声中的心灵——女性文学作品经典选读""妙笔生画　绘动百年——纪念中国动画百年"等多个系列精品讲座。以新建抖音账号"方寸大观　国图视听"为突破点，打造系列化短视频、深度化长节目、趣味性直播、话题性互动等多形态融合的立体化阅读模式，全年共制作"冰雪聪明——冬奥知识小课堂"等系列短视频129条，比2021年增长248%，线上阅读量1066.47万次，比2021年增长870%。

（3）国图公开课

2022年，继续秉持"思想精深、知识通识、艺术精湛、制作精良"的国图公开课创作理念，全年共完成76期课程的后期制作和上线工作，包括专题课程"盲人摸象戏曲谈""美在民间——中国民间美术十讲""中国人的音乐""诗经二十讲"等68期、特别活动"书籍　春风　还有你——给读者的一封邀请信""千年回望王安石"等2期、馆员课堂"中英图书馆论坛"6期，另外完成读书推荐"法制的细节""太阳和蜉蝣"等20期。国图公开课平台全年新增课程122场、小节课193小节，时长约51小时，累计总量达2262场5991小节2024小时；全年访问量达3.37亿次，比2021年（1.34亿次）增长151%。

完成国图公开课演播室的搭建工作。经过实地调研，演播室选址定在综合楼五层多功能厅。经过3个多月的施工，于10月30日正式启用。新搭建的国图公开课演播室在空间设计上配备了专业的化妆间、导播间、控制室、候场间，在视听技术上搭建了8路4K导播系统，灯光，录、还音系统以及视听和返像系统，可实现光纤远距离无损传输信号，能同时容纳150人录制各类型节目。

10月30日，举办"此心光明——纪念王阳明诞辰550周年"《中华传统文化百部经典》阅读推广特别活动（参见"重点文化工程及项目"之"《中华传统文化百部经典》编纂项目"）。

（4）国家典籍博物馆讲座

2022年，国家典籍博物馆"遇见典籍"系列课程入驻国家典籍博物馆哔哩哔哩（B站）账号，包括微讲座和微课。在国家典籍博物馆系列讲座中挑选部分经典讲座，将其剪辑成每集30分钟左右的微讲座并上传到B站账号，向社会公众普及典籍文化知识。截至2022年底，已在B站发布微讲座视频7集，累计观看近4万次。

（5）国图艺术中心公益讲座

2022年，国图艺术中心举办公益讲座共计22场，其中线下讲座17场、线上讲座5场。

①"致敬经典·在艺术中品味阅读——《中华传统文化百部经典》系列宣传推广活动"之系列讲座（参见"重点文化工程及项目"之"《中华传统文化百部经典》编纂项目"）。

②“艺术典藏之舞蹈艺术”系列讲座。年内，国家图书馆、中共北京市海淀区委宣传部、中国文学艺术界联合会舞蹈艺术中心联合主办，北京国图文化艺术有限公司、中关村国际舞蹈中心联合承办“艺术典藏之舞蹈艺术”系列讲座 11 场，邀请在舞蹈界有重大影响力的艺术家、在全国产生重要影响的艺术作品主创团队和各舞蹈类别的代表性人物解析经典舞蹈艺术作品，讲述经典作品背后的创作故事，回顾艺术人生，探讨行业发展的历史和未来，提升社会公众的舞蹈艺术欣赏和鉴赏能力，助力首都打造“大戏看北京”文化名片。讲座包括“艺术典藏之舞蹈艺术——中国舞剧纵横谈”“谈谈《只此青绿》的文化意蕴”“戴爱莲、陈爱莲和中国舞剧”“国际化视域下观视中国舞蹈艺术创作”等。

③ 2022 年全国科技活动周“艺术 · 科技 · 生活”系列直播讲座。5 月，首次以线上形式举办 2022 年全国科技活动周“艺术 · 科技 · 生活”系列直播讲座 5 场，来自天坛公园和青岛农业大学的科普专家以及中央民族歌舞团的音乐家以讲述理论、视频演示、分享故事等形式，展现科技让艺术更美、艺术为科技增色。讲座包括“五彩斑斓话彩画——古代科技与艺术的融合”“学古代科技　知遗产价值”等。

2. 培训

（1）国家图书馆培训中心

2022 年，国家图书馆培训中心克服疫情防控常态化对线下培训工作的影响，举办面向全国图书馆界的线上业务辅导培训 10 期，培训学员 1390 人次，学员比 2021 年增加 59%；举办面向社会公众的线下传统文化主题短期培训 7 期，培训学员 123 人次，比 2021 年减少 22%。培训场次和培训人数都已恢复至疫情前三年即 2017—2019 年的平均水平。配合人事处完成 2022 年入馆新员工培训工作，与人事处共同策划培训课程，落实培训人员 70 人，培训时长 108 学时。

（2）数字共享空间网络课堂

主办方设计 5 个主题、12 个系列、24 讲课程。以“关爱夕阳”老年课堂微信群为依托，全年共开展线上老年读者培训课程 24 次、读者活动 4 场，累计参与培训 4000 余人次。［参见“服务工作”之社会公众服务］

（3）国图艺术中心公众艺术教育

2022 年，国图艺术中心持续开展线下社会艺术教育培训，全年累计开展古筝、古琴、琵琶、二胡、合唱、音基、国画、书法、朗诵等课程培训 241 课时，参与培训 1351 人次，并面向社会公众举办影片展映活动；同时举办内容丰富的线上培训活动，让读者足不出户即可聆听名家讲课，感受中国传统文化。

①温暖工程毕节职业院校教师专业素质提升培训班。1 月，与中华同心温暖工程基金会合作举办温暖工程毕节职业院校教师专业素质提升培训班，邀请著名歌唱家李光羲及高等院校的教授、专家等完成文化艺术、电子与信息技术、医药卫生、交通运输、农林牧渔、休闲保健、旅游服务、财经商贸、教育和轻工纺织共十大类课程录制，课程通过贵州省毕节市教育局线上培训平台播出，毕节市中高等职业院校教师共计 500 人在线观看全部课程。此次培训是国家图书馆深度参与国家职业教育高质量发展做出的积极探索和新尝试。

②“京剧电影工程”系列影片展映。2 月 2—6 日，在国图影院举办“京剧电影工程”系列影

片展映，精选《龙凤呈祥》《霸王别姬》《穆桂英挂帅》《贞观盛世》《大闹天宫》5部电影进行放映，弘扬传统文化和国粹艺术。累计到场观众269人次。

③“光影中的名著——中国经典电影展映”。4月18—22日，在国图影院举办“光影中的名著——中国经典电影展映”，放映根据中国文学作品拍摄的《早春二月》《烈火中永生》《林海雪原》《林家铺子》《家》等5部经典电影，累计到场观众224人次。

3. 展览

（1）国家典籍博物馆展览

2022年，国家典籍博物馆在馆内策划举办展览8场，其中：自主举办展览5场，包括“典籍里的中国年”“文梓共采　笔墨同辉——从古代经典诗词到现当代文学”“第十七届文津图书奖获奖图书展”“图书馆的使命：保护知识产权　引领知识共享”“妙手传天禄　丹心鉴古今——国家图书馆藏清宫‘天禄琳琅’修复项目成果展”；合作办展2场，包括和中国文物交流中心联合主办的“邂逅·美索不达米亚——叙利亚古代文物精品展”，和中国国家画院联合主办的“缘于图像背景的社会和艺术·刻石书法研究与创作系列展——篆书廿九品新探”；租借展厅办展1场，即中国社会艺术协会主办的“一带一路　人文交流——中西合璧古董艺术品回流瓷首展”。此外，举办对外巡展2场，包括在宁波市天一阁博物院举办的“炫彩童年——中国百年童书展”，在天津大学图书馆举办的线上“珠还合浦　历劫重光——《永乐大典》的回归和再造”展览。

“甲骨文记忆展览”在中国博物馆协会和中国文物报社联合开展的“新时代博物馆百大陈列展览精品推介活动”中荣获“新时代博物馆百大陈列展览精品”荣誉；在北京市文物局与北京博物馆学会共同主办的“2021年度北京市博物馆优秀展览评选”活动中，“珠还合浦　历劫重光——《永乐大典》的回归和再造”入选“2021年度北京市博物馆优秀展览”；“《共产党宣言》专题展”入选国家文物局评选的2022年度“弘扬中华优秀传统文化、培育社会主义核心价值观”主题展览征集重点推介项目。

（2）其他展览

国家图书馆社会教育部、古籍馆、典藏阅览部等部门全年在馆内举办展览10场。

4. 演出

2022年，国图艺术中心共举办演出56场，围绕元旦、新年、世界读书日等时间节点举办公益演出5场。

（1）新年及迎春音乐会

1月4日，举办2022年“音乐点亮人生——满天星业余交响乐团·国家图书馆新年音乐会”，这是国家图书馆首次以一场公益类交响音乐会的形式为广大读者送上新年祝福，到场观众727人。1月24日，举办“书香筑梦　金虎纳福——国家图书馆2022年迎春音乐会”，邀请北京民族乐团为观众献上一场具有民族特色与魅力的音乐盛宴，同时在演出现场为观众送上福字和春联，到场观众725人。

（2）世界读书日专场音乐会

4月25日，举办“音乐点亮人生，我和我的祖国——满天星业余交响乐团·国家图书馆世界读书日专场音乐会”，乐团首席梁浩等团员分别与观众交流。此次音乐会是国家图书馆“4·23”

世界读书日系列宣传活动之一，也是满天星业余交响乐团第五次受邀参加该系列宣传活动。国家图书馆馆长熊远明出席观看音乐会，并在正式演出前与全国政协文化文史和学习委员会副主任、满天星业余交响乐团团长叶小文分别致辞。

（3）“秦筝归秦——秦筝陕西流派领军人周延甲先生纪念音乐会”

8 月 10 日，国家图书馆与中国民族管弦乐学会古筝专业委员会联合主办“秦筝归秦——秦筝陕西流派领军人周延甲先生纪念音乐会”，王中山、周望、张晓红、周展等多位古筝名家向观众展现精湛技艺。同时，周延甲先生的子女将其生前所著《凄凉曲》《百花引》《长城调》曲谱集手稿 6 种 6 件以及《“快耳人生”秦筝行——周延甲音乐文集》图书 1 种 1 册现场捐赠给国家图书馆，馆长熊远明接受捐赠并颁发捐赠证书。

（九）文创产品开发

1. 开发主题文创产品

2022 年，北京国图创新文化服务有限公司（以下简称“国图创新”）重点开发食物本草、山海经、鲁迅、红楼梦、甲骨文等主题文创产品 180 余种。其中：《食物本草图谱》和“三山五园”主题产品通过“北京礼物”品牌商品认证；“古书香薰”在中国旅游商品大赛（健康主题）中获奖；“红楼梦”等 5 个系列主题产品在 2022 年北京旅游商品和文创产品大赛中入围；百福千祥图等 18 个产品取得版权登记，葫芦合卺杯等 4 个产品获得外观专利；同时，继续与中国邮政集团、中国集邮总公司深化合作，联合推出《红楼忆梦》手账套装、《资治通鉴》小手卷等，继续承担中国邮政 2023 年度邮票手账与盲盒项目的设计与制作项目；借鉴《食物本草图谱》经验，加大探索“文创 + 出版”跨界模式，先后签订“金榜题名”“广东陈皮”“本草养年”“隆尧历史文化辞典”等主题创意出版项目；与汉仪创新传媒（北京）有限公司、中航文化有限公司联合推出“今天吃什么”日历等主题产品；开发并公益发行“百年国图——国家图书馆建馆 113 周年数字藏书票”系列文创产品，与北京杰外文化传播有限公司等共同开发并发行“四库墨华”“永乐”“东巴古文”主题数字文创。

2. 拓展市场

强化一线店面“窗口”作用。中标并承接福建省图书馆全国智慧图书馆体系建设基础型数字资源项目、江西省图书馆古籍活化利用项目、江西省图书馆 2023 年度阅读推广项目、江西省图书馆锦文轩空间提级改造项目、湖北大学沙湖琴园文化建设等项目。围绕图书馆资源创意性授权等业务，继续与央视创造传媒有限公司（以下简称“央视创造”）就《典籍里的中国》（第二季）相关衍生品开发开展合作，与中国中医科学院中国医史文献研究所、北京义铄堂中医药研究院有限公司（中国中医科学院广安门医院）、北京民生现代美术馆、中国宋庆龄青少年科技文化交流中心、北京蓝色光标数据科技股份有限公司（奥迪）、湖北大学、广州白云山和记黄埔中药有限公司、央视创造等单位就产品联合开发与礼品定制等开展合作；进一步完善产品销售策略，克服疫情影响，拓展陕西、福建、上海、江西等优秀省级经销商 11 个。继续强化国图 · 津湾文创空间业态焕新，该文创空间在 2022 天津“最美（特色）书店”评选中排名首位。

克服疫情带来的消费疲软、物流不畅、库房封控等影响，持续引进电商专业运营人才，重点培育爆款产品。至 2022 年 10 月底，国家图书馆天猫旗舰店、京东旗舰店等线上销售额已经超过 2021 年全年销售额。继续完善线上营销体系，开通京东自营旗舰店和小红书旗舰店，入驻京东企业购平台和小红书平台。在天猫举办的“5 · 18”国际博物馆日活动中首次开展数字文创营销，销售额在 20 余家参与文博单位中居第一位；在天猫“双 11 品牌联合营销活动”中首次进入全国各大城市标的建筑物与公交地铁站广告牌，获得大量品牌曝光；在天猫直播间先后与小米、上海博物馆、陶溪川等品牌旗舰店进行线上连麦，实现活跃粉丝资源共享，从而提高品牌知名度。

3. 开展跨界营销活动

持续完善包括微信公众号、微博、抖音、小红书等在内的国图文创营销体系，强化私域流量互动；重点围绕“4 · 23”世界读书日、“5 · 18”国际博物馆日、二十四节气等节点，结合《食物本草》、甲骨文、《山海经》等主题，先后与央视创造、中国邮政集团有限公司苏州市分公司和淮安市分公司、阅文集团等单位策划举办联合营销活动。其中，甲骨文主题营销活动“当甲骨文遇到网络文学”微博话题阅读量超 1.8 亿次，参与人数超过 82 万人次，上榜微博热搜 Top 34；“4 · 23”世界读书日“到图书馆去——悦读阅享读”全国图书馆阅读推广活动联动全国 26 家公共图书馆，活动总阅读量 3.7 万次，累计换书 2000 余本。国家图书馆文创 IP 入围 2022 中国授权业大奖年度新锐 IP 和年度文化艺术授权 IP。

4. 策划举办创新推广活动

与中央广播电视总台就《山海经奇》纪录片拍摄达成合作，与佳德无限（北京）文化旅游发展有限公司等就《山海经》短视频拍摄运营、数字文创开发开展合作。联合阅文集团在国图 · 津湾文创空间推出“当甲骨文遇到网络文学”创意展，共计 10 余万人次参观。承办“典籍里的中国智慧——《中华传统文化百部经典》阅读推广展”“文脉千年　积厚流光——福建省图书馆经典阅读推荐展”“居敬穷理　格物致知——福建省图书馆朱子文化展”“琅嬛福地　八闽藏珍——福建省图书馆典籍里的福文化展”“百川渊薮　熔古铸今——《中华传统文化百部经典》创意推广展”等展览。打造面向老年文化康养、青少年传统文化教育、高端定制、行业技能提升 4 个维度的自有研学产品体系，策划推出“手不释书”——我们的书籍、我们的文字和古籍修复等系列研学课程与产品。与中国图书馆学会联合举办 2022 年度“中华传统文化经典”系列研修班。为月坛街道党群服务中心提供研培活动 30 场，更新该中心触摸屏数字终端内容 40 余项，更新图书 2000 册。在国图文创空间举办的“读行海淀，博物世界”系列研学活动中，线下参与青少年 120 人，线上直播观看量达 27.9 万次，该活动入选海淀区 2022 年第十一届中关村国际青年艺术季扶持项目。与北京仓丰视感科技有限公司和新奥特视频技术有限公司联合申报的“典籍智媒体交互传播系统研发及应用”获批 2022 年北京市文化科技领域储备课题，拟建立典籍智媒体交互窗口，依托典籍资源，结合数字人文技术，通过数字影像、互动体验、智能问答等输出形式，借由标准的可视化交互窗口，打造数字化典籍元宇宙入口，为未来企业新的业务增长点做好科研准备与转化。

四、业界服务

（一）业界业务指导与合作

1. 全国图书馆联合编目中心

全国图书馆联合编目中心（以下简称“联编中心”）坚持公益性原则，为全国各级图书馆免费提供书目数据服务。2022 年新增成员馆 428 家，成员馆总数达到 3983 家，累计数据用户 4698 家。全年增加书目数据 49.10 万余条，增加馆藏数据 64 万余条，增加规范数据 8.79 万余条。全年为用户提供下载数据 1444 万余条，与 2021 年基本持平。8 月出现超过 153 万条的全年最高月下载量。

（1）召开全国图书馆联合编目中心 2022 年度工作会议

11 月 22 日，全国图书馆联合编目中心 2022 年度工作会议在线上召开，来自 38 个单位的 50 名代表参会。国家图书馆副馆长汪东波，联编中心主任王洋、副主任崔云红以及来自全国各省级分中心的代表出席会议开幕式。汪东波在致辞中充分肯定联编中心近 10 年来在书目数据共建共享、公益性服务等方面发挥的重要作用，并就新时代联编中心工作提出继续加快推动国家书目数据中心建设、致力于提升元数据质量、努力探索编目业务智慧化转型新路径等要求。王洋做联编中心年度工作报告，整体回顾联编中心在党的十八大以来取得的成果。联编中心总审校王艳萍做年度数据质量报告。

此外，与会人员还重点围绕“采编工作在图书馆业务定位中的发展变化”这一议题进行讨论。上海图书馆采编中心主任任国祥、首都图书馆采编中心主任张娟、重庆图书馆采访编目中心主任宋微、南京图书馆采编部副主任陈龙翔以及贵州省图书馆采编中心副主任万雪蕾等结合各馆实际分享采编业务管理经验。联编中心办公室负责人索晶和国家图书馆副研究馆员张茜分别就商业用户上传数据质量评价体系构建和馆藏大数据的应用等联编中心在研项目进行介绍。

（2）举办全国图书馆联合编目中心上传资格培训班

4 月 25—28 日，全国图书馆联合编目中心 2022 年度上传资格培训班在线上举办。来自全国各级公共图书馆、高校图书馆及相关单位的 195 位学员参加此次培训。培训内容包含联编中心数据制作细则和数据上传的要求及操作方法、名称规范数据制作规则及实例分析。参与培训人员都通过了测试，其中 10 位获得质量监控员水平认证。

2. ISSN 中国国家中心

2022 年，ISSN 中国国家中心共计完成国内外电子邮件咨询 180 件、电话咨询 1166 件。审核 ISSN 申请材料 154 份，办理 ISSN 148 个，办理 ISSN 证书 170 个。新建和更新 CNMARC 数据 312 条，新建和更新罗马化数据 312 条。按月度向 ISSN 国际中心报送数据，全年共计 312 条。借助国家图书馆网站上的 ISSN 中国国家中心网页，按季度发布 ISSN 分配数据。

5 月 5 日，参加第 24 届 ISSN 全体会议（线上）并参与新一届 ISSN 管理委员会选举。

为更好地提供 ISSN 申请服务，启动 ISSN 中国国家中心在线申请系统建设，旨在建立一个集 ISSN 申请、ISSN 分配、ISSN 数据制作及查询为一体的管理体系，全面提升 ISSN 工作的信息化水平。该系统预计 2024 年建成。

3. 全国图书馆讲座协作机制

2022年，全国图书馆讲座协作机制新发展成员馆200余家，成员馆总数达400余家。全年面向全国图书馆界推出多个优质阅读联动项目，参与图书馆超过600家。讲座业务方面，围绕第十七届文津图书奖获奖图书策划制作“文津读书沙龙”线上巡讲5场，与中国图书馆学会合作开展全国巡讲；联合全国18家图书馆策划组织“云上文化　悦读中国”线上巡讲活动，共征集弘扬地方传统文化主题的已授权精品讲座25期，通过专题网页与新媒体等多种方式向读者和图书馆界集中展示；根据文化和旅游部相关要求，面向重庆、河北两地图书馆推出古代文学经典专题讲座线上巡讲6场；联合国图文化发展有限责任公司在江苏、安徽等地的图书馆和学校启动“国图讲坛”直播合作计划，年内举办2期；联合辽宁省图书馆举办“国图流动讲坛”，邀请知名儿童阅读推广人阿甲开展阅读主题讲座。

此外还组织125家图书馆参与第十七届文津图书奖评审，联合182家图书馆共同举办非遗展映月，联合228家图书馆举办“经典，予生活以诗意——文津经典诵读十周年主题展”。

4. 全国省级公共图书馆决策咨询服务协作平台

2022年直面疫情常态化影响，全国省级公共图书馆决策咨询服务协作平台通过电话、微信等构建线上业务交流社区，及时分享决策咨询服务经验，解答成员馆问题，促进各馆之间的日常沟通与业务交流；持续跟踪省级公共图书馆智库服务情况和创新举措等，调研图书馆行业智库建设现状，推动图书馆决策咨询服务的智库化转型；依托国家图书馆培训中心开展业务培训，讲授“图书馆立法与决策服务”，促进各级图书馆立法和决策服务的发展。

5. 全国图书馆参考咨询协作网

“全国图书馆参考咨询协作网”微信公众号持续为全国图书馆界参考咨询馆员提供国内外业界新闻动态，全年共推送53次业界动态、160篇图文消息，阅读总量达40026次。

6. 全国图书馆文献缩微复制中心

2022年，全国图书馆文献缩微复制中心（以下简称“缩微中心”）围绕年度工作重点，稳步推进全国图书馆文献缩微工作“十四五”发展规划细化实施。

（1）召开2022年全国公共图书馆缩微工作会议

7月6日，缩微中心召开2022年全国公共图书馆缩微工作会议。国家图书馆馆长熊远明、副馆长霍瑞娟出席会议并讲话，来自全国21家成员馆的共计25位馆领导及50余位缩微部门负责人、业务骨干在线参加会议，缩微中心主任王磊主持会议。来自山东省图书馆、广东省立中山图书馆、湖北省图书馆、新疆图书馆的代表围绕各馆缩微工作特色、馆际交流与合作、“十四五”时期缩微工作规划等内容进行交流分享。会议听取2021年度缩微中心工作总结并对2021年度缩微工作先进集体及个人进行表彰。

（2）统筹开展全国性缩微技术培训工作

全国图书馆讲座联盟全年接待来自山东省图书馆、江西省图书馆的技术人员共计3人实地进修；同时采取线上方式，对广东省立中山图书馆、甘肃省图书馆、黑龙江省图书馆、贵州省图书馆、新疆图书馆、广西壮族自治区图书馆等单位的相关工作人员进行超大尺寸报纸补藏拍摄、胶片库房工作、胶片标签打印等业务培训，并录制相关设备使用视频。12月19日，在线举办2022

年全国公共图书馆缩微技术培训班，来自全国20余家成员馆的110余名缩微业务骨干参加培训，培训班以缩微胶片拷贝、缩微胶片数字化、缩微中心文献开发业务以及缩微文献阅览服务工作为主题展开，同时向成员馆通报近一年母片质量情况并对常见问题进行解析。

7. 其他工作

（1）实施文献共享借阅计划

2022年，国家图书馆持续推动文献共享借阅计划，与重庆图书馆合作开展文献共享借阅计划，并为其提供文献5万册，于12月初运抵交付。继续完成2021年签署的河北、内蒙古、安徽、湖南、河南5省文献加工配送工作。其中：同河北省图书馆签署补充协议，新增文献2万册，完成文献加工并运抵交付；完成内蒙古自治区图书馆、安徽省图书馆、湖南图书馆2021年度剩余合作文献加工并运抵交付；完成河南省图书馆1家地方馆的2万册文献加工。全年共完成37.5万册文献的加工、运输工作，其中包括图书20.9万册、期刊9万册、教辅材料5.1万册、少儿图书2.5万册。自2020年文献共享借阅计划启动以来，已累计完成179万册文献的加工、运输工作，其中包括图书96.7万册、期刊44.4万册、教辅材料31.7万册、少儿图书6.2万册。

（2）更新《全国少年儿童图书馆（室）基本藏书目录》

2022年，国家图书馆少年儿童馆（以下简称“少儿馆”）在延续之前工作的基础上，修订更新《全国少年儿童图书馆（室）基本藏书目录》。项目组收集馆藏数据、开卷公司数据、出版机构推荐数据、童书奖项与排行榜、社会大众及图书馆推荐数据超过2.3万条。经过数据筛查、文献审读和标准化处理，共增补2021年出版优秀图书1835册。其中，核心书目中收录110家出版社出版的图书746册，扩展书目中收录125家出版社出版的图书1089册。

11月，少儿馆邀请朱永新、海飞、卢秋勤、方卫平、史怀源、史军、李笑男、杨扬、李音、朱闻宇、程梦稷等11名儿童文学界、教育界、图书馆及博物馆界的专家学者进行书目函审。少儿馆根据专家的意见建议，修改完善书目的编制原则与内容，最终完成《全国少年儿童图书馆（室）基本藏书目录（2021年出版）》的修订更新工作。

（3）开办“国家图书馆儿童阅读指导培训班”第二期

7月20日—9月20日，少儿馆与北京国图创新文化服务有限公司合作开办“国家图书馆儿童阅读指导培训班”第二期，共培训来自全国各地图书馆、绘本馆、幼儿园、学校、出版社等文化服务机构相关从业人员和儿童家长2454人，其中2161人取得结业证书，课程学习点击量50万余次。此次培训班围绕如何为0—12岁儿童开展阅读指导设置15门课程，邀请15位国内儿童教育、儿童文学、阅读推广和图书馆未成年人服务领域的专家学者进行线上授课，内容涉及国际视野下的儿童阅读、儿童教育与阅读理论、儿童阅读实践经验等，有效提升文化服务机构儿童阅读相关从业人员的专业知识和技能，推动儿童教育、儿童文学和阅读推广等领域交流。

（4）开展国家级非物质文化遗产代表性传承人记录项目相关工作

受文化和旅游部非物质文化遗产司委托，国家图书馆中国记忆项目中心继续开展国家级非物质文化遗产代表性传承人记录项目的学术咨询、操作规范指导和验收工作。年内组织24位非遗专家、7位纪录片专家、4位文献专家和20名技术审核人员，对第五批174个记录项目（包括2019年支持的160个记录项目和2016—2018年支持但延迟提交的14个记录项目）的成果进行验收，

168个项目验收合格，其中35个项目被评为优秀。同时启动第六批国家级非物质遗产代表性传承人记录项目成果抽复查验收工作。

（二）行业组织引领

2022年，国家图书馆继续发挥对中国图书馆学会、中国文献影像技术协会、中国古籍保护协会的支撑作用，支持全国图书馆标准化技术委员会、全国文献影像技术标准化技术委员会、《中国图书馆分类法》编委会的相关工作，通过行业组织引领事业发展。

1. 中国图书馆学会

中国图书馆学会（以下简称“中图学会”）是由图书馆及相关行业科技工作者自愿结成的全国性、学术性、非营利性社会组织，挂靠国家图书馆，其办事机构秘书处行政上隶属国家图书馆。2022年，在国家图书馆支持下，中图学会秘书处具体开展的工作如下：

（1）全国智慧图书馆建设联席会议第二次会议

12月8日，全国智慧图书馆建设联席会议第二次会议在线召开。会议主题为“智慧图书馆建设与新型知识服务业态”，由上海图书馆承办。文化和旅游部公共服务司一级巡视员陈彬斌、上海图书馆党委书记楼巍先后致辞。来自国家图书馆等全国智慧图书馆建设联席会议各成员单位的相关负责人及代表参加会议。中图学会理事长、国家图书馆馆长熊远明在会上表示，中图学会将根据全国智慧图书馆建设工作需要，进一步健全完善全国智慧图书馆建设联席会议组织机制，继续发挥该联席会议在学术交流和工作研讨中的平台作用，助力各成员单位加强交流、协同合作，共同完善智慧图书馆的建设发展体系。此后，熊远明代表国家图书馆以《加强统筹协调与交流合作　携手推进图书馆事业智慧化转型发展》为题做专题发言。

会上，文化和旅游部全国公共文化发展中心副主任罗云川，上海图书馆系统网络中心副主任张磊，中国科学院文献情报中心主任刘细文，北京大学图书馆副馆长、中国高等教育文献保障系统（CALIS）管理中心副主任姚晓霞，大学数字图书馆国际合作计划（CADAL）项目管理中心副主任黄晨，中共中央党校（国家行政学院）图书和文化馆副馆长焦利，中国社会科学院图书馆文献中心建设部副主任赵以安分别以《智能共建共享，助力全民艺术普及服务》《基于云瀚平台的智慧空间建设》《面对科研全流程的智慧知识服务——中科院学术知识服务的实践探索》《创新知识服务，助力“双一流”建设》《基于学术大数据的知识服务平台》《以人为本，推动智慧图书馆建设》《服务科研的专业图书馆空间改造》为题做专题发言。在交流讨论环节，与会代表围绕会议主题以及智慧图书馆建设的目标、方法及困难等进行深入交流。

（2）全国图书馆未成年人服务提升计划

5月9—31日，国家图书馆、中图学会联合主办2022“全国图书馆未成年人服务提升计划”线上专题培训班，来自全国各图书馆的1000余名未成年人服务工作者参加培训，视频点击量16000余次。华东师范大学教授范并思，北京大学信息管理系教授王余光，中图学会学术研究委员会副主任、武汉大学图书馆副馆长黄如花，中图学会未成年人图书馆分会主任、深圳少年儿童图书馆馆长宋卫，中图学会未成年人图书馆分会副主任、河南省少年儿童图书馆馆长崔喜梅，中图学会未成年人图书馆分会副主任、国家图书馆少年儿童馆馆长李晓明，阅读推广人、心理学者郭骅分别以《未成年人服务的理论与实践》《未成年人图书馆阅读推广与服务》《国际视野下未成年人信息素养教育》《双减环境下图书馆与中小学校合作共建》《未成年人图书馆资源与空间建设》《近十年来我国未成年人图书馆发展》《未成年人心理与图画书阅读》为题进行授课，助力各馆未成年人服务工作开展。

（3）“革命文献与民国时期文献保护计划”宣传推广活动

9月6—9日，由国家图书馆、中图学会主办，河南省图书馆、河南省图书馆学会共同承办的“革命文献与民国时期文献保护计划专题培训班——郑州站”在河南省图书馆举办（参见“重点文化工程及项目”之“年度掠影”“‘革命文献与民国时期文献保护计划专题培训班——郑州站’在河南省图书馆举办”）。

（4）2022年全国智慧图书馆建设与管理基层图书馆员培训班

11月1—3日，由国家图书馆、中图学会联合主办的2022年全国智慧图书馆建设与管理基层图书馆员培训班在线举办。国家图书馆党委书记、副馆长魏大威做开班致辞，中图学会秘书长王雁行主持开班仪式。来自全国各地千余名基层图书馆员参加线上直播培训。中国人民大学教授贾君枝介绍面向智慧图书馆的元数据馆员角色定位及能力提升方法。中国人民大学信息资源管理学院副院长闫慧介绍国内外智慧图书馆以及智慧服务的优秀案例，并给出县级图书馆创新智慧服务的建议。南京大学信息管理学院教授欧石燕为学员梳理知识组织、知识组织系统、知识服务以及智慧知识服务的基本概念和技术方法，并结合案例分享基于知识图谱的知识服务。清华大学数据科学研究院智慧城市大数据研究中心主任邢春晓介绍区块链、人工智能等技术及其在智慧图书馆建设中的应用。中图学会阅读推广委员会主任、东莞图书馆馆长李东来对在智慧图书馆背景下如何改进县级图书馆阅读推广工作提出建议。深圳市盐田区图书馆（深圳海洋图书馆）馆长尹丽棠介绍该馆空间建设和跨界联动情况以及在智慧阅读空间建设过程中的经验。

（5）《中华传统文化百部经典》宣传推广活动

2022年，国家图书馆、中图学会通过多种形式共同开展《百部经典》宣传推广活动。以“典籍里的中国智慧”为活动主题，通过线上线下结合的方式，面向全国各级各类图书馆，开展图文展览、解读人专题讲座、线上共读、阅读打卡等形式多样的读者活动，全国近400家各级各类图书馆参与活动，受众100万余人次。

活动期间，开展面向国家机关干部员工的“熔古铸今　阅享经典——机关干部读经典活动”，通过线上阅读专区，提供《百部经典》及党史学习教育类、机关干部必读类等读书资源。由中图学会医学图书馆分会承办，面向广大医护工作者开展线上共读活动，为《本草纲目》《黄帝内经》等医学类典籍录制专题线上讲座。

开展“读百部经典　品千年文化——《中华传统文化百部经典》校园行活动”（参见“重点文化工程及项目”之“《中华传统文化百部经典》编纂项目”）。

将《百部经典》宣传推广与图书馆人才培养相结合。依托第十四期全国县级图书馆馆长培训班，面向基层图书馆管理者开展《百部经典》专题指导，哈尔滨师范大学文学院教授关四平讲授“基层图书馆传统文化与阅读推广——中国古代文学与传统文化新探”；中图学会在贵州举办图书馆人才培育发展高峰会议期间，在安顺市幺铺镇阿歪寨村开展志愿服务行动，为当地捐赠《百部经典》图书，举办《百部经典》专题展览。

（6）2022年“畅读经典　欢度新年”春节主题活动

2022年春节期间，国家图书馆与中图学会联合全国各级各类图书馆及有关单位共同开展2022年“畅读经典　欢度新年”春节主题活动。活动提供“典籍里的中国年”主题年俗文化展资源包、楹联资源以及部分精选数字资源，全国1300余家图书馆及有关单位参与承办活动。各馆依托国家图书馆资源，通过线上线下相结合的形式，为广大公众提供丰富多彩的在线欣赏展览、观看国图公开课等新年主题文化活动。同时，各馆还从相关典籍里挖掘历朝历代古人的新年礼俗，举办相关主题的讲座和写春联、剪剪纸、做花灯、有奖知识问答等线下互动活动，惠及公众超过1000万人次。

（7）第十七届“文津图书奖”宣传推广活动

2022年，国家图书馆和中图学会联合开展第十七届文津图书奖宣传推广活动。此次活动依托第十七届文津图书奖获奖图书，通过获奖图书展、专题书架、专题讲座等形式，向公众推介优质图书资源。全国共有300余家图书馆参与活动，设立文津专架400余个，展览受众达240余万人次。

2. 全国图书馆标准化技术委员会

2022年，全国图书馆标准化技术委员会秘书处（以下简称“图标委秘书处”）继续推进各类标准化项目工作开展、不断提升标准研制质量。全年完成的主要工作如下：

（1）开展2022年度标准化工作项目征集申报工作

4月，图标委秘书处根据《国家标准化管理委员会关于印发〈2022年国家标准立项指南〉的通知》和《文化和旅游部科技教育司关于征集2022年文化和旅游行业标准制修订计划项目的公告》的要求，面向社会公开征集2022年度图书馆领域国家标准制修订项目和行业标准制修订项目。截至5月中旬共征集到业界反馈的20项标准化工作项目。6月初，图标委秘书处在国家图书馆组织召开2022年度图书馆标准化工作项目申报专家论证会。经业界7位专家对申报项目的规范性、可行性评议审查，经主任委员审核批准，推荐《汉文古籍特藏藏品定级》（第2—6部分）等6项申报推荐性国家标准制修订项目。

2022年，经各级标准化工作主管部门审核批复，全国图书馆标准化技术委员会（以下简称“图标委”）年内获批立项各类标准制修订工作项目共计3项，其中，《中国图书馆机读规范数据格式》获批立项为推荐性国家标准制定计划项目，《图书馆数字资源统计规范》和《社区图书馆服务规范》获批立项为文化行业标准修订项目。

（2）规范推进各类标准化项目管理工作

①标准制修订项目管理

组织开展新立项项目的合同签订，指导起草组合理规划标准工作阶段任务，完成年内立项3项标准制修订项目合同的签署工作，督促标准编制工作的开展。

完成2项国家标准《图书馆纸质文献脱酸工艺有效性评价方法》《乡镇（街道）综合文化站图书室管理与服务》以及《公共图书馆建筑防火安全指南》等3项文化行业标准的公开征求意见工作，并分别向起草组汇总反馈专家意见。

完成1项国家标准化技术指导文件《图书馆纸质文献脱酸工艺有效性评价方法》和6项文化行业标准《汉文古籍版式描述规范》《公共数字文化绩效评估指标》《图书馆志愿服务管理指南》《公共数字文化资源移动终端元数据规范》（第1—3部分）的报批工作。

②开展归口管理标准复审工作

根据《国家标准化管理委员会关于开展推荐性国家标准复审工作的通知》（国标委发〔2022〕10号）（以下简称“《通知》”）要求，对归口管理的推荐性国家标准组织开展复审工作。年内复审标准项目38项，其中国家标准12项（含《通知》要求复审推荐性国家标准4项、自主组织复审推荐性国家标准8项）、文化行业标准26项。

3月，图标委秘书处向被复审各标准起草组（牵头单位）发送“推荐性标准复审工作表”，要求起草组根据事业发展现状，对所牵头制定的推荐性标准技术内容进行自评。5月10日，图标委秘书处以线上形式组织召开图书馆领域推荐性标准复审工作专家论证会。会议邀请文化和旅游部公共服务司、国家图书馆、中国科学院文献情报中心、上海图书馆、南京图书馆、北京大学图书馆和浙江大学图书馆的7位专家组成专家组，对提交的38项现行推荐性国家标准和文化行业标准复审情况进行论证。经充分讨论后，形成复审论证会专家意见：其中28项标准建议“继续有效”，7项标准建议“修订”，3项标准建议“废止”。会后，复审意见由图标委秘书处提交图标委第三届委员会全体委员投票并获通过。图标委秘书处根据国家标准化管理委员会（以下简称“国家标准委”）、文化和旅游部科技教育司对复审工作的要求，在报请主任委员批准后，将复审结论分别报送主管部门。

③完成年度标准化项目审查投票工作

2022年度先后组织召开标准技术评审审查会4场次，对文化行业标准《公共图书馆志愿服务管理指南》和《公共数字文化资源移动终端元数据规范（系列）》技术内容进行专家评审。

此外，根据标准管理要求，先后组织全体委员对7项国家标准项目申报制修订项目进行投票表决，对1项国家标准评审提交全体委员表决。

（3）组织召开图标委年度工作会议

12月16日，克服疫情影响，以线上会议形式召开全国图书馆标准化技术委员会2022年度工作会议。会议由图标委副主任委员、南开大学教授柯平主持，文化和旅游部公共服务司一级巡视员陈彬斌、文化和旅游部科技教育司标准和装备处一级调研员武郁蕾在线参会并致辞。图标委主任委员、国家图书馆馆长熊远明做“以标准化助力图书馆事业高质量发展”主题报告，总结图标委2022年取得的主要工作成果，并对2023年的重点工作计划进行说明。图标委委员兼秘书长、国家图书馆研究院（业务管理处）院长申晓娟介绍拟调整增补委员情况、待申报标准修订项目情况及图标委标准体系的修订情况等。图标委委员兼副秘书长、东莞图书馆馆长李东来汇报2022年图标委秘书处工作情况并对年度标准化工作经费的使用情况进行说明。图标委副主任委员、中国科学院文献情报中心副主任张智雄组织全体委员对图标委2023年主要工作安排进行审议，明确2023年工作目标和重点工作任务。图标委副主任委员、上海图书馆原副馆长周德明做会议总结发言。

会后，按照会上议定的工作安排，图标委秘书处根据国家标准委相关工作要求，将委员调整及申报国家标准修订项目相关材料提交全体委员投票表决，根据委员表决情况，经报请主任委员同意后，报送主管部门审核。此外，《图书馆标准体系（征求意见稿）》提交全体委员征求意见，并根据委员意见反馈情况进一步修改完善。

（4）标准化工作宣贯与培训

5月，图标委联合国家图书馆培训中心在线举办文化行业标准 WH/T 96—2022《公共图书馆年度报告编制指南》培训。此次培训邀请来自国家图书馆、广州图书馆、中山大学信息管理学院的专家授课，对标准的主要技术内容做宣讲。此外，邀请专家以《国内外图书馆年度报告制度建设》《图书馆年度报告实践案例介绍——以广东省为例》为题做专题报告，对贯彻落实《中华人民共和国公共文化服务保障法》《中华人民共和国公共图书馆法》中有关公共图书馆年度报告制度的建立和信息公开的规范等文件要求的落实起到宣传作用。

11月22—25日，图标委秘书处派员参加国家标准技术审评中心举办的“标准研制编写与标准审评方法综合能力提升”培训。此次培训以线上形式开展，内容包括标准化工作要点宣讲、标准编制过程中常见问题的分析以及如何有效完成标准评审从而提高标准研制质量。参加培训人员完成了相应的测试并取得培训证书。

在12月16日召开的全国图书馆标准化技术委员会2022年度工作会议期间，图标委秘书处邀请国家市场监督管理总局标准技术管理司及国家标准技术审评中心相关工作人员，分别就《国家标准化发展纲要》和国家标准制修订相关工作要求等内容向图标委第三届委员会全体委员做专业解读。此次培训为委员及时了解国家和部门对标准化工作的要求、更好地履职提供便利。

图标委秘书处根据工作推进情况，全年更新图标委官方网站信息15次，答复业界相关咨询10件次。

3. 中国文献影像技术协会与全国文献影像技术标准化技术委员会

（1）中国文献影像技术协会

2022年，中国文献影像技术协会继续发挥组织协调功能，联合会员和会员单位，为文献影像行业从业者提供学术交流以及技术支持，利用《数字与缩微影像》杂志，推进文献影像技术的应用、普及与发展。参加民政部2021年社团年检，年检结果为合格。参加中央和国家机关行业协会商会党建工作质量攻坚行动暨警示教育座谈会并接待党建工作指导员实地调研指导。协助全国图书馆文献缩微复制中心开展数字缩微推广项目。组织开展“科技赋能文档智能管理与应用”主题培训。与中国档案学会、台湾中华档案暨资讯微缩管理学会联合主办2022年海峡两岸档案暨缩微学术交流会。组织召开2022年中国文献影像技术协会常务理事（扩大）会。

（2）全国文献影像技术标准化技术委员会

全国文献影像技术标准化技术委员会完成37项推荐性国家标准复审，组织各分技术委员会按期完成ISO/TC 171的38项标准审查、投票工作。完成国际标准化组织的国内对口技术单位2019—2021年度的考核相关工作。组织召开国家标准化指导性技术文件《文档管理影响缩微胶片冲洗机的环境与工作场所安全规则》（送审稿）审查会。确定新一届技术委员会及5个分技术委员会组成方案。

4.《中国图书馆分类法》编委会

《中国图书馆分类法》（以下简称《中图法》）编委会是《中图法》各种系列版本包括《中国

分类主题词表》（以下简称《中分表》）的研究、编制、修订和管理的组织机构，由国家图书馆领导并主持其常务工作。编委会下设办公室，设在国家图书馆中文采编部，是编委会常设办事机构。

11 月 15 日，《中图法》编委会第九届委员会成立大会暨工作会议以线上和线下相结合的方式在国家图书馆召开。来自国家图书馆、公共图书馆、高校图书馆、科研院所图书馆以及高等学校信息管理院系的 28 家机构的 32 名委员、顾问出席会议。国家图书馆副馆长、《中图法》编委会主任委员汪东波致辞，并代表国家图书馆为到会委员颁发聘书。副主任委员申晓娟宣读并介绍《〈中图法〉编委会管理办法（2021 年修订）》的内容变化。副主任委员卜书庆做《中图法》第八届编委会工作总结以及“《中图法》编委会第九届委员会工作规划（草案）”说明，同时对《中图法》《中分表》更新版本命名问题以及《中图法》（第五版）类目征求意见处理方案做通报。会上还向新一届委员介绍《中分表》增词审定工作的内容和流程，通报年内启动《中分表》增词审定，计划审定完成新增主题词与入口词 9000 余条。

12 月 22 日，与中国科学技术信息研究所等单位联合举办以“开放视角下的知识系统重构与服务”为主题的第十三届全国知识组织与知识服务学术研讨会。

5. 中国古籍保护协会

（1）2022 中华古籍保护文化志愿服务行动

在文化和旅游部、国家古籍保护中心重视和各省级古籍保护中心支持下，中国古籍保护协会在 2015—2021 年组织开展的中华古籍普查文化志愿服务行动历时 7 年，取得丰硕成果，促进了国家古籍保护事业的发展。自 2022 年开始，此项工作实现转型，更名为中华古籍保护文化志愿服务行动，由重点开展古籍普查工作，赋能升级为完善古籍普查数据、协助整理出版等方面。年内开展此项活动的有山东、山西、云南、四川 4 个省和南开大学 1 所高校。其中：山东省图书馆完成古籍普查审校数据 5000 条；山西省古籍保护中心帮助新绛县图书馆普查古籍及民国时期线装书 1463 种 8230 册，清点残书 1000 余册，形成新绛县古籍普查登记目录；云南省西双版纳傣族自治州图书馆组织 23 名志愿者，走访 5 个乡镇、30 个村寨，完成古籍普查整理编目 1200 册，傣文古籍数字化加工 5000 叶，同步完成文献除尘、整理、分类等工作；四川省图书馆组织 15 名志愿者整理编目普本库古籍 1500 部 15000 册，并在指导老师的带领下完成著录数据审校；南开大学完成 1510 种 5060 张拓片和 10050 通手札的除尘录入工作。

（2）“典籍活化与创新利用”网络培训班

8 月 22—27 日，开办主题为“古影今生——典籍活化与创新利用”的第一季网络课程，邀请原文化部副部长、国家图书馆原馆长周和平，北京大学信息管理系教授、北京大学数字人文研究中心主任王军，国家图书馆副馆长、国家古籍保护中心副主任张志清，京东方科技集团副总裁、中国电子商会副会长原烽，凤凰出版社原社长兼总编辑姜小青等 5 位专家，围绕“典籍活化与创新利用”的核心主题以及文化价值观、多样性传播、智慧化呈现等进行授课。12 月 12—17 日，开办主题为“多维一体——新媒体传播里的古籍文化挖掘”的第二季网络课程，邀请央视创造传媒有限公司常务总经理左兴，阅文集团副总裁、总编辑杨晨，抖音集团社会责任产品总经理唐垲鑫，纪录片《但是还有书籍》总导演罗颖鸾，国家图书馆社会教育部副主任田苗等 5 位专家，讲授如何通过文化综艺节目、纪录片、网络文学、公开课、短视频等新媒体传播方式，多元化展现与传播典籍中所蕴含的中国故事、中国文化和中国精神。两季培训班共有869名来自全国各图书馆、文化馆、美术馆、博物馆、文保单位、出版行业和相关企业的从业人员以及古籍爱好者报名参加培训。除专家授课外，中国古籍保护协会及时收集学员疑问、整理问题清单，通过答疑解惑给学员带来启迪和新思路。

年度掠影

【国图讲坛策划推出“冰雪聪明——冬奥知识小课堂”特别活动】

2022年初，为了迎接北京冬奥会，向公众科普冬奥知识，引导公众关注、参与冰雪运动，大力弘扬奥林匹克精神，实现国家图书馆的社会教育功能，国图讲坛策划推出“冰雪聪明——冬奥知识小课堂”特别活动。活动邀请北京奥运博物馆社教开放部主任荆惠梓、项目负责人李菁与资深讲解员陈昭担任嘉宾，围绕冰雪文化、奥运历史、冬奥项目、冬奥运动员、中国申奥历程等方面，结合馆藏文献和相关资源展开录制，制作成内容优质、短小精悍、便于传播的20期短视频系列，并于1月17日通过国家图书馆网站、官方微信、官方微博等平台陆续推出。在进行线上视频推送的过程中，主动设计读者参与环节，通过官方微博抽奖、官方微信文章留言获奖等方式吸引读者关注。官方微博“冰雪聪明　冬奥知识小课堂”话题阅读量达441.1万次，官方微信相关文章点击量近6万次。

【举办专题文献展示活动】

1月20日，国家图书馆在总馆北区中文图书区设置“十九届六中全会精神学习专架”，集中展示《中国共产党第十九届中央委员会第六次全体会议公报》《中共中央关于党的百年奋斗重大成就和历史经验的决议》《〈中共中央关于党的百年奋斗重大成就和历史经验的决议〉辅导读本》《党的十九届六中全会〈决议〉学习辅导百问》，以及中宣部办公厅公布的2021年主题出版重点出版物《中国共产党一百年大事记（1921年7月—2021年6月）》《党领导我们奋进在伟大复兴道路上》等图书，在阅览区营造深入学习领会党的十九届六中全会精神的浓厚氛围。

4月上旬，根据老年读者阅读需求，在总馆北区中文报刊区设置“春季养生”期刊展示专架，展示《食品与健康》《家庭医药》《养生保健》等健康生活类期刊20余种。

4月23日世界读书日当天，为配合第十七届文津图书奖发布活动，在总馆北区中文图书区设置第十七届文津图书奖专架，展示获奖及推荐图书。

4月底，在总馆北区中文图书区设置廉洁文化学习专架，围绕“廉政”“家风”“传统美德”等关键词，共展出廉政自律、革命家风、圣人家风、地方家风、传统美德以及适合青少年阅读的成语类家风小故事等图书120余种，营造“书香育廉”氛围。

八一建军节当天，在总馆北区中文报刊区设置“军事强国”期刊展示专架，展示《解放军生活》《中国军队》《兵器》等军事类科普期刊以及《国防》《现代防御技术》《指挥控制与仿真》等学术性、技术性核心期刊，让广大军事爱好者了解我国军事要情和强国力量。

8月29日，在总馆北区工具书区负一层陈列展示新入藏国家图书馆的文澜阁《四库全书》影印本。该套影印本共计1559册，由浙江图书馆、浙江文澜文化发展有限公司捐赠。此次入藏及展示实现南北《四库全书》的珠联璧合，读者可以在陈列区看到依次排列的文渊阁、文津阁、文澜阁《四库全书》影印本。陈列展示为学术研究提供重要参考，也为京杭文化流脉和中华文化的传承做出贡献。

10 月，在总馆北区中文图书区设置“科技向未来”科普主题专架，围绕致敬科学家、科技创新成果、青少年科技发展 3 个维度，展示包含人物传记、自然、医学、航天、计算机、环境、经济、文化、文学等方面图书 140 余种，其中特别加入适合青少年阅读的科普读物，增加专架的趣味性。此次专架是对我国最新科技成果的一次集中展示。

11 月 9 日，在总馆北区中文图书区设置“近期捐赠文献”专架，首批展示文献为钱士利先生向国家图书馆捐赠的《宁斋藏古代石刻佛经集存（全十四册）》（2014 年出版）和《宁斋藏古代石刻佛经道德经集存（全十册）》（2021 年出版），由中华书局出版。两种文献以宁斋主人钱士利先生藏古代石刻佛经为底本，原大影印，客观反映古刻经原本状态，具有很高的学术价值和文物价值。文献捐赠是国家图书馆拓展文献来源和发展馆藏资源的重要途径之一，此次专架的设置，既便于这些宝贵文献得到展示和研究利用，也是向热心公益事业、积极参与国家总书库建设的机构和个人表达感谢与致敬。

【举办 2022 年北京冬奥会专题资源展示活动】

2 月 4—20 日北京冬奥会期间，冬奥专题资源展示活动在总馆北区举办，全方位、多角度地介绍冬奥赛事知识。其中，中文图书区设置“迎冰雪　共筑梦——2022 北京冬奥图书专架”，集中展示《清代冰嬉考》《奥林匹克文化概论》《京张冬奥会办赛理念》等学术研究类书籍，《青少年冬奥知识普及丛书》《谁都可以成为滑雪专家》等科普类图书，《冰雪运动通用知识教材》《冬奥会项目英语》等教材类图书以及《老北京的冰上时光》《奥运连着我和你：刘超英追梦北京奥运二十七年的故事》等文学艺术类图书，共四大类百余册。在中文报刊区设置“相约冰雪 · 走进冬奥期刊展示专架”，集中展示 20 余种与冬奥会相关的期刊，包含介绍冬奥运动项目、冬奥运动员的《看天下》《环球人物》《新周刊》《国家人文历史》等科普类期刊，介绍冬奥场馆建设及冰雪运动的《山野》《冰雪界》《中国勘察设计》《冰雪运动》等学术研究类期刊。

同时，在数字共享空间开展“遇 · 荐国图 E 世界”奥运主题视频推荐活动，通过收集整合国家图书馆数据库中的奥运会标签、中国冬季运动标签等冬奥相关的文献资料，整合并制作包含视频以及 H5 长页两种形式的推广文件，完成“数字记忆 · 中国与奥运”“中国冰上体育运动”两个主题内容制作。

【全国政协文化文史和学习委员会驻会副主任胡纪源一行到国家图书馆调研】

4 月 11 日，全国政协文化文史和学习委员会驻会副主任胡纪源一行到国家图书馆调研，对馆内各项服务工作进行走访调研并座谈，就推动全国政协书院建设工作进行交流。国家图书馆馆长熊远明、副馆长陈樱参加调研，办公室、典藏阅览部、立法和决策服务部、信息技术部、北京国图书店有限责任公司、北京国图文化有限公司等相关人员参与交流。

胡纪源一行首先参观了总馆北区数字图书馆体验区、专题阅览室等服务场所，深入了解国家图书馆数字图书馆建设、专题阅览服务以及视听服务等情况。胡纪源认为国家图书馆先进的服务理念和服务模式将会对全国政协书院规划落实政协机关图书馆建设起到良好的示范作用。

随后，双方就全国政协书院与国家图书馆合作事宜进行座谈交流。胡纪源表示，全国政协希望借助国家图书馆专业的团队力量，推动全国政协书院建设稳步落实，并在业务管理、文献流通、信息服务等方面实现较高的服务水平，更好地满足政协机关干部职工的阅读需求。熊远明表示，国家图书馆将发挥专业优势，为全国政协书院建设提供技术支持和服务保障，并利用文献资源优势和读者资源优势，协助全国政协书院实现委员读书履职深度结合，形成委员与群众互学共促的生动局面，为建立书香社会发挥作用。陈樱表示，全国政协机关图书馆是国家图书馆建设的分馆之一，双方已有多年的合作历史。今后，国家图书馆将继续秉承精益求精的服务理念，协助推进全国政协书院各项建设任务，推动双方合作迈上新台阶。

此外，双方还围绕馆藏资源共建共享、数字资源互联互通、开展多元立体阅读、设备逐步升级换代等内容进行磋商。双方均表示，未来要继续加强合作，促进政协委员读书履职深度结合，更好地发挥全国政协委员读书活动的溢出效应。

【举办“4·23”世界读书日特别活动暨首届黑胶文化节】

4月15—24日，国家图书馆在视听服务空间举办“4·23”世界读书日特别活动暨首届黑胶文化节，以线上人物专访、云展览和线下体验活动相结合的方式，多角度带领读者感受黑胶文化的魅力。活动期间，在视听服务空间导览体验区提供不同种类黑胶馆藏资源、录音发展史及珍稀老唱片的实体和多媒体互动展示，550余名读者到场参观。同时在线上推介馆藏黑胶资源10部，线下提供黑胶欣赏专题服务200余人次，并对到场读者开展黑胶唱片服务问卷调研，以便更好地提升此项读者服务。活动还通过央视新闻、国家图书馆官方微信、抖音号等媒体平台发布虚拟展览、系列人物专访视频6期，直播节目1期，活动推文及视频总浏览量超过23万次。

4月23日，在数字共享空间举办“移动书库·阅享新知——中文电子图书的检索和使用”主题讲座，由国家图书馆馆员讲解馆藏电子书获取途径，使现场100余位读者对国家图书馆电子资源的获取和使用有更加深入的了解。

【中国古籍保护协会继续推进分支机构建设】

4月22日，经中国古籍保护协会二届二次常务理事会审议，中国古籍保护协会古籍编目专业委员会具备筹备成立条件。6月29日，应全国总体防疫形势要求，该专业委员会成立会议以视频形式召开，主会场设在国家图书馆，线上会场通过腾讯会议系统举行。该专业委员会挂靠天津师范大学。至此，协会已成立分支机构10家。

【开通国图视听账号】

4月，国家图书馆先后在抖音平台开通“方寸大观　国图视听”账号，在哔哩哔哩平台（B站）开通“国图视听”账号，两个账号均由社会教育部负责运维。

“方寸大观　国图视听”抖音号采用长视频直播配套短视频推送的方式进行线上知识服务，围绕线上社会教育资源，开设《图书推荐》《国图讲坛》《国家级非遗代表性传承人记录工作优秀成果》等栏目，通过文津图书奖获奖图书介绍、讲座、纪录片等形式，向公众提供成系列、定期更新的知识服务，还紧贴节庆及社会热点制作推送相关短视频，年内相继推出“文化和自然遗产日”“全国科技活动周”等主题内容。截至12月31日，该抖音号总开播期数超过130期，总开播时长超过100小时；发布短视频283条，总播放量超过9400万次，被抖音平台授予“2022年在抖音直播中作出突出贡献”奖牌。

“国图视听”哔哩哔哩账号以“国图公开课”“文津荐书”等自建资源为基础，结合馆内重大活动宣传内容，在重要时间节点以直播的方式推出知识服务，发挥国图影视创作能力，打造国家图书馆社会教育品牌。截至12月31日，该账号总开播期数106期，总播放量超过23万次，粉丝1.6万人。

【开展数字资源服务推介与专题讲座】

5月15日全国助残日期间，国家图书馆与北京市残疾人联合会、中国盲文图书馆合作开展“数字·阅读——共享信息无障碍”图书馆数字资源服务推介活动，邀请国家图书馆和中国盲文图书馆的馆员讲解图书馆数字资源内容与远程访问方式方法，帮助读者足不出户也能使用图书馆的免费数字资源。

7月，国家图书馆联合海淀区人民法院、紫竹院街道共同举办“老年人消费权益保护与网上立案操作指引”和“《民法典》护航美好生活”两场专题讲座。讲座邀请来自海淀区人民法院的法官向老年读者普及与其日常生活密切相关的法律知识，提高其利用《民法典》来维护自身合法权益的意识和能力。

【举办2022年全国科技活动周系列活动】

5月21—28日全国科技活动周期间，为了向公众普及科学技术知识，激发公众对科学的兴趣，共享科技成果，提升科学文化素质，国图讲坛举办2022年全国科技活动周特别活动，邀请第十七届文津图书奖科普类图书获奖作者于天一和孙亚飞分别主讲“我们的征途——中国人的探月故事”“化学怎样改变了我们的文明”。此外，还精选以往的优质讲座，推出“逐梦太空”系列短视频，内容包括由中国月球探测工程首席科学家欧阳自远院士主讲的“中国人的探月梦”、中国科学院国家天文台郑永春研究员主讲的“未来一百年，人类要去哪里”等，线上阅读量近300万次。

5月25—28日，“光影中的沉浸世界——元宇宙与视听阅读线上阅读分享会”在视听服务空间举办。中国传媒大学动画与数字艺术学院博士于博带领读者走近“元宇宙”，深入分析解读“元宇宙”概念，展示未来“元宇宙”的视听阅读，介绍“元宇宙”在图书馆的应用前景，借助国家图书馆视听馆藏推荐，帮助读者正确看待“元宇宙”，引起读者对“元宇宙”概念更深入的思考。此次活动视频于5月21—25日在国家图书馆官方微信公众号、官方微博、官方抖音号同步上线，活动推文及视频总浏览量超过12.9万次。

国家图书馆少年儿童馆举办“探月追星”全国科技活动周线上系列活动，借助国家图书馆少年儿童馆微信公众号与小读者分享科普知识。此次活动分为两部分：5月25—27日，国家天文台少儿科普专家做客“天文知识小课堂”，围绕神奇的太空探测器、月球上的秘密、星星知多少三个话题，通过音频讲解与图文展示相结合的方式，介绍月球的地形地貌、夏季北半球的星空和美丽的银河系，展示我国探月工程取得的丰硕成果，活动还设置互动问答环节，提高了小读者的参与度，也激发其探索欲和求知欲；5月28日，“云上畅听会”推出“天文学家的故事”专场——“多才多艺的古代科学家张衡的故事”，少年儿童馆的故事姐姐借助漫画，以故事音频形式向小读者讲述我国古代天文学家、数学家、地理学家、文学家张衡的故事。此次活动在丰富优质线上服务内容的同时，还与国家天文台兴隆观测站微信公众号形成合力互动。

【国际组织与外国政府出版物阅览室优化读者服务举措】

在2022年新冠疫情防控期间，国际组织与外国政府出版物阅览室依托新媒体平台开展读者服务宣传工作并取得成效。结合全国科技活动周和联合国日，于5月和10月在国家图书馆微信公众号分别发布题为《关于生物多样性，看联合国怎么说》和《联合国日：走近来自国际组织的文献》的推文，为读者了解联合国特藏文献、远程访问使用资源、开展文献研究等方面提供有效导引，每篇的阅读量均超过2000次。

经过详细测算、周密规划搬迁方案，国际组织与外国政府出版物阅览室于10月底对阅览室服务空间进行优化调整。共涉及阅览室藏书刊约4.6万册、光盘约1万件、缩微平片约56万片的文献下架、搬迁、上架、整理等。新阅览区域调整后，更便于到馆读者访问阅览室资源，读者阅览空间更加开阔，文献查询更加便捷。

【国图讲坛举办2022年“非遗讲座月”】

国图讲坛每年6月推出“非遗讲座月”品牌活动。2022年“非遗讲座月”以“连接现代生活　绽放迷人光彩”为主题，将目光聚焦一线非遗研究和保护工作，策划4场非遗讲座，分别邀请北京、辽宁、云南、西藏的4位非遗工作者担任主讲人，讲座在通过线下录制后相继在线上发布。其中，北京师范大学文学院教授杨利慧主讲“社区驱动的非遗开发与乡村振兴——一个北京近郊城市化乡村的发展之路”，辽宁省文化遗产保护中心（辽宁省非物质文化遗产保护中心）主任宋晓冬主讲“黑土地上的辽宁非遗”，云南省非物质文化遗产保护中心主任尹家玉主讲“洋洋大观，生生永续——云南省非物质文化遗产的时代光彩”，西藏自治区非物质文化遗产保护中心普查保护部副主任普布次旦主讲“西藏非遗现状解析”。这些讲座从不同角度展示了我国非遗的地方性、人民性和迷人光彩，以鲜活实例展现非遗与其根植之地的文化共生关系，共同探讨如何弘扬和“盘活”传统文化、助力乡村振兴，共话非遗在新时代传承发展的新思路。此外，国图讲坛还适时推出“二十四节气和中国传统节日”“黄河十四走——探寻民间艺术是一条伟大的路”“风雅宋——宋人的日常与雅趣”等过往讲座视频。此次“非遗讲座月”通过国家图书馆官方微博和微信公众号、“方寸大观　国图视听”抖音号等新媒体平台向全网读者发布，累计阅读量达650万次。

【举办“年华易老　技·忆永存——第四届国家级非物质文化遗产代表性传承人记录工作成果展映月暨工作回顾展”】

为庆祝我国第17个“文化和自然遗产日”，6月10日—7月10日，国家图书馆首次以业界联动形式举办非遗主题活动，联合全国182家各级各类图书馆举办“年华易老　技·忆永存——第四届国家级非物质文化遗产代表性传承人记录工作成果展映月暨工作回顾展”系列活动。6月10日，此次展览在国家图书馆总馆北区二层大厅开展，展览系统展示国家级非物质文化遗产代表性传承人记录工作的工作历程和优秀成果，观众还可以现场通过扫描二维码在线观看记录工作优秀成果的综述片。开展当天在国家图书馆官方网站的非遗传承人记录成果线上展示专区同时发布第四批国家级非物质文化遗产代表性传承人记录工作优秀成果纪录片，并对包括上述纪录片在内的115部非遗纪录片进行线上展映。这些纪录片展示了2015年以来由国家图书馆中国记忆项目中心验收完成的872项国家级非物质文化遗产代表性传承人记录工作项目优秀成果，其中20部为首次发布。公众可以通过文化和旅游部官方网站、新华网、光明网、“学习强国”学习平台等平台观看展映影片。

在此次活动期间，全国106家图书馆同步举办线下展览，72家图书馆组织开展线下放映。

【举办“以智库评价推进智库高质量发展”专题讲座】

8月23日，研究院（业务管理处）会同立法和决策服务部、中国图书馆学会中央国家机关图书馆分会，在新闻发布厅共同举办“以智库评价推进智库高质量发展”专题讲座。此次讲座邀请中国社会科学评价研究院机构与智库评价研究室主任、副研究员胡薇担任主讲，中国气象局图书馆等国家机关图书馆分会会员单位代表及对智库建设感兴趣的馆内各部门人员等近百人到场。

【开放13—15周岁读者外借中文图书服务】

9月9日，在国家图书馆建馆113周年之际，为深入开展“我为群众办实事”实践活动，践行“传承文明、服务社会”的宗旨，国家图书馆开放13—15周岁读者外借中文图书服务，并推出外借图书逾期费豁免月活动。服务推出当天，仅半天时间24小时自助还书机的还书量就较平日有显著增加。现场工作人员对返还书籍在Aleph系统中逐一核查，对读者卡上出现的欠款予以免除。

【举办“光影音阅汇”阅读推广活动】

2022年，视听服务空间举办多场“光影音阅汇”阅读推广活动。9月，为致敬经典，展示我国优秀的电影艺术和文化传承，举办“朝华撷英——馆藏国产经典电影资源推荐”活动。在导览体验区设置“经典放映厅”，图文展示被评为中华人民共和国成立以来“22大电影明星”的田华、谢芳、秦怡、王心刚、庞学勤、赵丹等6位电影艺术家的光影人生路；同时，电子大屏每周更新展映《青春之歌》《党的女儿》《哪吒闹海》《大闹天宫》等12部电影佳作。为方便读者查询了解展映月电影推荐，首次推出多媒体检索推荐平台，在触摸彩屏循环展示100部国产经典电影的内容介绍和馆藏索取信息，并从中甄选18部耳熟能详的电影作品做专架推荐，专架借阅量近200人次。此外，还为读者举办“朝华撷英 · 馆藏国产经典电影精读”配音比赛，从馆藏推荐影片中截取6个经典片段供读者选取、配音。100余人参与此次比赛，经过大众投票、专业评审打分等环节，最终有23个优秀作品分获最佳团体奖、最佳再现奖、网络人气奖并获得活动纪念品。

12月，在视听服务空间举办“辉煌新时代——馆藏精选2012—2022年出版央视纪录片资源推介”活动。此次活动分为线上和线下两部分，综合展示党的十八大以来，在中国共产党的领导下，我国人民在社会发展、国民生活各方面取得的重大成果。其中，线上发布馆藏精选2012—2022年出版央视纪录片资源目录及宣传推广视频；线下设置资源专架，并精选6部纪录片在视听服务空间经典放映厅进行现场展播。

【开展外文文献阅览服务空间优化调整工作】

10月起，对外文文献阅览服务空间进行优化调整。10月11日，原外文文献第一阅览室暂停阅览服务，开展文献下架退库、搬迁、空间调整、资产核查等工作，共完成4万册文献下架退库与百余件家具的搬迁，10月14日完成该阅览室调整。10月25日，原外文文献第二阅览室及原外文文献第三阅览室暂停阅览服务并进行调整，共完成近12万册图书、15.8万册期刊的下架退库以及10万册期刊的上架，服务空间调整期间正常提供外文文献外借服务。

调整后，原外文文献第一阅览室和第二阅览室业务合并，更名为外文文献第一阅览室，提供近两年西文新书（不含文学、艺术、法律、中国学类）和近两年西文期刊的开架阅览服务，同时提供约两年前的西文图书、两年前的西文期刊以及2000年（含）以后的外文报纸的闭架阅览服务。原外文文献第三阅览室（国际赠书阅览室、日本出版物文库阅览室）更名为外文文献第二阅览室（国际赠书阅览室、日本出版物文库阅览室），提供日文、俄文、东文小语种图书和期刊以及近年接受国际赠书、近年日本出版物文库图书的闭架阅览服务。

【开展读者服务满意度调查】

10月19日—11月1日期间，在总馆北区中文图书区、中文报刊区、视听服务空间、少年儿童馆以及总馆南区综合阅览室、台港澳文献阅览室、缩微文献阅览室等阅览区开展读者满意度调查，现场共发放调查问卷共计710份，回收有效问卷667份，有效回收率93.94%。此次调查结果与往年基本保持一致，读者认可国家图书馆文化氛围浓厚、馆员态度友善、馆内环境和防疫措施安全有效，总体满意度为91%，比2021年提高2.4个百分点。

【开展党的二十大专题文献展示活动】

11月1日，在总馆南区、北区同时开展党的二十大专题文献展示活动。其中，在总馆北区中文图书区和总馆南区综合阅览室设置“奋进新征程　建功新时代——党的二十大专题图书展示”专架，集中展示《高举中国特色社会主义伟大旗帜　为全面建设社会主义现代化国家而团结奋斗——在中国共产党第二十次全国代表大会上的报告》《党的二十大报告辅导读本》《二十大党章修正案学习问答》《党的二十大报告学习辅导百问》《中国共产党章程》《中国共产党第二十次全国代表大会文件汇编》等党的二十大主题相关文献，以及《习近平谈治国理政》等理论著作和党史党建文献，供读者阅览学习；在总馆北区中文报刊区设置“奋进新征程　建功新时代——党的二十大专题期刊展示”专架，集中展示《求是》《当代党员》《共产党员》《党的生活》等20余种习近平新时代中国特色社会主义思想重点和优秀党政理论相关期刊，呈现党的二十大精神的宏观脉络，展现习近平总书记在党的二十大报告中总结的新时代十年的发展成就。

【举办第三届中国儿童阅读发展论坛】

11月10日，由文化和旅游部公共服务司指导，国家图书馆主办、国家图书馆少年儿童馆承办的第三届中国儿童阅读发展论坛在馆内召开。文化和旅游部公共服务司一级巡视员陈彬斌出席论坛并致辞，国家图书馆馆长熊远明做主旨报告，国家图书馆副馆长汪东波主持论坛。南开大学商学院信息资源管理系教授柯平、武汉大学信息管理学院教授黄如花、国家图书馆少年儿童馆馆长李晓明、首都图书馆馆长毛雅君、深圳少年儿童图书馆馆长宋卫、中国图书馆学会未成年人图书馆分会副主任卢秋勤、广州少年儿童图书馆副馆长吴翠红、北京国图创新文化服务有限公司总经理张立朝等8位专家在线上做专题分享。各地图书馆未成年人服务相关工作人员1.6万余人实时线上观看此次论坛。

此次论坛以“公共图书馆与儿童友好城市建设”为主题，围绕儿童优先与阅读生态构建等话题，着重探讨如何通过城市公共文化事业的优先规划、文化资源的优先配置，推动儿童优先原则融入儿童阅读领域，通过交流各地图书馆少年儿童服务的经验，共同探讨发展思路，对深入落实“儿童优先，普惠共享”的图书馆服务理念，进一步促进我国儿童阅读事业高质量发展具有重要意义。

【国图讲坛举办“何以经典——中华传统文化百部经典讲座月”】

11月，为向大众更好地传播推广中华优秀传统文化，国图讲坛推出“何以经典——中华传统文化百部经典讲座月”系列活动，邀请《中华文化百部经典》丛书的解读人担任主讲嘉宾，引导公众以当代眼光汲取古人智慧和历史经验。其中，中国社会科学院哲学所研究员陈静主讲“《淮南子》——一部丰富的百科全书”，中国《儒林外史》学会会长李汉秋主讲“《儒林外史》的现代启示”，北京大学历史学系教授何晋主讲“纵横家的策谋——《战国策》”。该系列讲座相关内容在国家图书馆官方微博、微信和“方寸大观　国图视听”抖音号上同时发布，累计阅读量513万余次。

【国家图书馆少年儿童馆启动“公共图书馆未成年人服务调查”项目】

2010年，国家图书馆少年儿童馆曾面向全国公共图书馆开展未成年人服务调查，并于2013年出版《中国公共图书馆未成年人服务调查》一书。此后，该书成为获取全国范围内公共图书馆未成年人服务基本情况和运行态势，把握公共图书馆未成年人服务总体状况的重要参考依据。此后十余年，国内公共图书馆未成年人服务情况发生许多新变化，有必要针对近十年的发展情况开展新一轮的调研。为此，国家图书馆少年儿童馆于2022年启动“公共图书馆未成年人服务调查”项目。此次调研分为前后两个阶段：第一阶段面向全国31家省级公共图书馆、15家副省级城市公共图书馆、11家副省级以上独立建制少儿馆、4家市级独立建制少儿馆、1家县级独立建制少儿馆共计 62 家图书馆进行线上采访，针对各馆的线上线下服务、智慧图书馆建设、特色服务和品牌活动、延伸服务与合作办馆、特殊儿童服务、志愿者服务与利用情况、少儿阅读服务科研情况等问题进行深入调研，获得了丰富的第一手资料；第二阶段是面向全国 665 家公共图书馆发放并回收电子版问卷，调研范围覆盖全国七大区，调研问卷涉及该馆开馆时间、馆舍面积、馆藏数量和图书流通情况、读者接待量、图书购置经费、数字资源情况、网站建设情况、新媒体宣传手段、少儿馆馆员情况等。截至 2022 年底，两个阶段的调研工作已基本完成，拟在对 665 家公共图书馆的调研数据整理和分析的基础上，撰写《中国公共图书馆未成年人服务调查（2023 版）》，为我国图书馆未成年人服务决策提供参考。

信息化建设

- 硬件设施建设
- 应用系统和平台建设
- 信息安全建设
- 年度掠影

信息化建设

一、硬件设施建设

（一）机房

国家图书馆设置有总馆南区机房、总馆北区机房、古籍馆灾备机房三处机房，总面积2350平方米，UPS系统总容量1940kVA，共安置服务器1200余台。

（二）网络

国家图书馆网络覆盖28万平方米馆区，分布在国家图书馆总馆南区、总馆北区及古籍馆。截至2022年底，已形成拥有1万多个信息点、600多台网络及安全设备的大规模网络，为1000多台服务器、4000多台终端提供网络通信、资源共享、信息交换和数据传输等服务，拥有互联网、教育网、科技网、政务外网、国家科技图书文献中心等多条专线。2022年，国家图书馆完成互联网链路调整工作，最终实现互联网带宽2.4GB。实现无线全覆盖，有无线接入点400余个，开展无线网络升级优化，完成现场踏勘和深入调研，制定无线网络优化升级方案，开展进场施工准备工作，开展国家图书馆5G信号覆盖工作。在疫情常态化防控形势下，视频会议需求大增，国家图书馆充分利用技术手段，合理配置技术人员，保障各项线上视频会议顺利进行，2022年共计保障全馆视频会议168次，同比增长约190%。完成国家图书馆行政楼交换机设备的调研、上架工作，替换原有老旧设备，保障该区域员工网络稳定运行。

（三）存储系统建设与服务

2022年国家图书馆存储系统平稳运行，通过定期巡检和后台监控，实时关注存储数据安全，及时解决软硬件故障，保障全馆业务系统的数据安全。全年共为7个业务系统实施集中存储管理工作。截至2022年底，国家图书馆存储系统共为74个业务系统提供存储服务，涉及服务器104台。国家图书馆存储系统总容量9889TB，其中在线/近线存储总容量4808TB，离线存储总容量5081TB。

（四）桌面服务管理

国家图书馆做好计算机及相关外设的规划和管理。2022年完成桌面外包服务热线响应累计10126次，对1549台的硬件故障设备进行及时处理，提供备用机63次，内部除尘降噪498台，外部清洁护理2616台。现场处理桌面设备故障问题6228次。配合国有资产处鉴定退库桌面设备1179台，报废253台。通过定期巡检及时处理系统故障和修复漏洞，保障全年无重大故障发生。

二、应用系统和平台建设

（一）业务应用系统和平台

业务应用系统和平台主要有 Aleph 系统、资源发布系统、网络资源采集和保存原型系统、唯一标识符系统、运行管理平台、读者云门户、统一用户管理系统、OPAC 系统、文津搜索系统、机构服务平台、数字图书馆 app 等。

1. 图书馆业务自动化管理系统（Aleph）

2022 年，共计完成 187 个 Aleph 账号的权限配置管理工作，为业务部门提供技术支持与故障解决共计 50 余次。根据馆内业务和服务需求向艾利贝斯公司提交工单 25 个。

梳理国家图书馆集体卡配置，对文献借还、逾期、欠费等情况进行数据分析。围绕开通 13—15 周岁读者外借中文图书权限、为副高级职称以下在编员工开通中文基藏图书外借权限、法律馆建设等业务需求，开展系统功能测试和系统配置，完成参数调整、数据批处理相关工作，处理馆藏数据 37.1 万条，单册数据 127.4 万条。根据文献借阅创新项目需求，批量提取 Aleph 系统书目相关数据 2234 万条。配合开闭馆等服务政策调整，调整预约系统 18 次，调整文献外借期限 6 次，修改数据 38.6 万条。

2. 联机公共目录检索系统（OPAC）

开展 OPAC 系统运行监控管理工作。建立服务监控值班制度，安排专人进行服务监控。加强故障处置力度，解决监控邮件故障等问题。年内实施人工操作 19 次，比上一年度减少 69%。优化 WAF 防火墙防护规则，根据读者意见反馈及时调整防控强度。增加主机防火墙防护规则，限制恶意访问。完成《中国图书馆分类法》的更新维护，为书目数据字段内容调整给予技术支持，解答读者及工作人员疑问，进行系统安全检查。

3. 统一用户管理系统

完成统一用户管理系统定期监控，做到故障立即处理，漏洞隐患及时排除，确保系统运行稳定。针对系统所集成的各个外购数据库进行监测，完成数据库资源的新增与变更，及时配合解决业务部门及读者在使用外购数据库过程中发现的各类问题。

综合考虑技术革新和读者体验反馈，同时配合其他应用或服务功能调整，对系统进行完善优化，为馆内业务和读者服务提供技术支持。系统与云图有声、影音视听资源知识服务平台、智能问答系统、山海经系统、国家数字图书馆 app、手机门户、网页端读者云门户、文津搜索等平台进行功能对接。完成 2022 年度与全国居民身份证号码查询服务中心续签的《公民身份信息认证服务备忘录》整理上报工作。定期做好功能检查与数量统计工作。

4. 多媒体信息展示系统

多媒体信息展示系统平台以日常更新和专题制作相结合的方式，定期向读者推送读者指南、服务调整、活动预告、展览讲座、新闻通告等内容，完成制作春节、清明、五一等假期开馆安排节目。根据疫情防控期间服务政策调整，动态更新各屏关于服务介绍的节目内容。根据馆内重大活动安排，制作表彰光荣榜、国家安全教育日、叙利亚文物展等多媒体展示内容。根据网络安全工作要求，从网络访问限制、漏洞修复等方面开展系统加固工作。

5. 流媒体平台

流媒体平台承载着国图公开课、云发布系统、文津图书奖、海外文化中心、中国记忆等项目和平台的流媒体服务。2022年共完成35批次音视频数据的发布工作，涉及中国记忆、国图公开课、云门户等多个项目。

完成国家图书馆流媒体服务二期平台的系统设计、开发及部署测试以及上线运行工作。完成服务器硬件、网络条件的部署，完成整个系统软件的部署调试和数据的迁移。完成国图公开课播放接口的对接。

6. 对外和对港澳台交流基础数据库

完成“对外和对港澳台交流基础数据库”的新增数据数字化、数据发布入库、数据交接、“工作动态”新增数据库建设、系统运维等工作。2022年共计发布4批数据共1174条，PDF3796页，整本图书4册。

7. 国图公开课平台

对国图公开课平台进行升级，对接流媒体平台新版播放器进行接口开发，实现国图公开课平台对火狐、Chrome等主流浏览器的视频播放支持，保障读者服务。

8. 国家图书馆手机门户网站

每日监测手机门户系统运行情况，定期进行系统数据备份和服务器巡检；完成安全风险排查、木马排查、数据安全自查、意识形态自查及漏洞修复10次；完成系统架构证书与SSL证书更新；完成系统功能优化60余次。

9. 国家数字图书馆app

结合预约续借政策调整及实际业务流程，完成业务流程优化，提升读者服务效果；针对借阅合一政策调整，对应修改app端相应子库、单册状态，并对原中文图书借阅区的图书进行屏蔽，保证国家图书馆各服务渠道图书借阅政策的一致性；配合手机门户升级，完成新闻、公告、专题及文津经典诵读接口的对接；根据读者使用反馈，完成app书单、期刊下载等功能的终端适配优惠。

国家数字图书馆app开展智能化升级，开展app功能优化并在苹果和8个安卓应用程序商店完成4次版本更新；调整实名用户认证方式，将身份证号认证调整为“手机号+验证码”方式，方便读者注册和登录。根据版权情况完成数据库到期上下架。

10. 移动阅读平台

完成移动阅读平台功能优化升级项目，实现前端功能改版优化、资源下载配置管理以及对象数据在外部平台的资源元数据发布功能。

11. 文津搜索系统

每周进行文津搜索系统馆藏中外文资源库数据的更新，有效提升实体馆藏文献的揭示效率。加强文津搜索系统400多台服务器、中间件和应用软件的运行管理工作，通过系统监控和每日巡检及时处理系统运行中的硬件故障71次，跟踪解决资源库异常访问和资源变更问题。完成全文阅读链接发生变化的NCCO等4个资源库共计1003381条数据的全量灌装和整合揭示工作；完成同方知网（北京）技术有限公司7个库92528781条数据的详情页地址变更工作；下架7个外购数据库33万多条数据；收集接收各部门提交的更新数据，完成“皮书数据库”、龙源期刊网、“北大法宝”、“国研网”等 11 个外购数据库 2802 万余条新数据的交接核查和备份；完成用户注销功能的添加和测试。

做好馆藏文献意识形态筛查和数据处理定期开展系统安全检查，及时消除服务器的高危漏洞。严格落实在重要时间点和重大网络安全事件中的防护措施，加强安全防护力度，切实有效地保证重要节假日及重大活动期间系统的网络信息安全。

12. 数字图书馆体验区服务

对沉浸式阅读空间的“全景展厅”和“阅读树”展项进行全景 VR 视频资源更新 4 次，精选传统文化、热点主题的高清优质资源，基于国画作品与优质出版物进行二次创作，以全新形式诠释中华传统文化内涵。在传统节日、世界读书日等馆内重要活动中同步更新资源内容、扩大主题活动推广效益。9 月，精选更新资源《墨・中国——顾闳中与韩熙载夜宴图》，通过第一人称叙事的方式，以夜罢聆音、击鼓伴舞、画屏小栖、玉人清吹、夜阑余兴 5 个场景再现传世画作的恢宏全景。

对数字魔墙现有的 300 个资源进行逐一筛查，获取敦煌遗书、《永乐大典》、名家手稿等高清资料，对《金刚般若波罗蜜经》《辩亡论》《永乐大典》等文件共 138 张图片重新进行修整制作，用于替换原有模糊资源。同时对魔墙系统进行整体清晰度优化调整。配合体验区展项更新工作，及时完成体验区机器人讲解词更新，优化机器人导引讲解路线，增加体验区新增展项定位以及讲解内容，进一步完善智能问答语料。

进行数字图书馆体验区日常管理与运行维护工作，保障体验区各展项的安全运行。全年响应并处理各类软硬件运行问题 2114 次，同比增长 137%。完成软件安全部署 44 次、病毒查杀 467 次。排查解决系统安全隐患 596 次，进行安全巡检 2081 次，严格执行对读者用机的定时消毒工作，全年共计消杀 957 次。接待上级单位、部队、图书馆业界及社会公众等团体参观体验 38 次，接待团体参观者 1000 多人次，完成不同调研需求的现场技术保障和讲解服务，有效地宣传推广了国家数字图书馆的建设成果。

13. 互联网信息采集技术创新与应用

围绕新技术环境下网络资源保存的新特点和新要求，加强关键技术研发和创新，建设网络资源采集与保存系统，完成系统功能的开发、测试、调优以及验收工作，实现网络资源的增量采集与回放、移动互联网资源和音视频资源的采集与有序管理，支持对多种媒体类型对象数据的统计、著录、发布等，具有可视化的操作界面，节省大量硬件存储，大幅提高工作效率，为构建分级分布式的全国网络资源保存体系奠定基础。基于该系统开展增量式网络资源采集与保存，并实现移动互联网资源和网络音视频资源的采集与保存，优化了资源组成并提升采集效益。

14. 信息化建设项目管理

开展全馆信息化建设的技术审核和验收工作。全年完成各类系统建设需求、建设方案、调研报告等相关项目报文审核 23 个，完成 54 个拟建信息化项目的立项审核。完成“掌上国图”触摸体验系统升级优化项目、自助办证系统升级增加电子支付功能项目、国家典籍博物馆藏品管理系统项目、统一用户管理系统升级改造项目、馆际互借与文献传递事务信息管理系统升级项目、中央和国家机关图书馆业务管理系统项目、国家图书馆文献管理辅助系统建设、国家图书馆智能问答系统项目、两会服务平台与统一用户管理系统对接项目、移动阅读平台功能优化项目、政府公开信息整合服务平台升级项目、国家图书馆官方网站改版项目、国家图书馆审读平台建设项目、学位论文及博士后报告交存管理系统、离退休党群服务管理系统升级项目、中国图书馆学会信息化系统 V3.0 项目、影音视听资源知识服务平台项目、国家图书馆呼叫中心系统功能升级项目等 18 个项目的验收工作。

（二）办公应用系统和平台

办公应用系统和平台包括办公自动化系统、档案管理系统、国有资产管理系统、财务管理系统、党建平台等。

1. 办公自动化系统

完成对服务器的日常运维管理及定期巡检，确保服务器及应用正常运行，及时处理日常出现的各种故障；对员工在使用过程中遇到的问题提供支持和帮助解决。

配合国家图书馆各部门人事调整，2022 年全年完成人员账号调整 176 人次。解答疑问并处理公文、合同等流程方面的问题，全年办理完毕的公文 3705 份，办结合同 1048 份。

2. 档案管理系统

解决用户使用中遇到的各类问题，保证系统平稳运行，顺利完成档案归档管理和档案借阅利用工作。从办公自动化系统导入 2021 年度公文类文件约 4000 条档案数据，包括办文、发文、收文、简报、刊物、会议纪要等文件类别。全年共收集 8569 条档案数据，包括各部处归档的业务、活动、合同等档案。对系统内使用弱密码、长期不使用的账号进行休眠处理。

三、信息安全建设

为应对更加严峻的网络安全态势，国家图书馆通过调整网络安全策略，防范网络攻击，保障内网的整体防护水平。开展 VPN 设备的调研、采购、部署工作，通过部署 VPN 设备，满足国家图书馆用户远程接入需求，保障远程接入的安全性，为疫情防控期间馆员居家办公提供保障。开展全馆计算机网络和网络安全检查，在常规检查工作的基础上，对非物质 IT 资产管理、计算机网络使用、网络安全保障、终端安全等方面进行重点检查。完成网络攻防实战演习、重点时期的网络安全保障工作，及时调整全馆网络安全策略，有效防范外部攻击。根据文化和旅游部及公安部门通知要求，开展 136 个信息系统的信息收集及报送工作，完成国家图书馆网络安全自查，完成国家图书馆“新时代中国网络文明建设成果”的征集及报送工作，调整馆内无线电信号以配合冬奥会和冬残奥会期间无线电管制。全年共阻断来自互联网的高风险事件 2910 万余次，拦截垃圾邮件 102 万余封，封停被盗邮箱账户，阻断对 Web 应用的攻击 694 万余次。完成全馆服务器漏洞扫描 1200 余次，并及时督促各部处对高危漏洞进行修复。根据读者反馈意见及时排查数据库远程访问异常，解决数据库访问问题。

年度掠影

【开展全馆 5G 网络信号覆盖工作】

国家图书馆 5G 网络信号覆盖是文化和旅游部 2022 年临时指派的工作任务，时间紧、任务重、工作难度大，国家图书馆按照“统一施工，协调配合，减少影响，保证实效”的工作原则，开展全馆 5G 网络信号覆盖工作。信息技术部组织人员多次开展实地调研，全面掌握现有移动信号以及部署情况，完成工作方案及施工方案的撰写。按照馆务会决议，协调相关部处，开展项目启动会，正式开展进场施工工作。在实施过程中，指派专人全程跟进，积极解决部分区域施工困难的问题。截至 2022 年底，完成总馆南区移动 5G 信号基站的部署、总馆北区部分区域的室分天线部署。

【安全平稳完成网络安全保障工作】

2022 年，北京冬季奥运会及北京冬季残奥会、全国两会及党的二十大等多项重要活动及会议召开，国家图书馆网络安全保障任务繁重。在多个重点时期，国家图书馆强化网络安全监控，提升网络安全技术防范，加强网络安全管理，安全平稳地完成网络安全保障工作。全年及时下发 14 个网络安全工作相关通知和 12 个安全预警，完成 59 台服务器的木马后门排查，300 余台服务器的弱口令检测，6 个重要系统的渗透测试，1 个网站的 Web 应用口令强度测试。结合国家图书馆实际业务情况，关停非必要、存在漏洞、缺乏基本运维的信息系统，封禁有恶意行为的 IP 地址 860 余个。网络安全漏洞零报告达 234 天，较 2021 年全年零报告天数增长约 456%。国家图书馆建立部门 7×24 小时值班制度，开展重点时期现场集中值守共 38 天，保障重点时期网络安全。2022 年，国家图书馆信息系统和网络安全稳定运行，未发生重大网络安全事故。

重点文化工程及项目

- 中华古籍保护计划
- 革命文献与民国时期文献保护计划
- 全国智慧图书馆体系建设项目
- 《中华传统文化百部经典》编纂项目
- 中国记忆项目
- 年度掠影

重点文化工程及项目

一、中华古籍保护计划

2022年，国家古籍保护中心以习近平新时代中国特色社会主义思想为指引，深入贯彻落实党的二十大精神，坚持增强“四个意识”、坚定“四个自信”、做到“两个维护”，结合疫情防控形势和全国古籍保护工作实际，打破固有工作模式，创新工作思路，圆满完成各项工作任务。

（一）以国家“十四五”规划为指导，配合推进古籍保护相关国家重大项目

1. 根据《关于推进新时代古籍工作的意见》精神，牵头起草《古籍保护中长期和近期工作计划及具体落实举措》《国家图书馆古籍和民国时期文献保护重点项目建议方案（2021—2030）》，并报文化和旅游部。

2. 根据上级部门有关要求，及时报送中华古籍保护计划实施进展、中华文化资源普查工程进展等情况报告，配合上级有关部门编写古籍保护工作规划方案。

3. 配合推进《中华医藏》编纂出版工作。根据文化和旅游部要求，参与出版样式审核，两届《中华医藏》规划指导委员会、编纂委员会、专家委员会名单排序及前言审议等工作。协助推进《中华医藏》等出版工作。

4. 配合推进中国国家版本馆建设相关工作。

（二）稳步推进中华古籍保护计划各项业务

1. 有序推进古籍普查登记，做好《全国古籍普查登记目录》出版、各类平台建设、数据成果发布等工作

继续推进全国古籍普查登记工作，推进古籍普查成果全社会共享。2022年新增出版103家收藏单位的11种18册《全国古籍普查登记目录》，已累计完成出版612家收藏单位的《全国古籍普查登记目录》134种207册，收录款目140余万条。

做好普查平台维护和数据库建设工作。克服普查平台设备老化等困难和问题，保持平台安全、平稳服务。继续推进“中华历代古籍书目数据库建设项目”，全年加工数据12万条。推进“中国古代典籍外文译本专题数据库”一期建设项目结项工作。

推进《中华古籍总目》（分省卷）相关工作。多次与宁夏、贵州、广西等省区和中国民族图书馆沟通相关分卷编纂事宜。

审校《第六批国家珍贵古籍名录图录》并推进出版工作。

配合文化和旅游部做好“中华文化资源公共数据库”的相关咨询工作，并交流对接数据事宜。

整理上报古籍类文化资源普查成果转化利用典型案例资料，并按照上级部门要求组织部分省中心和古籍工作单位提交案例。

2. 推进“三位一体”人才培养模式，加大古籍保护人才培养力度，拓宽人才培养渠道，推动古籍保护学科体系和人才资源建设

继续开展古籍保护人员在职培训。利用中国文物保护基金会字节跳动古籍保护专项基金，按计划举办培训班5期，培训业内学员超过2000人次。其中：线下举办“第十一期全国古籍修复技术与工作管理研修班”“第十三期全国少数民族古籍修复培训班——彝文古籍修复”；线上举办“第一期图书馆古籍整理与利用研修班”“第一期中华经典传习培训班”“第十二期全国古籍鉴定与保护研修班”。完成2022年“古籍保护培训课程”录制工作，共计为32位专家录制课程34节。

推动古籍修复技艺传习工作。完成传习导师、导师助理的增、续聘等工作。截至2022年12月，设立国家级古籍修复技艺传习所共32家，聘任传习导师38人，收徒299人。9月，完成福建传习所首批5名学徒出师工作，全国累计8名学徒出师。

持续推进古籍保护学科体系建设。继续做好古籍保护专业硕士培养工作，全年联合复旦大学等4所高校招收古籍保护专业硕士35人。作为主办单位，与中山大学等单位联合组织“典红百年·典活记忆·典亮青春：第二届全国大学生中华典籍文化保护与传承大赛”决赛。参与教育部学科设置征求意见工作，探讨设立“全国古籍保护人才发展论坛”，策划“古籍保护课程进校园”活动，推进古籍保护学科建设研究工作。持续推进“古籍保护系列培训教材”第一期编纂工作。组织编撰《古籍保护学科建设与人才培养理论与实践》。

推进《全国古籍保护人员名录·古籍修复师》编纂。在中国古籍保护协会、全国各省级古籍保护中心和相关古籍收藏单位的支持下，编纂出版《全国古籍保护人员名录·古籍修复师》。

组织中国图书馆学会第十届学术研究委员会古籍整理与文献保护专业组换届，开展专业组内相关年度工作。协助召开中国古籍保护协会二届二次常务理事会。

3. 大力开展古籍数字化，持续建设“中华古籍资源库”

继续开展缩微中心成员馆善本缩微胶片异质保存数字化项目，完成2020年度加工项目的结项验收，共1319种18007册90.13万拍。

推进国家图书馆馆藏普通古籍、日本永青文库捐赠汉籍、民族文字古籍数字化工作。完成2018年度国家图书馆馆藏普通古籍数字化项目的结项验收，共加工1295种7822册59.41万拍。完成日本永青文库捐赠汉籍丛书子目拆分和数据处理项目，共加工丛书子目762种3709册31.21万拍。完成国家图书馆馆藏民族文字古籍数字化项目验收，共加工17个文种，4914种7262册33.77万拍。

完成天津图书馆一期采购古籍数字资源水印加工工作，基本完成二期采购810种70万拍数据加工和质检工作。督促推进“2018—2020年古籍再生性保护项目”相关工作，继续推进国家珍贵古籍数字化项目验收。

持续推进古籍数字资源发布共享工作。做好“中华古籍资源库”服务提升和改进工作，优化发布页面，完善发布数据。6月“文化和自然遗产日”期间，在“中华古籍资源库”正式上线“日本永青文库捐赠汉籍”专题数据库，发布资源36部793种4000余册37万余叶。9月馆庆期间，在“中华古籍资源库”发布古籍数字资源462部2046册14.80万叶（包括国家图书馆馆藏普

通古籍数字资源334部1510册11.60万余叶、云南省图书馆馆藏特色古籍数字资源128部536册3.20万余叶）。

继续推进新中国古籍影印及数字化书目数据库项目，完成数据收集整理，指导开展数据规范和整合工作；指导全国相关单位开展古籍数字化工作，做好读者关于“中华古籍资源库”使用等问题的咨询工作。

完成2021年度国家古籍数字化工程专项经费资助项目——“《国家珍贵古籍名录》知识库建设”项目，部署上线并通过验收，将其作为优秀项目向全国古籍整理出版规划小组汇报。按照文化和旅游部公共服务司要求，协助完成文化和旅游部负责的系统内其他国家古籍数字化工程专项经费资助项目的结项材料汇总及报送工作。

4. 古籍影印再造与保护研究工作

与天津师范大学古籍保护研究院合作，编撰出版《古籍保护研究》集刊两辑（第9、10辑），完成第11辑稿件审稿工作。

完成全部《国学基本典籍丛刊》100种654册编纂出版并结项。

编辑出版《书志》第三辑，推进第四辑组稿、初审等工作。

推进《书目题跋丛书》编纂组织及出版工作，全年共出版5部。

5. 继续开展海外中华古籍调查、古籍数字化与出版回归工作

继续推进“日本藏中国古籍总目”编撰出版项目并完成中期验收；完成“韩国藏中国古籍总目”编撰出版项目延期请示和合同签订工作。

继续开展海外藏《永乐大典》等珍贵文献数字化出版和《海外中华古籍珍本丛刊》《海外中华古籍书目书志丛刊》项目，推进《法藏中国拓片目录》编纂出版项目。

按照国际图联保存保护中心要求，整理并报送古籍保护工作相关材料；按照文化和旅游部办公厅要求，提供海外中华古籍资源挖掘利用情况、存在问题及对策建议等材料。

继续推进“海外中华古籍书目数据库建设项目”，全年加工数据12万条。

6. 继续推进民族文字古籍保护工作

贯彻落实中央领导批示精神及文化和旅游部等部委文件要求，继续推进和指导少数民族地区开展古籍普查、修复、数字化工作。

继续与北京苹果慈善基金会合作开展藏文古籍保护工作，在云南省迪庆藏族自治州图书馆联合举办“纳格拉洞藏文古籍保护项目”揭牌仪式。

组织召开专家评审会，同意国家古籍保护中心在云南省图书馆建立“国家级藏文古籍修复基地和藏文古籍修复技艺传习中心（云南）”。

7. 加强对全国古籍重点保护单位和国家级古籍修复中心的管理，推进古籍原生性保护，提高古籍保护科学化水平

按照文化和旅游部公共服务司要求，就全国古籍重点保护单位复核工作做好业务指导；委派3个考察专家组，组织完成在京中央直属16家全国古籍重点保护单位复核工作。完成全国古籍重点保护单位抽检、第一批国家级古籍修复中心工作进展评估和第二批申报评审等工作的实地考察方案报批。

利用中国文物保护基金会字节跳动古籍保护专项基金，推进国家级古籍修复中心修复项目的相关工作，基本完成10家、100余件古籍的修复工作。

加强古籍原生性保护，完成国家图书馆舆图装具和书柜验收及制作工作。

提升古籍保护科学化水平，继续支持古籍保护科技文化和旅游部重点实验室建设，完成2022年度相关设备和耗材的配置。

8. 大力开展古籍保护宣传推广工作，弘扬中华优秀典籍文化

举办古籍展览。举办“妙手传天禄　丹心鉴古今——国家图书馆藏清宫‘天禄琳琅’修复项目成果展”，展出部分“天禄琳琅”旧藏及善本古籍等共72种85册/件。与四川大学图书馆、湖北省图书馆签订“册府千华”系列展览协议。

借助社会力量开展古籍保护宣传工作。利用中国文物保护基金会字节跳动古籍保护专项基金开展古籍宣传活化项目。与中国文物保护基金会、字节跳动公益联合开展“古籍守护公益项目”系列传播活动，推出微纪录片《穿越时空的古籍》，获得社会公众的一致好评。与字节跳动公益合作策划针对全国古籍存藏单位馆藏珍籍的系列纪录片，确定各馆选目，完成第一集国家图书馆藏《永乐大典》“湖”字册的拍摄剪辑。

号召全国各地开展“启卷知新　文脉流长——2022年中华传统晒书活动”，并于8月4日“七夕”当天举办此次活动启动仪式及“典籍里的七夕：一起晒书吧”直播活动，与南京图书馆、北方昆曲剧院等单位连线互动，向观众展示与“七夕”相关的特色馆藏和文化遗产，在央视新闻客户端、微博等平台同步直播，播放量高达946万次。配合央视纪录片频道拍摄《夏日的记忆：晒书》纪录片。

开展《“中华古籍保护计划”十五周年纪事文集》文稿征集工作，共收到各省级古籍保护中心、高校、中直机关及其他重点单位等来稿近100篇；继续做好“册府千华”系列展览图录的编纂出版工作，出版《册府千华——四川省图书馆藏国家珍贵古籍暨四川省古籍保护十周年成果展图录》，初步审校宁夏回族自治区图书馆图录。

推动开展中华经典传习项目试点工作。组织召开“中华经典传习所”评审会，经专家评审，批准苏州图书馆、绍兴图书馆、黄冈市图书馆3家单位挂牌设立“中华经典传习所”。

完成《工匠筑梦》全部30位修复导师的口述拍摄工作，制作保存级、服务级视频各31个（总存储量367.9GB），策划产品挖掘利用项目。

依托传统和新媒体平台，建立古籍保护宣传阵地。与《藏书报》合作刊发《古籍保护专刊》25期共100版，与《图书馆报》合作刊发《文献保护专刊》100版，其中《文献保护专刊》获得第十届中国出版集团出版奖·优秀报刊选题奖；“国家古籍保护中心”微信公众号累计刊发图文消息1360余条，关注人数近5万人；中国古籍保护网新增《全国古籍普查登记目录》《册府千华——南雍珍贵古籍特展》《册府千华——苏州珍贵古籍特展》等专题。国家古籍保护中心配合新华网、《人民日报》和《光明日报》等媒体做好古籍保护宣传工作。编纂《2021年国家古籍保护中心媒体报道汇编》和《“诗书继世　察古知今”——2021年中华传统晒书活动媒体报道汇编》。

二、革命文献与民国时期文献保护计划

2022年是国家图书馆革命文献与民国时期文献保护计划项目实施十周年。一年来，国家图书馆在民国时期文献保护工作中坚持以习近平新时代中国特色社会主义思想为指导，认真学习贯彻党的二十大精神，学习习近平总书记参加广西代表团讨论时强调的“五个牢牢把握”要求，立足新时代使命任务，不断提升服务效能，扩大高质量文化内容供给，不断满足人民日益增长的精神文化需求，在弘扬革命文化，传承中华优秀传统文化中发挥重要作用。

（一）团结业界凝聚共识，科学决策统筹规划

4月，通过线下线上相结合方式召开革命文献与民国时期文献保护计划十周年研讨会，来自国家图书馆、全国各省级公共图书馆、高校图书馆、科研院所等41家单位的60余名代表参加。会议以实事求是、奋发有为精神，充分团结业界、学界力量，总结成果、分享经验、交流体会，就未来事业发展群策群力、凝聚共识。根据《国家图书馆“十四五”规划》《革命文献与民国时期文献保护计划“十四五”时期规划纲要》《2022年革命文献与民国时期文献保护工作方案》，国家图书馆结合各项目进展和客观实际，推动各项工作有序开展。

（二）稳步推进文献普查

不断拓展文献普查范围，加强与国内收藏机构联系沟通。新建民国时期平装书普查书目数据1082条、馆藏数据18481条。完成广东省立中山图书馆、广西壮族自治区图书馆、惠州慈云图书馆、柳州市图书馆、西南大学、辽东学院等6家单位民国时期平装书普查登记结项工作。与新疆图书馆、海南省图书馆、石家庄市图书馆、宁波图书馆、呼伦贝尔市图书馆、莆田市图书馆、深圳市罗湖区图书馆等7家单位签订平装书普查合作协议，完成普查数据评估、制作上传、培训等工作。继续推进民国时期连续出版物普查数据收集工作，新建民国时期期刊书目数据93条、馆藏数据676条。与辽宁师范大学签订民国时期连续出版物普查协议，完成甘肃省图书馆普查样例数据评估。

（三）有序推进普查成果编纂出版

有序推进《民国时期图书总目》各卷编纂出版工作。开展《民国时期图书总目》语言文字卷（1.9万余条目）、经济卷（0.5万余条目）二校工作。加快推进《革命历史文献专题书目（1911—1949）》编纂出版工作，对整理合并后的1.4万余条目进行多轮审读核对。与参编单位保持密切联系，对存疑数据及时沟通解决。根据参编单位编委人员变动情况，及时调整编委名单，保质保量完成年度工作任务。

（四）开展海外重要文献征集

2022年征集日本战争罪行和中国抗战主题相关档案5611页。

（五）做好文献整理

在全国范围内组织开展2022年革命文献与民国时期文献整理项目的申报及评审立项工作。本年度共接收24家单位项目申报书57份，经组织专家评审会评审，为15个项目立项。年内完成项目结项15项，出版图书1043册，内容涉及民国时期河流文献、政府公报、调查统计资料、大学校刊、国学期刊、儿童期刊、女性教育文献等，汇集图书、档案、期刊等多种载体，填补相关资料空白。

（六）创办学术集刊《民国文献研究》

国家图书馆联合国家图书馆出版社，创办学术集刊《民国文献研究》，进一步加强革命文献与民国时期文献保护的学术性、理论性研究，及时反映国内外在相关文献调查、整理、考证、研究、解读等方面的最新进展和研究成果，总结经验，荟萃思想，凝聚共识，打造引领革命文献与民国时期文献保护和研究的专业平台。

（七）继续推进文献数字化与专题资源库建设

启动2022—2023年度民国时期图书缩微胶片数字化项目，全年加工数据98596页。依托文献征集和整理成果，按主题、分步骤对相关专题文献进行深度挖掘与揭示，不断丰富和完善国家图书馆特色专题数据库建设。完成“国家图书馆中缅印战区抗战历史档案整理项目”共14990页对象数据和1000条元数据加工工作，为下一步影印出版打好基础。

（八）继续实施文献原生性保护

调研民国时期文献保护的相关技术规范和标准。按照出版年份、载体类型、装帧形式等分别对纸张pH值进行统计，评估民国时期图书整体酸化程度，比较图书酸化程度差异，分析机械纸与手工纸、平装书与精装书对图书酸化程度的影响，初步拟定民国时期图书分级标准。

（九）做好宣传推广及人才培养

开展革命文献与民国时期文献保护计划宣传推广工作，在革命文献与民国时期文献保护计划项目实施10周年之际，充分利用平面媒体、网络媒体、新媒体开展文献保护的宣传推广工作。对全部自建资源进行整合，实现革命文献与民国时期文献专题资源库集中展示，简化线上查阅流程，实现读者免登录访问，有效提升革命文献与民国时期文献查询浏览速度和服务质量，受到众多用户，特别是从事相关研究的专家学者的普遍欢迎。在革命文献与民国时期文献保护网发布新闻动态11条、公告3条、栏目信息及工作成果45条。

委托中国图书馆学会在河南省图书馆举办“革命文献与民国时期文献保护计划专题培训班——郑州站”，河南省各级各类图书馆负责文献保护工作的主管领导、业务骨干共计120人参加，培训内容包括“探索与求新：革命文献与民国时期文献保护计划的实践与思考”“缩微技术与民国时期文献抢救保护”等。

（十）做好国家社科基金抗日战争研究专项工程项目

稳步推进国家社科基金抗日战争研究专项工程“日本战犯审判文献征集、整理与数据库建设”项目，建设二战时期西南太平洋战区日本战俘讯问档案专题资源库。按照抗日战争研究专项工程标准制作档案案卷级元数据31条、案件级元数据3386条，同时著录源文献的内容及特征，完成26748页档案的数字化工作。启动“二战时期太平洋战区美军军事档案整理项目”，对5900页外文原档进行数据加工和史料揭示。

（十一）做好国际图联保存保护中心中国中心工作

以国际图联保存保护中心中国中心办公室名义与国际图联保存保护中心保持线上沟通，及时反馈问题并提出建议。完成《国际图联保存保护中心中国中心2021年度工作报告》以及报告英文版翻译并提交国际图联。

三、全国智慧图书馆体系建设项目

（一）全国智慧图书馆体系建设的统筹管理

根据2022年预算拨付情况，研究制定《2022年图书馆知识服务能力提升项目经费分配方案》，组织开展20余项子项目建设工作，项目涉及理论研究、系统平台建设、设备购置、线下智慧空间建设、宣传推广与人才培养等方面。

国家图书馆配合文化和旅游部公共服务司完成智慧图书馆建设相关工作，包括定期按季度统计全国各省智慧图书馆转移支付经费支持项目建设进展情况；协助拟定2021年、2022年全国智慧图书馆体系建设指标绩效；协助拟定2021年中央补助地方全国智慧图书馆体系建设项目考核验收工作方案，并完成相关综合考评工作；配合公共服务司完成2023年全国智慧图书馆体系建设中央转移支付经费分配建议测算工作，并提供分配建议及重点支持建设内容说明。

2022年，国家图书馆在图书馆知识服务能力提升项目中启动“智慧图书馆概要设计”，进一步厘清项目建设目标任务、技术路线与实施路径。2月，国家图书馆经过审慎研究和调研，通过招投标程序，选定中咨工程管理咨询公司（简称“中咨公司”）作为概要设计工作的承建单位。8月，中咨公司设计提交《国家图书馆智慧图书馆建设概要设计报告》（初稿），国家图书馆面向全馆各部处、各位馆领导以及业内专家对该报告多次征求意见，敦促中咨公司根据意见反馈对报告进行多轮修改。12月15日，组织召开《国家图书馆智慧图书馆建设概要设计报告》（初稿）专家论证会，原则同意报告通过论证，并对概要设计的内涵、功能、定位、前瞻性、需求分析、场景设计、理念转型等方面给出意见和建议。中咨公司再次对报告进行修改，提交《国家图书馆智慧图书馆建设概要设计报告》（送审稿）。

（二）智慧图书馆体系资源建设

2022年，国家图书馆在智慧图书馆体系资源建设方面所做的工作主要有国图公开课智慧化知识资源建设、国家图书馆影音视听资源知识服务平台资源建设等。

1. 国图公开课智慧化知识资源建设

以国图公开课为建设对象，按照《智慧图书馆知识资源数据建设指南》规则进行知识化建设，利用自然语言处理、算法等自动化处理的技术手段，结合人工辅助审核，对课程简介、主讲人等元数据进行语义化分析和描述，对课程对象数据进行文本化处理和语义化分析，构建各类实体关系。最终将公开课讲座、主讲老师、公开课讲座的知识内容都提升为“知识实体”，建设完成公开课领域知识图谱，并通过影音视听资源知识服务平台面向用户提供知识服务。年内该项目完成所有功能的开发，实现视频资源知识化加工的全流程平台操作功能，实现对主讲人、关键词、知识片段以及关键帧的知识化提取，构建出六类实体及知识关联关系。将1075场不同学科、多个领域的公开课视频资源实施全流程、知识化的加工处理，并通过人工专家的介入提升算法处理的正确性和准确性。

2. 国家图书馆影音视听资源知识服务平台资源建设

国家图书馆完成影音视听资源知识服务平台1000余场已知识化加工后的音视频资源的导入，数据总量超过2.36TB。

（三）智慧图书馆基础支撑平台与服务系统建设

1. 智慧图书馆私有云平台建设

根据全国智慧图书馆体系建设方案，结合国家图书馆实际情况，完成私有云建设调研报告、技术方案及技术需求书，并完成智慧图书馆私有云平台建设方案的专家论证。根据私有云平台建设方案，开展私有云服务器、网络交换机、磁盘阵列、云管理软件和云安全软件等分项采购工作。同时在全馆范围内开展公有云使用需求调研，为智慧图书馆混合云建设提供参考。

2. 国家图书馆审读平台建设

完成国家图书馆审读平台项目的定制开发、测试和验收工作。根据中外文文献数据的特征细化筛查功能和业务流程，平台核心功能模块数据字典、敏感词管理、黑名单管理、机审工具、审读任务管理、敏感书目库等具备上线条件。截至2022年12月31日，云端同步第三方机构的9311个敏感词和7372条黑名单，可为多种文献资源审读工作提供敏感数据筛查，敏感词库建设和审读数据报表统计等辅助支持。

3. 统一用户管理系统优化升级项目

该项目完善了系统注销功能，对注销流程、注销协议、提示信息等进行梳理与完善。根据文化和旅游部部长胡和平3月24日在部办公会上提出的关于进一步降低公共文化服务门槛的要求，结合《中华人民共和国数据安全法》《中华人民共和国个人信息保护法》相关规定，国家图书馆完善注册用户注销功能并通过国家数字图书馆app对外提供服务；调整实名用户认证方式，便捷读者注册和登录，降低读者使用门槛，8月完成系统验收工作。

4. 全网知识内容集中仓储系统一期网络建设

完成SD-WAN网络专线接入、管理平台部署、CPET防火墙等硬件设备部署，实现知识仓储系统与部分省馆的互联互通测试。

5. 居民可信身份认证平台建设

调研居民可信身份认证平台建设需求，在国家数字图书馆 app 端启动在线开具电子发票、线上办证等业务。

6. 国家图书馆影音视听资源知识服务平台建设

面向互联网环境下多样化和个性化用户需求，年内探索多媒体智慧化服务模式，以影音视听资源知识服务系统为平台，深入推进音视频资源数据挖掘与知识关联，根据智慧图书馆发展战略，调整、完善平台各项功能和服务手段。设计、制作平台所有功能页面，优化版式布局和功能交互。开发基于 Web 端的用户界面和功能以及后台管理平台的各项功能模块，申请微信小程序资质，并在此基础上设计开发小程序界面和功能。完成与国家图书馆统一用户认证系统的对接调试，实现平台各项功能接口以及与国图公开课知识提升资源建设平台之间的联调。

（四）智慧图书馆理论研究与标准体系研究

继续推进《智慧图书馆理论研究》编纂工作，由研究院（业务管理处）组织，面向全国 60 家公共图书馆、高校图书馆和科研院所图书馆开展问卷调研。书稿于 12 月定稿交付出版。

国家图书馆追踪图书馆和 IT 业界以及文化行业最新资讯热点，推出《智慧图书馆发展研究》技术动态 11 期，包括“元宇宙探究”“聚力科技创新　赋能智慧冬奥”“应云而生　蓄势而发——云原生技术解读”“6G 技术研究进展初探”“2020 年至 2022 年公共图书馆智慧化建设成果典型案例概览”“元宇宙与图书馆的碰撞”“聚焦 2022 年中国网络文明大会”“数字科技元素十足的 2022 服贸会”“虚拟数字人的前世今生”“2021 年数字中国发展报告核心看点”“上图东馆初印象”等主题内容，为相关业务的决策和发展提供参考。

继续推进智慧图书馆标准体系建设研究工作。开展智慧图书馆建设中的标准化需求调查与分析，面向 67 家图书馆开展问卷调查，结合前期开展的对 9 位专家的访谈情况，分析访谈与问卷调查结果和智慧图书馆建设中的标准化需求。书稿于 12 月交付出版。国家图书馆参与撰写《中国图书馆学报》智慧图书馆相关专栏文章，在前期研究基础上提出标准体系框架。在这一框架下，“智慧图书馆统一身份认证标准规范”“智慧图书馆知识单元抽取规范”“智慧图书馆知识单元描述规范”等急需适用标准的研制工作有序推进。

国家图书馆开展《智慧图书馆知识资源数据建设指南》修改工作，整理汇总各级图书馆在落实该指南过程中遇到的问题。依据项目建设情况，撰写《智慧图书馆知识资源数据建设指南》修订细则，进一步完善细颗粒度著录和知识内容标引相关内容。以民国时期文献知识化加工项目和国图公开课知识提升项目为中心，开展平台建设，整理样例数据，为该指南的实施提供参考。

（五）业界培训与宣传推广

1. 开展智慧图书馆业务培训

8 月 15—17 日，举办“挑战、融合与重构：智慧化时代图书馆服务创新”培训班，全国省市级图书馆近 1000 名馆员及相关项目负责人参加线上学习。培训班在开展知识资源建设、智慧服务创新、技术应用落地等系统授课的基础上，增加网络安全防护主题授课，提出图书馆智慧化转型中强化网络安全意识与能力、构建精细化的网络安全体系的必要性、紧迫性和有效途径，同时邀请多位公共图书馆专家进行各具特色的智慧图书馆建设经验分享。

9月27—29日，国家图书馆举办2022年全国智慧图书馆建设与管理培训班，全国省市级图书馆馆长及项目负责人1000余人参加此次线上培训。培训班由国家图书馆馆长熊远明做开班致辞，国家图书馆党委书记、副馆长魏大威做《全国智慧图书馆体系建设进展》主旨报告，培训班邀请国内知名专家分别就智慧图书馆馆员素养提升、核心技术研究应用、知识组织与知识体系构建等开展多维度、全方位授课。此外，来自南京、四川、广西、宁波的多位公共图书馆行业专家进行案例分享，充分展现一年来各馆在智慧化转型发展中取得的成果与经验。

11月1—3日，国家图书馆委托中国图书馆学会举办2022年全国智慧图书馆建设与管理基层图书馆员培训班，来自全国近1000名基层图书馆员参加线上培训。此次培训围绕智慧图书馆体系建设的经验及思考、智慧图书馆建设与发展、县级图书馆智慧服务、智慧图书馆技术应用、县级图书馆阅读推广以及智慧图书馆建设案例分享等内容策划了系列专题课程和经验分享，助力基层图书馆智慧化建设和服务水平提升。

2. 面向基层组织开展文化惠民服务活动及宣传推广

国家图书馆推动“春雨工程·网络书香”数字阅读推广活动和文化服务小分队下基层活动的落地开展。全年向吉林、山西和重庆三省份的基层图书馆捐赠10000册纸质书刊和6套《中华传统文化百部经典》丛书，丰富当地图书馆的实体馆藏。活动由国家图书馆配发精品数字资源展览和阅读海报并进行远程指导，采用当地实地组织、线上线下相结合的形式开展，活动内容包括展览展示、精品资源推介、扫码阅读、专家讲座等。

3. 开展数字阅读推广服务

国家图书馆依托“网络书香·阅见美好”微信小程序资源与平台，联合全国各级图书馆共同开展5次线上数字阅读与宣传推广专题活动，包括“阅见美好”春节活动、“4·23”世界读书日活动、“掌上科普·科技与你同行”科技周活动、“网络书香·筑梦童行”少儿活动、智慧图书馆建设成果案例展示等。通过数字阅读推广活动的带动和影响，截至2022年底，微信小程序用户已达83.99万人，资源访问量达115.01万次，全国关联小程序的图书馆有1500余家。同时数字阅读推广活动借助国图官方微信、国图通讯等媒体进行广泛宣传，全国各级图书馆也通过官方微信以及当地媒体等途径开展宣传推广。

四、《中华传统文化百部经典》编纂项目

2022年，在中宣部、文化和旅游部的支持指导下，《中华传统文化百部经典》（以下简称《百部经典》）编纂项目在按要求进行疫情防控的同时，以前期工作经验为基础，紧密团结各方力量，继续保障编纂质量、精益求精，稳步推进编纂工作全面开展。

（一）主要工作进展

全年召开编纂委员会会议3次、项目出版单位工作交流会议1次。编报编纂工作简报5期，撰写工作纪要4期。在完成前期已开展书稿编纂工作的基础上，接收样稿4种、初稿22种，发审书稿22种，审订书稿16种，退改书稿1种。于6月和12月分别完成第七批和第八批共计20种图书编纂出版工作。截至2022年底，《中华传统文化百部经典》编纂项目累计编纂出版图书8批共计70种。

继续策划落实《百部经典》走进中央和国家机关、走进街道和公园、走进文娱中心、走进全国各级各类图书馆等多层次、多受众类型的线上线下相结合的系列宣传推广活动。世界读书日期间，联合芒果TV推出《百部经典》主题宣传片《读书自有答案》，图书书影全程出镜，系列话题登榜微博热搜9次，阅读总量突破1.5亿次，讨论量达11万次，直播观看累计超1400万人次。此外，该项目还举办专场音乐会、创意推广展、经典诵读、线上讲座等活动，覆盖各类读者近1.6亿人次。

树立品牌意识，加强知识产权保护，“百部经典”（文字版）获得国家知识产权局商标注册证。

（二）《中华传统文化百部经典》图书编纂出版

1.《中华传统文化百部经典》第七批图书（10种）编纂出版

6月，《中华传统文化百部经典》编纂项目第七批图书编纂出版，包括《商君书》《新书》《伤寒论》《水经注》《王维集》《元好问集》《赵氏孤儿》《王祯农书》《三国演义》《文史通义》等10种。

2.《中华传统文化百部经典》第八批图书（10种）编纂出版

12月，《中华传统文化百部经典》编纂项目第八批图书编纂出版，包括《汉书》《周易略例》《后汉书》《通典》《资治通鉴》《张载集》《苏轼集》《陆游集》《徐霞客游记》《桃花扇》等10种。

（三）重要工作会议

4月12日，《百部经典》编纂委员会第三十三次会议以通讯方式召开。会议主要讨论部分书稿审订专家人选。编纂委员会主任委员、中央文史研究馆馆长袁行霈和部分编委在编纂工作办公室前期人选调研的基础上，反馈意见和建议。会议最终讨论确定《周易略例》《桃花扇》《后汉书》《嵇康集》《历代名画记/法书要录》等5部书稿的审订专家人选。

7月11日，《百部经典》编纂委员会第三十四次会议以通讯方式召开。会议主要讨论部分书稿解读人和审订专家人选。编纂委员会主任委员、中央文史研究馆馆长袁行霈和部分编委在编纂工作办公室前期人选调研的基础上，反馈意见和建议。会议最终讨论确定《颜氏家训》《近思录》2部经典的解读专家人选，《法言》《文心雕龙》《孟子字义疏证》3部书稿的审订专家人选。

11月25日，《百部经典》编纂委员会第三十五次会议以通讯方式召开。编纂工作办公室向编纂委员会汇报上半年完成图书编纂出版情况和下半年计划编纂出版图书进展情况。会议主要讨论部分书稿审订专家人选。编纂委员会主任委员、中央文史研究馆馆长袁行霈和部分编委在编纂工作办公室前期人选调研的基础上，反馈意见和建议。会议最终讨论确定《水浒传》《三国志》《西游记》3部书稿的审订专家人选。

（四）《中华传统文化百部经典》重要宣传推广活动

2022年，《中华传统文化百部经典》编纂项目在上一年宣传推广工作的基础上，拓展思路，面向不同受众，组织实施系列宣传推广活动。

1. 国家图书馆《中华传统文化百部经典》专题书架

1月，在国家图书馆多个阅览室设置《百部经典》专题书架，为读者提供项目已出版图书的开架阅览服务。其中，南区综合阅览室和北区中文图书区设置《百部经典》专题书架，展示项目编纂出版成果，全年专题书架阅览量达5.5万余册次。国家图书馆少年儿童馆为各年龄阶段的少年儿童读者推荐优质文献资源，选择适合少年儿童读者阅读的《论语》《诗经》《史记》《杜甫集》《李白集》《楚辞》等《百部经典》图书进行经典著作展示，并精选绘本、选编、趣味讲解、人物故事等70本配套读物共同展出，全年专题书架图书阅览量达1万余册次。

2. 《中华传统文化百部经典》阅读分享系列活动

1月，《百部经典》阅读分享系列活动启动。活动采取线上微视频展播、诵读大赛，线下视听资源展示、手抄经典、经典问答等方式，邀请图书馆员、读者参与、分享阅读《百部经典》心得体会。

"百部听你读"——《百部经典》线上诵读大赛。在国家图书馆北区视听服务空间举办诵读大赛，在优谷朗读平台开设"《中华传统文化百部经典》共读专区"，精选已出版《百部经典》系列图书中大众熟悉的片段，供读者在线参与活动，8500余人次参与线上朗读。

"百部听我说"——《百部经典》系列线上微视频展播。设计策划《诗经》《庄子》《杜甫集》《李白集》《黄帝内经》5期"百部听我说"阅读推广微视频，并通过国家图书馆微信公众号进行推送。活动期间，微信公众号阅读量2万余次，微信视频号点赞189次、转发226次、收藏189次。

"百部听他讲"——《百部经典》馆藏视听资源展。在视听服务空间设置《百部经典》视听专区，遴选《百部经典》相关精品音像馆藏，全天循环播放相关专家学者讲解经典典籍的音视频资源，进行免预约读者欣赏及相关实体馆藏展示。活动期间，共展示20部音像馆藏专题资源，读者浏览量达到4605人次。

少年儿童馆《百部经典》每日诵读活动。国家图书馆少年儿童馆微信公众号推出"每日诵读"栏目，由故事哥哥、故事姐姐每日为小读者诵读《百部经典》版《论语》。活动期间，共更新306期，完成对《百部经典》版《论语》的全本诵读，微信公众号活动点击量累计6万余次。此外，还在微信公众号上发布"《论语》诵读大赛"活动推文，面向小读者开展为期1个月的《论语》诵读音、视频征集。活动期间，共收到读者参赛作品82个，最终评选出一等奖3名、二等奖8名、三等奖15名。

手抄经典。为增进互动，提升阅读体验，选取《百部经典》已出版图书中的《论语》和《老子》，在国家图书馆南区综合阅览室开展"手抄经典"活动，共收到读者临摹字帖20幅。

经典问答。选取《百部经典》已出版图书的相关内容并制作题库，在国家图书馆北区中文图书区内设立问答专区，组织开展线上“经典问答”活动，共计100余位读者参与。

3. 激活经典，熔古铸今——《中华传统文化百部经典》编纂出版成果展暨专家系列讲座

围绕先期出版成果，举办“激活经典，熔古铸今——《中华传统文化百部经典》编纂出版成果展暨专家系列讲座”2场，分别为金陵图书馆1场、西藏出入境边防检查总站1场。

4.《中华传统文化百部经典》走进中央国家机关

面向中共中央办公厅、民政部、财政部、文化和旅游部等机关单位领导干部，在京副部级以上领导干部，全国人大代表，全国政协委员等群体开展《百部经典》宣传推广工作。

4月，组织实施“熔古铸今　阅享经典——机关干部读经典活动”。活动主要面向中央和国家机关干部，以在线阅读《百部经典》图书电子资源、专题书架阅览等形式为主。共有32家单位的1058人在活动平台注册，参与阅读打卡活动。同时，活动在中共中央办公厅图书角、财政部图书馆、文化和旅游部文化旅游阅读空间设立《百部经典》专题书架；在中办数字图书馆设置《百部经典》线上专栏。在国家图书馆人大代表服务平台、国家图书馆政协委员服务平台、国家图书馆民政部分馆平台、国家图书馆中央团校分馆平台设置《百部经典》专题，通过书目、视频、新闻报道、专家学者、书评等数据的关联整合，全面展现宣传《百部经典》丛书。

此外，《百部经典》中《论语》《诗经》《老子》入选“加强中华儿女大团结”主题读书暨“和全国政协委员一起读书”活动第四小组阅读书目。活动期间，第四小组共组织阅读分享等各类活动6次。

5.“读百部经典　品千年文化——《中华传统文化百部经典》校园行活动”

2021年12月—2022年6月，国家图书馆、中国图书馆学会组织实施“读百部经典　品千年文化——《中华传统文化百部经典》校园行活动”。活动面向全国高校师生，由《百部经典》阅读打卡、“经典有声”原著诵读展示、“共享悦读”微书评荐书推广、“百部经典·百题大闯关”传统文化知识竞赛等4部分组成。旨在通过“读”“说”“写”“答”4种不同形式的系列活动，培养大学生经典阅读习惯，提升其对传统典籍的理解。全国1331所高校的师生共计27.18万余人次参加活动。

6.《中华传统文化百部经典》阅读推广走进中小学

5月，在北京市海淀区中关村第三小学北校区组织实施《百部经典》阅读推广走进中小学活动。活动选取《百部经典》20种适合中小学生阅读的图书，通过图文展示的方式推荐给广大师生，引领师生走近名著，阅读经典，近1000名师生观看展览。

7.《中华传统文化百部经典》走进街道、公园

4月22日，“《百部经典》主题诵读音乐会”在北京紫竹院公园友贤山馆举办。音乐会以《百部经典》书目为主题，融合诗词吟诵、昆曲表演、展览展示、民族器乐演奏等多种展示形式，与大众共享经典在新时代下的新生魅力。同时，以北京市海淀区万寿路街道乐府书局为分会场开展《百部经典》阅读分享，与主会场紫竹院公园形成联动。此次活动拉开《百部经典》走进街道、公园系列宣传推广活动的帷幕。

8. 媒体合作公益推广

为响应“深入推进全民阅读”的号召，在第27个世界读书日来临之际，《百部经典》编纂工

作办公室与芒果TV艺人联合开展“读书自有答案”系列线上活动，拍摄“全民阅读”公益宣传片。宣传片短视频由艺人演绎、故事旁白及《百部经典》素材混剪的方式制作完成，画面整体呈现随时随地阅读，倡导阅读的重要性。此外，《李白集》解读人助手、南京晓庄学院教授胡振龙与演艺界人士以开展连线直播的方式解读《李白集》。连线实现优势互补，将“大流量”转化为“正能量”，观看连线直播累计超1400万人次。

9. 全国公共图书馆《中华传统文化百部经典》阅读推广活动

5—12月，国家图书馆、中国图书馆学会组织实施2022年《百部经典》阅读推广活动。活动面向全国各级公共图书馆，由《百部经典》图书图文巡展、视频宣传、专题巡讲等组成。全国280家公共图书馆参与此次活动，受众达百万余人次。

10. “致敬经典 · 在艺术中品味阅读——《中华传统文化百部经典》系列宣传推广活动”

7月起，举办“在艺术中品味阅读——《中华传统文化百部经典》系列宣传推广活动”，包括专场音乐会、名家讲座、短视频征集和征文等。7月19日，“经典薪火相传　音乐点亮人生——《中华传统文化百部经典》阅读推广专场音乐会”在国图艺术中心举办，拉开此次系列宣传活动的序幕。音乐会上，满天星业余交响乐团中的专家学者将音乐与传统文化阅读相结合，与观众进行现场互动交流，分享阅读《百部经典》相关书籍的体会，国家图书馆少年儿童馆的小读者则在乐团的伴奏下朗诵唐代诗人李白的诗歌《将进酒》。活动举办以“致敬经典 · 在艺术中品味阅读”为主题的名家讲座4场；开展“以经典为伴，与艺术同行——我为《百部经典》打call”短视频征集和“我的经典阅读”征文活动，共征集短视频39个、征文28篇。活动期间，国图艺术中心大堂设置《百部经典》图书阅览空间，让更多社会公众“沉浸式”体验传统文化的魅力。

11. “百川渊薮　熔古铸今——《中华传统文化百部经典》创意推广展”

8—12月，由国家图书馆主办，天津市委宣传部、天津市文化和旅游局、和平区人民政府支持，《百部经典》编纂工作办公室和北京国图创新文化服务有限公司联合承办的“百川渊薮　熔古铸今——《中华传统文化百部经典》创意推广展”在天津国图 · 津湾文创空间举办。国家图书馆、天津市委宣传部、天津市文化和旅游局、天津市和平区人民政府、天津城投集团等单位负责人和嘉宾出席展览开幕式。来自天津市和平区昆明路小学的同学们现场吟诵《百部经典》丛书中《老子》《论语》《荀子》《传习录》等收录的经典篇章。国家图书馆向天津市残疾人联合会和天津市和平区昆明路小学捐赠《中华传统文化百部经典》。展览展出《百部经典》的编纂成果，并配套H5线上宣传互动页面，开展线下打卡集章活动，同步举行《百部经典》相关文化沙龙和系列活动，包括《传统经典与现代生活》文化沙龙、《耶律楚材的传奇人生》读书沙龙、品读百部经典 · 体验装帧之美活动等。

12. “典籍里的中国智慧——医学图书馆读《中华传统文化百部经典》”活动

8月，《百部经典》编纂项目委托中国图书馆学会组织实施“典籍里的中国智慧——医学图书馆读《中华传统文化百部经典》”活动。全国63家医学图书馆以线上线下结合的方式，开展《百部经典》线上共读、图文展览、线上讲座等活动。共有1187名医务工作者在活动平台注册，线上共读《百部经典》图书。

13.《中华传统文化百部经典》专题研讨会

8 月 25 日，由中国图书馆学会主办，中国图书馆学会编译出版委员会、宁夏回族自治区图书馆、宁夏图书馆学会、国家图书馆出版社承办的《百部经典》专题研讨会在宁夏回族自治区图书馆召开。中国图书馆学会副理事长、国家图书馆副馆长陈樱，宁夏回族自治区文化和旅游厅党组成员、副厅长赵明霞，中国图书馆学会秘书长王雁行，《中华传统文化百部经典》编纂工作办公室主任张洁，中国图书馆学会编译出版委员会主任、国家图书馆出版社社长魏崇及阅读推广领域专家学者、全国各级图书馆代表等 30 余人参加。

14. 国图公开课“此心光明——纪念王阳明诞辰 550 周年”《中华传统文化百部经典》阅读推广特别活动

10 月 30 日，为纪念我国著名思想家、儒家心学的集大成者王阳明诞辰 550 周年，国家图书馆举办此次国图公开课特别活动。国家图书馆馆长熊远明出席活动并致辞，副馆长霍瑞娟做开讲词。活动以学术演讲和艺术演出相结合的方式，带领读者了解王阳明的生平思想，感受他的高洁人格。活动特别邀请中国人民大学一级教授张立文，复旦大学哲学学院教授、《传习录》解读人吴震做主旨演讲，为读者解读王阳明的哲学思想和传世作品；邀请中国艺术研究院研究员、《百部经典》编纂委员会成员王能宪，国家图书馆副研究馆员田艳军做特邀演讲，为读者讲解传统经典的当代价值，赏析王阳明书法的独特魅力；邀请著名古琴演奏家任静演奏古琴名曲《流水》，首都少儿朗诵团演绎王阳明家训《示宪儿》，展示王阳明的超然境界与传世家风。活动通过“学习强国”学习平台、中新网、文化和旅游部网站、中国青年报客户端、搜狐文化、喜马拉雅、抖音、快手、哔哩哔哩、微博等多个平台进行线上直播，当日在线观看数量达 364 万余人次。

五、中国记忆项目

2022 年，中国记忆项目专题资源建设、资源整理编目、资源宣传推广等各项工作有序推进。同时，国家图书馆中国记忆项目中心延续性地承担国家级非物质文化遗产代表性传承人记录工作的成果验收、展映、编目，以及中央和国家机关直属单位国家级非物质文化遗产代表性传承人记录等相关工作。

（一）持续开展多类型资源建设工作

开展当代重要学者专题的延续性资源建设，继续对人类学家周国兴、数学家丘成桐等学者进行口述史访问。在中央有关部门统筹安排下，受相关部委和省份责任单位委托，继续开展重要人物口述史采集工作。各专题采集和收集口述史料、影音资料共计约 204 小时。中国记忆项目中心继续推动人口较少民族口头传统典藏计划，为第十三届全国政协第十六次网络议政远程协商会关于推进人口较少民族口头传统典藏计划的议题提供资料，协助制作的专题片《少数民族优秀文化艺术保护传承刻不容缓》在会上播放，该议题得到第十三届全国政协及财政部、国家民族事务委员会等相关部委与会负责人的积极回应。

（二）修改完善业务流程相关规范

对《中国记忆项目选题策划和论证办法》《中国记忆项目文献资源入藏方案》《中国记忆项目文献资源利用与服务办法》等业务流程相关工作规范进行修改完善。

（三）开展视频资源整理编目，推进资源有序化

中国记忆项目中心在持续开展资源建设的同时，不断推进对已建设口述史料、影像资料等视频资源的整理、加工和编目工作。2022年，继续对哲学家陈鼓应、纪录片专家司徒兆敦、西夏学家史金波、城市规划专家王世仁、考古学家白荣金、地质学家刘兴诗、画家全山石等学者和艺术家的口述史料进行整理及文稿编辑，对东北抗联后代冯忆罗、帅孟奇养女舒炜、第二批国家中医援鄂抗“疫”医疗队成员等受访人的口述史料进行整理和视频制作，编辑《中国图书馆人物口述史》（第一批五卷本）、《冯忆罗口述史》书稿。

（四）推动资源开发与宣传推广

中国记忆项目中心继续依托中国记忆项目网站架构，拓展“国家级非物质文化遗产代表性传承人记录工作成果线上展示专区”（域名：ich.nlc.cn），举办国家级非物质文化遗产代表性传承人记录工作在线回顾展。继续推动资源开发，基于已建设资源，整理出版《予知识以殿堂——国家图书馆馆舍建设（1975—1987）口述史》，并将其纳入“中国记忆口述史”系列丛书。

（五）承担国家级非物质文化遗产代表性传承人记录相关工作

受文化和旅游部非物质文化遗产司委托，中国记忆项目中心继续承担国家级非物质文化遗产代表性传承人记录相关工作。其中包括：组织非遗专家、纪录片专家、文献专家和技术审核人员对第四批111个记录项目和第五批174个记录项目的成果进行验收；开展中央和国家机关直属单位国家级非物质文化遗产代表性传承人记录工作，对第一批记录项目的受访人——2位传统医药类国家级代表性传承人路志正、金世元进行记录，并启动第二批2位国家级代表性传承人记录项目的记录工作；联合全国182家各级各类图书馆举办“年华易老　技·忆永存——第四届国家级非物质文化遗产代表性传承人记录工作成果展映月暨工作回顾展”系列活动；为西藏自治区非物质文化遗产保护中心提供14门课程视频，帮助该中心于7月举办非遗保护工作人员业务能力提升培训班。

年度掠影

【国家图书馆藏清宫“天禄琳琅”修复项目重大成果发布会召开】

1月7日，国家图书馆藏清宫“天禄琳琅”修复项目重大成果发布会召开，历时8年之久的国家图书馆藏清宫“天禄琳琅”修复项目正式结项。2013年6月，国家图书馆古籍馆完成“天禄琳琅”未编书的编目并对其进行破损情况调查。调查结果显示，国家图书馆藏“天禄琳琅”古籍约3500册，其中300余册存在纸张糟朽、絮化、粘连、原装帧结构解体以及装具严重损坏等问题，急需修复。为此，国家古籍保护中心设立国家图书馆“天禄琳琅”古籍修复专项，2013年8月，项目正式启动，成为中华古籍保护计划实施以来最大的一次针对珍贵古籍的专项修复项目。修复团队在完成修复任务的同时开展科研攻关，先后完成近10项相关科研项目，研发了所需的修复材料，如瓷青纸、粉蜡笺等，并发表相关学术论文10余篇。项目验收专家认为该项目是国家图书馆继敦煌遗书、《赵城金藏》等修复项目后又一重要珍贵古籍修复项目，具有里程碑意义。

【《中华医藏》出版签约仪式暨出版工作启动会议举行】

4月19日，《中华医藏》出版签约仪式暨出版工作启动会议在国家图书馆出版社召开。国家中医药管理局科技司副司长周杰、国家图书馆副馆长张军、中国中医科学院副院长唐旭东、国家古籍保护中心办公室主任苏品红参加会议并出席签约仪式，中国中医科学院中医药信息研究所所长李海燕与国家图书馆出版社社长魏崇分别代表双方签订《中华医藏》出版协议。

《中华医藏》编纂出版项目是中华古籍保护计划框架下组织实施的集保存、传承、整理、利用为一体的中医药古籍再生性保护项目，拟从现存中医古籍及民族医药古籍中遴选出珍贵善本，分阶段以精装16开由国家图书馆出版社影印出版。该项目由文化和旅游部牵头，国家中医药管理局具体推进，国家古籍保护中心指导协调全国相关省级古籍保护中心给予支持，并由全国中医行业古籍保护中心（中国中医科学院中医药信息研究所）组织具体实施。项目计划通过6年左右时间，重点对2289种中医药古籍，涉及经典著作及其注释研究、伤寒金匮、本草、养生、医史、基础理论、诊法、针灸按摩、方书、临证各科、医案医话医论和民族医药等24个类目，进行系统调研选目、书目提要编纂出版和原书影印出版。该项工作集保护、传承、整理、利用中医药古籍为一体，并着力推动中医的学术研究与资源开放共享，是全面揭示中医药发展源流、系统复兴中华传统文化的重大基础性学术建设工程。

【“典红百年 · 典活记忆 · 典亮青春：第二届全国大学生中华典籍文化保护与传承大赛”举办】

5 月 22 日，“典红百年 · 典活记忆 · 典亮青春：第二届全国大学生中华典籍文化保护与传承大赛”决赛在中山大学信息管理学院举行。此次大赛由国家古籍保护中心、全国图书情报专业学位研究生教育指导委员会、中山大学信息管理学院、武汉大学信息管理学院、北京大学信息管理系等单位联合主办，分为学术论文与调研报告、传统文化创意设计两个单元，共收到来自全国 79 所高校提交的 155 个参赛作品。经过初赛通讯评审、初赛专家评审等环节，遴选出 15 所高校的 20 支队伍进入决赛。其中，学术论文与调研报告单元共有 8 支队伍进入决赛，传统文化创意设计单元共有 12 支队伍进入决赛。国家图书馆馆长、国家古籍保护中心主任熊远明，中山大学党委副书记余敏斌，以及大赛主办方的代表、评委和参赛队伍代表通过线上线下相结合的方式出席决赛开幕式。经过决赛中各参赛队伍的汇报和评委们的评选，两个单元各评选出一等奖 1 名、二等奖 2 名、三等奖 5 名。

【“日本永青文库捐赠汉籍”专题数据库正式上线发布】

6 月 10 日，“日本永青文库捐赠汉籍”专题数据库在国家图书馆（国家古籍保护中心）“中华古籍资源库”正式上线发布。该数据库包含汉籍资源 36 部 793 种 4000 余册，共计 37 万余叶。2018 年 6 月，日本前首相、日本公益财团法人永青文库理事长细川护熙先生将细川家族三代珍藏的 36 部汉籍无偿赠与中国国家图书馆。该捐赠也是 1949 年中华人民共和国成立以来日本友人向中国无偿捐赠汉籍规模最大的一次，开启海外汉籍实体回归的新篇章，也为新时代中日民间文化交流与合作发挥积极作用。为做好永青文库捐赠汉籍的保护和利用，更好地满足广大读者和研究人员阅览研究需要，促进该批汉籍在更大范围内传播和利用，国家图书馆历时数年对其进行数字化加工，并对其中 5 部丛书依照子目拆分标引，归入经史子集四部，方便读者检索阅览。

【“古籍守护公益项目”系列传播活动获评 2022 年度中华文物全媒体传播精品（新媒体）推介项目】

6 月 11 日，由国家文物局、中央网络安全和信息化委员会办公室联合开展的 2022 年度中华文物全媒体传播精品（新媒体）推介项目和入围项目名单公布，国家图书馆、中国文物保护基金会、字节跳动公益联合开展的“古籍守护公益项目”系列传播活动获评推介项目。2021 年 6 月，中国文物保护基金会字节跳动古籍保护专项基金在国家图书馆正式启动，首批捐赠 1000 万元，用于开展古籍修复、人才培养、古籍活化与数字化等公益项目。在该专项基金支持下，“古籍守护公益项目”系列传播活动制作的微纪录片《我在国图修古籍》上线后，已在新华社 app 上突破 128 万次浏览量；首部中华古籍活化纪录片《穿越时空的古籍》，讲述古籍“高冷面具”下那些鲜活、有趣、动人的故事，打破公众对古籍的固有刻板印象，使得古籍保护得到社会公众的关注。“古籍守护公益项目”系列传播活动是该专项基金支持下的重要成果，为古籍保护理念的普及和传播做出贡献。

【“纳格拉洞藏文古籍保护项目”正式揭牌】

7月13日，“纳格拉洞藏文古籍保护项目”揭牌仪式在云南省迪庆藏族自治州图书馆举行。国家图书馆馆长、国家古籍保护中心主任熊远明在此次揭牌仪式中指出，“纳格拉洞藏文古籍保护项目”是国家图书馆与苹果基金会签署有关藏文古籍保护合作框架协议后的首个重点项目，该项目的实施使这批珍贵古籍得到更好的保存和保护，这是藏文古籍保护工作的一项重要成果，具有里程碑的意义，将对全国的藏文古籍保护起到重要的示范和推动作用。该项目成果已交付迪庆藏族自治州图书馆，包括特别定制藏式藏书柜10个、保护装具40套，完成“纳格拉洞藏经”数字化图像4556叶。为引导社会力量参与藏文古籍保护工作，国家古籍保护中心于2019年与北京苹果慈善基金会（以下简称“苹果基金会”）签署合作框架协议，共同开展藏文古籍保护与利用项目。2021年，国家图书馆（国家古籍保护中心）、云南省图书馆（云南省古籍保护中心）和苹果基金会签署三方协议，共同开展“纳格拉洞藏文古籍保护项目”，内容包括纳格拉洞藏经装具、藏书柜配置及“纳格拉洞藏经”数字化等，由苹果基金会提供相关经费。

【2022年革命文献与民国时期文献整理项目专家评审会召开】

7月26日，革命文献与民国时期文献整理项目专家评审会在国家图书馆召开。中央文史研究馆馆员、四川大学教授、国家图书馆原常务副馆长陈力，中国社会科学院世界史研究所所长汪朝光，中国社会科学院近代史研究所副所长金以林，中共中央党校党史教研部教授李东朗、高中华，中国人民大学历史学院院长黄兴涛，中国社会科学院近代史研究所民国史研究室主任罗敏等专家参加评审。国家图书馆常务副馆长张志清出席会议并讲话，民国时期文献保护工作办公室主任马静主持会议。

国家图书馆从2013年开始面向全国组织革命文献与民国时期文献整理项目申报工作，推动全国相关文献存藏机构参与革命文献与民国时期文献的保护工作。截至2022年底，累计立项323项，已结项156项，出版图书9382册。“革命历史文献资料丛编”“民国时期文献资料丛编”“对日战犯审判文献资料丛刊”“抗日战争文献史料丛编”等系列专题出版物，填补国内史料空白，对于还原历史真相、助力学术研究提供有力文献支撑。

【“启卷知新　文脉流长——2022年中华传统晒书活动”开启】

8月4日（农历七月七日），由国家图书馆（国家古籍保护中心）主办的“启卷知新　文脉流长——2022年中华传统晒书活动启动仪式”暨“典籍里的七夕：一起晒书吧”直播活动在国家典籍博物馆“甲骨文记忆”展厅正式启动。此次活动采用线上直播的方式，在央视新闻客户端、微博等全平台同步播出。直播现场，国家图书馆馆长、国家古籍保护中心主任、国家典籍博物馆馆长熊远明带领国家图书馆青年馆员挥毫泼墨，在展示书法技艺的同时，也为观众献上七夕祝福。国家图书馆副馆长、国家古籍保护中心副主任张志清，国家图书馆副馆长陈樱，北京大学中文系助理教授张一南，中国戏曲学院讲师李君卿及国家图书馆刘波、赵爱学、郑小悠7位嘉宾分别向观众展示国家图书馆收藏的7组精品馆藏，包括宋刻本《昭明文选》和《红楼梦》最重要的早期版本已卯本《脂砚斋重评石头记》以及纳兰性德满文家谱与《西京杂记》《东京梦华录》《白氏长庆集》等珍贵古籍。嘉宾们以浅显易懂、风趣幽默的语言，引领观众追忆古人的晒书传统，传递诗词中的脉脉温情。直播还以分会场的形式，向观众分享6家单位的特色馆藏或文化遗产，如：南京图书馆从馆藏古籍《红楼梦》中汲取灵感，“复原”了名著中的“红楼佳肴”；北方昆曲剧院的青年演员通过演绎传统曲目《长生殿》，为唯美爱情故事赋予当代新意。

【“革命文献与民国时期文献保护计划专题培训班——郑州站”在河南省图书馆举办】

9月6—9日，由国家图书馆、中国图书馆学会主办，河南省图书馆、河南省图书馆学会共同承办的“革命文献与民国时期文献保护计划专题培训班——郑州站”在河南省图书馆举办。河南省内各级各类图书馆负责文献保护工作的主管领导、业务骨干、专业人员共120人参加此次培训。民国时期文献保护工作办公室主任马静讲授“探索与求新：革命文献与民国时期文献保护计划的实践与思考”，全国图书馆文献缩微复制中心主任王磊讲授“缩微技术与民国时期文献抢救保护”，郑州大学图书馆馆长助理赵长海讲授“民国时期革命文献概论”，韶山毛泽东图书馆研究室主任王健讲授“韶山毛泽东图书馆对红色资源的征集、保护和开发利用”，国家图书馆副研究馆员王彦侨讲授“民国文献普查著录”。专家们理论结合实际，通过具体案例向学员们介绍各自在革命文献与民国时期文献的保护、开发、利用等方面的做法和经验。授课结束后，国家图书馆民国时期文献保护工作办公室工作人员与学员就民国时期文献普查等工作进行业务交流。

自2014年起，国家图书馆与中国图书馆学会合作举办革命文献与民国时期文献保护计划宣传推广活动。截至2022年底，已在全国20个省份举办22次线下培训及1次线上培训，累计培训专业人员3200余人次，并在17个省份开展巡展活动。培训活动对于加强文献保护专业人才队伍建设，推动全国革命文献与民国时期文献保护工作的深入开展起到积极作用。

【“中华古籍资源库”再添新资源，在线发布古籍资源累计超过10万部/件】

9月9日，国家图书馆（国家古籍保护中心）在“中华古籍资源库”发布新增古籍数字资源462部2046册14.8万叶，包括国家图书馆藏普通古籍数字资源334部1510册11.6万余叶、云南省图书馆藏特色古籍数字资源128部536册3.2万余叶。此次发布的国家图书馆藏普通古籍资源均为传统小学类古籍，包括明刻本23部、清刻本263部、清抄本25部、清末石印本20部、稿本1部、民国时期刻本2部，是了解中国古代语言文字字形、字音、字义的重要学术资料。这批古籍数字资源的建设和发布，是助力“古文字与中华文明传承发展工程”，方便学者研究利用古代文字类书籍，让社会公众接触和了解古文字、传承古文字的重要举措。此次发布的云南省图书馆藏特色古籍数字资源（第二批）具有重要的历史学术和版本资料价值，其中：《绣像红楼梦》为乾隆五十七年（1792）萃文书屋排印的木活字本，是程乙本中难得一见信息完整、品相完好的珍品；《滇南矿厂图略》为道光云南刻本，以图文并茂的方式对清代云南金属矿产分布、矿冶技术及管理制度等进行详细介绍，对于研究中国古代传统采矿冶炼技术水平以及矿业发展史具有重要价值。至此，“中华古籍资源库”在线发布古籍资源超过10万部/件，已成为全国古籍资源类型和品种最多、体量最大的综合性资源共享发布平台。

【2022 年“春雨工程 · 网络书香”数字阅读推广活动举办】

为落实《2022 年文化和旅游志愿服务工作方案》，进一步丰富基层群众精神文化生活，加强对当地公共文化服务体系建设的支持，9—10 月，“春雨工程 · 网络书香”数字阅读推广活动分别在吉林省白山市江源区、山西省忻州市静乐县和太原市娄烦县三地举办。活动期间，国家图书馆共向吉林、山西两省基层图书馆捐赠 10000 册纸质书刊和 4 套《中华传统文化百部经典》丛书，用以充实图书馆实体馆藏。同时，依托“网络书香 · 阅见美好”微信小程序，通过精品数字资源实体展览、精品资源推介、扫码阅读分享、读者线上线下互动等形式，进一步丰富数字文化服务内容，引导基层群众便捷地享受数字文化服务。

受新冠疫情影响，三地的活动由当地图书馆依托国家图书馆提供的各类服务宣传品自行开展。三地图书馆共招募 30 余名当地志愿者负责展览讲解、现场引导、手册派发和技术支持等工作。在吉林省白山市江源区，当地图书馆组织社会公众、机关干部以及学生等百余人参加活动。在山西静乐县，山西省图书馆、静乐县文旅局、静乐县图书馆共同组织和开展活动，百余名读者现场参与，并邀请专家进行传统文化专题讲座。娄烦县图书馆通过在馆内摆放张贴展览和海报持续地为基层群众提供数字文化服务。

【“公共数字文化服务小分队下基层”活动开展】

为响应中宣部、文化和旅游部等六部委关于开展 2022 年“‘我们的中国梦’——文化进万家”活动的要求，12 月，国家图书馆联合重庆图书馆，在重庆市南川区图书馆开展“公共数字文化服务小分队下基层”活动。活动期间，国家图书馆向重庆市的基层图书馆捐赠《中华传统文化百部经典》丛书 2 套，用以弘扬中华优秀传统文化，充实实体馆藏。同时，捐赠万方数字资源阅读卡 500 张、维普数字资源阅读卡 200 张，由重庆图书馆统筹发放给重庆地区各级公共图书馆，为基层群众提供各类免费数字资源，满足多元化的数字文化需求。此外，国家图书馆依托“网络书香 · 阅见美好”微信小程序，设计精品数字资源实体展览，通过精品资源推介、扫码阅读分享、线上线下互动等形式进一步将便捷、丰富、优质的公共数字文化资源输送到广大基层地区。

重庆图书馆充分考虑当地群众的基本文化需求，制定以“看展览”“听讲座”“办培训”“做活动”“用资源”五要素为主线的活动内容。活动现场，当地文化志愿者和图书馆工作人员向读者讲解精品数字阅读展览，指导小程序使用方法，引导读者参与心理健康讲座和老年人数字阅读培训，吸引更多群众参与活动，不断增强基层群众的文化获得感与幸福感。

【第一期图书馆古籍整理与利用研修班和第十二期全国古籍鉴定与保护研修班线上举办】

2022 年，国家古籍保护中心在线上推出以图书馆古籍整理与利用、古籍鉴定与保护为主题的 2 期培训。其中，图书馆古籍整理与利用研修班为首次举办，各授课专家分别就石刻文献、出土文献、吐鲁番文献、印谱文献、清人日记、馆史档案等不同类型古籍的整理、利用进行讲解和实践案例分析，就当前古籍整理出版的选题和市场需求等热点问题进行探讨。在古籍鉴定与保护研修班中，授课专家从各维度对古籍版本鉴定进行论述。专家们将理论与自身实践经验相结合，通过多个案例讲述具体古籍整理利用或鉴定保护的方法，使课程生动有趣。同时，国家古籍保护中心办公室对线上培训平台进行升级改造，在原本的“全国古籍保护人才库”基础上增加相应功能，实现在同一平台上报名、学习、考试和下载证书。培训取得良好的社会反响。

【中国文物保护基金会字节跳动古籍保护专项基金支持培养古籍修复人才】

2022 年，该专项基金先后在云南省图书馆、浙江省宁波市天一阁博物院举办全国古籍修复技术与工作管理研修班，共计培训修复师 85 人，同时修复云南省双柏县文化馆藏彝文文献《查姆》、天一阁博物院藏珍贵古籍等。这是社会力量参与古籍保护的一次有益尝试，为撬动更多的社会力量参与古籍保护打下良好基础。2021 年，中国文物保护基金会字节跳动古籍保护专项基金正式启动，首批资金为 1000 万元，定向用于 100 册 / 件古籍修复、100 位人才培养、100 位古籍守护人内容创作扶持等公益项目。在专项基金支持下，国家图书馆（国家古籍保护中心）与中国文物保护基金会、字节跳动公益以合作培养古籍修复人才为开端，共同促进古籍的保护与利用。

【国家图书馆优化提升革命文献与民国时期文献在线资源服务】

在革命文献与民国时期文献保护计划项目实施十周年之际，为进一步提升革命文献与民国时期文献资源服务水平和服务效能，以实际行动践行“我为群众办实事”，国家图书馆对“革命文献与民国时期文献保护网”全部自建革命文献与民国时期文献在线资源进行整合，实现革命文献与民国时期文献专题资源库集中展示，简化线上查阅流程，读者免登录访问，切实解决读者访问资源操作烦琐、页面跳转过多、阅读体验不佳等问题，有效提升文献查询浏览速度和服务质量，为广大读者特别是从事革命文献与民国时期文献研究的专家学者提供更加优质便捷的服务。读者通过访问国家图书馆官网（www.nlc.cn），点击“革命文献与民国时期文献保护计划”栏目，进入“革命文献与民国时期文献保护网”（http：//mgwxbh.nlc.cn/），点击“资源”，无需注册登录，即可在线阅览全部资源库。已发布的专题资源库包括“革命文献与民国时期文献联合目录”“日本细菌战资源库”“东京审判资源库”“日本战争罪行审判史料编译”“民国图书资源库”“民国期刊资源库”“民国报纸资源库”“民国法律资源库”等，涵盖革命文献与民国时期文献保护计划实施 10 年来在文献普查、征集、整理、研究、数字化等各领域取得的重要成果，使千万余页革命文献与民国时期文献数字化资源以更加便捷的方式服务广大读者。

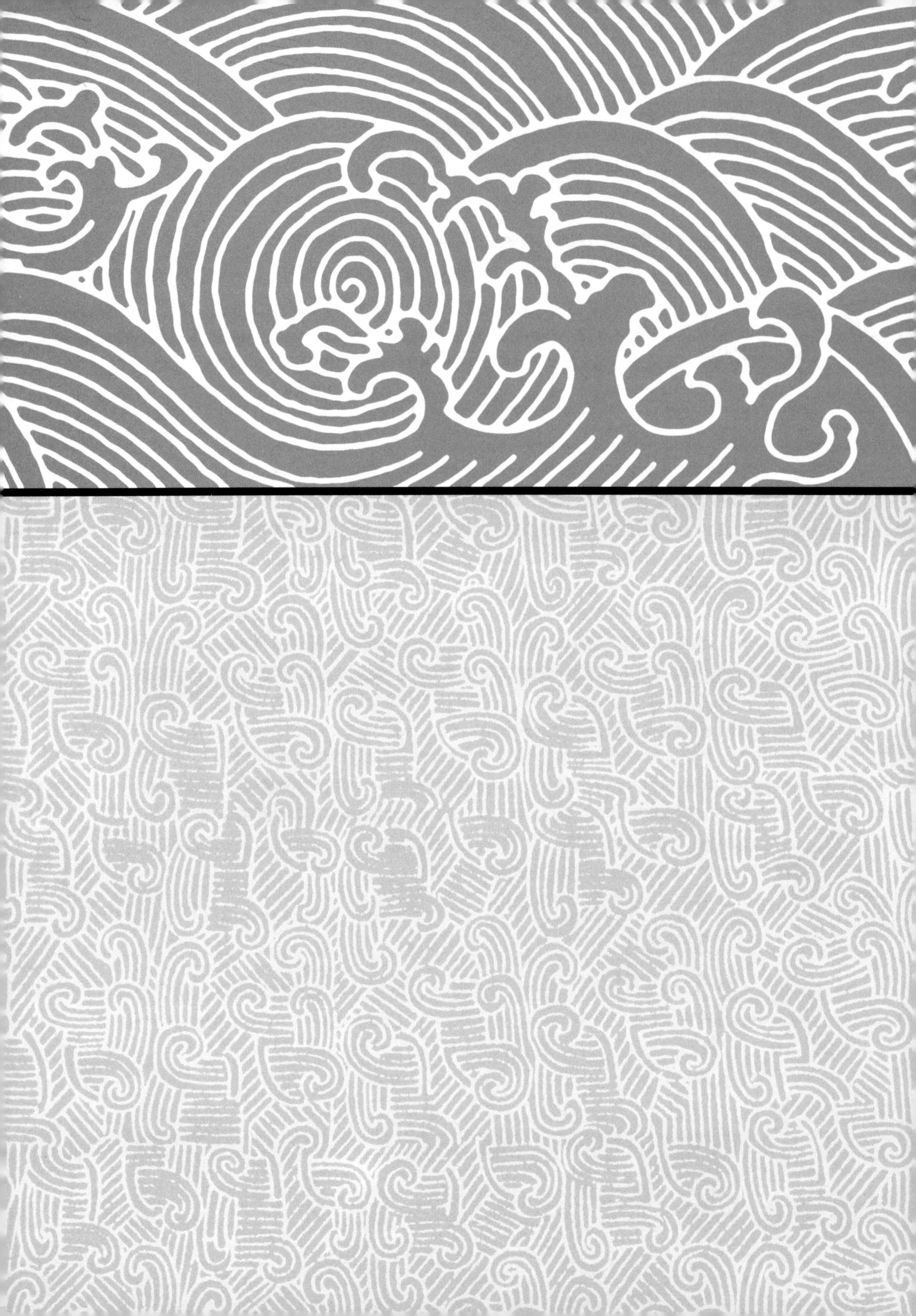

文献整理与编辑出版

- 古籍整理出版
- 民国时期文献整理出版
- 馆藏重大出版整理项目
- 连续出版物编辑出版
- 国家图书馆出版社专业文献出版
- 年度掠影

文献整理与编辑出版

一、古籍整理出版

（一）善本特藏古籍

2022年，国家图书馆利用重点工程项目开展馆藏古籍文献的整理与出版。第一，国家传统文化典籍整理工程。子项目“一带一路文献整理与研究”出版《敦煌遗书书法选集》第一辑、第二辑共20册，整理《中国国家图书馆藏宁波与海上丝绸之路史籍举要》初稿；子项目“中国石刻资料征集、整理和研究”完成《全唐墓志》15册文稿整理、《山西石刻目录》山西石刻拓片数据编校1332条；子项目“长江、黄河、长城、大运河古籍文献整理与研究”出版《中国国家图书馆藏黄河历史文献》，整理《中国国家图书馆藏运河历史文献》；子项目“清代乡试文献整理与研究”，《乡试文献总目》整理书目2500条；子项目“徽州文书整理与研究”，整理书目8704条。第二，古文字与中华文明传承发展工程。提交工程2022年度工作计划和2023年新增项目申报，配合完成2022年度国家图书馆所承担项目的预算编制、2021年度考核；“国家图书馆藏甲骨整理、保护与研究”“国家图书馆藏金文拓本汇编”“国家图书馆藏古文字研究类稿本整理”3个规划项目已有阶段性成果。第三，梁启超手稿整理出版项目。为出版社提供《梁启超手稿撷英》选目及图片，提供梁启超手稿出版分编计划及馆藏手稿已刊、未刊情况，以申报出版计划。

以原大彩色影印方式出版重要善本《杜工部草堂诗笺》（2函18册）。将国家图书馆、北京大学图书馆、上海图书馆3家馆藏《杜工部草堂诗笺》稀世残本合卷纳配为完帙，高精仿真影印出版，重现宋刻珍本全貌。

支持各地、各出版社利用馆藏文献进行整理出版，其中规模较大者，有《中华医藏》《江右文库》《西谛旧藏皮影戏剧本丛刊》《汲古阁钞本丛刊》《历代石经文献集成》《八闽文库》《四明文库》《儒典》《明清黄河文献续编》《宋代法律》《明清地方诗文总集珍本丛刊》《书画文献稿钞本集成》等项目。

（二）普通古籍

2022年，国家图书馆按照专题分类的方式整理开发馆藏古籍，涵盖传记文献、史籍史料、书目版本、文学艺术、综合文献等方面。

传记文献方面。①《陈星庚陈积澍日记》（全8册）。陈星庚是浙江宁波著名乡绅，早年曾在崇实书院跟随清末大员薛福成学习，后出使欧洲，编译了不少亚欧国家的地理书籍。因长期在清廷户部、学部和北洋政府税务部门工作，他的日记记录了这一时期政治、经济、文化、教育等各方面的内容；回乡居住期间的日记中亦留下不少乡土史料。陈积澍为陈星庚长子，民国初年在北洋政府参议会工作，其日记中更多记载的是基层公务人员的工作情况。父子二人的日记共18本，均为稿本。②《童柄魁童一亭日记》（全28册）。童柄魁是浙江宁波童市镇人，从宣统元年

（1909）开始记日记，每日不辍，现留存有日记26本，记事时间自光绪三十四年（1908）起，迄于民国二十三年（1934），缺民国十一年（1922）日记。其子童一亭现留存有日记10本，记事时间为民国十四年（1925）至民国二十三年（1934），记录了他在宁波生活及在上海经商的经历。童柄魁、童一亭父子日记大量记载了宁波、上海等地的经济、文化以及社会发展史料。

史籍史料方面。①《明清黄河文献丛编》（全100册），黄河治理的历史文献，除了流传至今的大批厚重专书论著之外，还散见于正史、实录和各种体裁的史书、方志、文集之中。此外，现存大量未经整理的档案、稿本、钞本、舆图、奏报、谕旨、文书等珍稀文献，尤其是若干具有重要史料价值的孤本单帙，还面临散佚、损毁、失传的可能。因此，抢救性地保护好黄河治理历史文献具有重要意义。该丛编反映了明清时期黄河流域的水文、河道情况、水旱灾害、河口变迁、治黄人物、治黄机构、河工技术、施工组织、治黄议论、治黄理念、治黄措施、治黄法规、治黄政务、治黄效果等丰富的历史信息，可为当代科技治黄、工程护黄、生态兴黄提供重要的历史借鉴；通过加强明清治黄工程文化的阐释，亦可开发黄河文化对于凝聚民族精神、复兴中华文化的重要作用。②《清代会试文献集成》（全100册），汇集清代会试文献98种，包括会试录、题名录、同年录、同年齿录、考官录等，涉文科、武科、翻译科等，依会试举行时间排序，旨在反映清代会试的真实面貌，为清代人物和科举研究提供重要的基础文献。其中会试录不仅是同榜考取者的履历汇编，而且是同榜考取者家庭及家族成员履历的汇编，集年谱、家谱、族谱等特质于一身，是清代科举史的原始档案文献。

书目版本方面。《加拿大多伦多大学慕氏藏书目（外一种）》（全5册），该书为影印加拿大多伦多大学东亚图书馆藏“慕氏藏书”的目录稿本而成，属传统的中式目录。为便于学术研究，此次将慕学勋自编自刊《蓬莱慕氏藏书目》一并印行，该目录以表格形式排印，分书名、著者、版本、卷（册）数、函数、附注（出版年、纸张等）、编号7栏。

文学艺术方面。①《鄂东王氏未刊稿丛编》（全42册）。该丛编主要收录湖北省图书馆藏清代王家壁收集、批校的明、清两代鄂东王氏家族未刊之稿本和钞本近70种。鄂东王氏家族数代科甲，文风相续，是颇有名望的文学世家，留下诸多文坛作品。这批资料数量多，整理难度大，一直未能得到系统地整理和出版，因此该丛编文献多为未面世之作，其中稿本数量占九成，多为难得一见的古籍善本。②《清人杂剧百廿种》（全8册）。郑振铎于1931年、1934年出版的《清人杂剧初集》《清人杂剧二集》，收录清初善本或孤本杂剧，每集收录杂剧40种。他原拟随后继续出版三、四、五集，因种种原因未能完成，但他在《清人杂剧二集》末尾列出拟定的“清人杂剧三集”目录，该书即按此目录搜集了底本，并与初集、二集合起来编为《清人杂剧百廿种》。

综合文献方面。《中国古籍珍本丛刊·浙江图书馆卷续编》（全120册），收录浙江图书馆收藏的珍贵古籍400种左右，其中大部分为浙江图书馆收藏的明清稿本与钞本。续编在延续第一辑编排风格的基础上，继续收录经史子集各部的珍贵稿钞本、批校本等共130余种。

二、民国时期文献整理出版

2022年，民国时期文献整理出版的相关图书分为文献资料丛编、抗战及对日战犯审判文献等类。

文献资料丛编方面。①《民国时期电影文献辑刊》（全56册）。此辑刊精选民国时期出版的电影理论、电影教育、电影剧本、电影小说、电影产业、电影演员、电影歌曲等方面的资料及电影杂志、特刊等进行影印出版，包含图书、报纸、期刊、特刊等各种形式，有理论指导、法令文书、漫画、剧照、影集、剧本、歌曲、电影评论、影片介绍、拍摄经过、演职人员等各种内容，展现出近代电影艺术及其传播方式的演变，真实反映中国电影萌生、发展壮大和艰难行进的过程。②《民国时期大学校刊续编》（全100册）。大学校刊一般有公文、布告、会议录、文牍摘要、校闻（学校新闻）、论著、文艺等栏目，记录了高校建设、迁移和发展的过程，以及教学、科研、学术交流活动。此书是《民国时期大学校刊汇编》的续辑，共增补、收录北京农业大学、北平师范大学、燕京大学、协和医学院、北洋大学、唐山大学、河北大学等近百所高校的校刊200余种，是对民国时期大学校刊文献的系统集中整理。

抗战及对日战犯审判文献方面。①《近代日本对华调查档案资料丛刊：第六辑》（全80册）。此辑主要收录商业、贸易调查资料200余种。调查机构包括南满洲铁道株式会社下设诸调查部门、伪满洲国经济部商务司、伪满洲中央银行调查部、伪兴农合作社中央会等。根据文献内容，此辑主要分为商业调查、物价调查、贸易调查、关税调查四部分。②《近代日本对华调查档案资料丛刊：第七辑》（全90册）。此辑收录黑龙江省图书馆藏日本对华经济、农业、工业、文化等调查资料近200种，刊行机构包括关东厅临时土地调查部、关东军国防资源调查部、兴安局、实业部临时产业调查局等。

其他方面。《近代经济档案文献汇编·第三辑》（全50册）。该汇编选取近代天津同业公会1908—1948年间珍贵档案12万余页分辑出版，第三辑包含地毯业、茶业、鱼业、棉业、南纸书商业、酱园业、鸡鸭卵业、鞋帽业、西药业、地车（骡马车商）业、药业等24个行业。

三、馆藏重大出版整理项目

2022年，《国家图书馆藏样式雷图档·定东陵卷》（全18函）出版，此卷收录国家图书馆藏定东陵相关样式雷图档900件。定东陵是清文宗咸丰帝的孝贞显皇后和孝钦显皇后的陵寝，位于咸丰帝定陵以东，为其附陵，故统称为定东陵。此卷收录的样式雷图档，从内容上讲，包含定东陵工程从选址勘测、方案设计、施工进程、修改变更等各阶段的营建活动。从形式上讲，图样包括总平面图，个体建筑平、立、剖面图，建筑细部图，建筑装修图等；文档包括与工程相关的说贴、略节和做法册等。

《历代农业古籍珍本丛刊》（全60册）收录国家图书馆所藏历代农业古籍珍稀文献120余种，其中钞本45种、稿本3种、明刻本19种、清刻本45种，所收文献有不少为以往学界难得一见的珍稀善本，如明万历刻本《致富全书》及《植品》、明万历二十二年刻本《新刻马书》、明嘉靖三十年张守中刻本《王西楼先生野菜谱一卷》、明嘉靖二十三年王贞吉刻蓝印本《便民图纂十六卷》、清初钱氏述古堂钞本《农书三卷》、清乾隆刻本《教稼书二卷》、清道光二十八年刻彩色套印本《金鱼图谱》等。所选作品基本涵盖传统农业的各个方面，如种植谷物、农田水利、捕蝗驱虫、种棉植橡、养蚕树桑、养花育草、饲养家畜等。

四、连续出版物编辑出版

（一）《中国图书馆学报》

《中国图书馆学报》2022 年全年出版 6 期，发文 62 篇，尤其重视专题和专稿的组织策划。全年刊登的专题主要包括："文化强国与图书馆"（第 1 期），"数字化转型与智慧图书馆""数字人文与古籍整理研究""健康信息学"（第 2 期），"科技文献保障"（第 3 期），"情报学理论研究"（第 4 期），"图书馆学理论与实践""图书馆与少年儿童阅读""数字记忆与数字人文"（第 5 期），"图书情报学与元宇宙""算法素养"（第 6 期）。专稿包括：图书馆阅读推广专稿《论图书馆阅读推广的专业化建设》（第 3 期），"国家文化数字化战略：图书馆的专业阐释与使命践行"专家笔谈组稿（第 4 期）。以上专题、专稿从智慧图书馆建设、古籍整理、科技文献保障、数字人文、阅读推广、图书馆事业与国家文化数字化战略，以及新时代中国特色图书情报学基本理论问题等方面展开研究，旨在推动学术研究的理论创新和事业发展的实践创新。

《中国图书馆学报》编辑部全年审稿 1256 篇。严格执行双向匿名审稿制度，严格遵守学术规范和编辑出版规范，认真执行国家有关编校质量的规定。针对学术不端行为，在审稿过程中严格审核，并规范版权授权管理。

《中国图书馆学报》面向国内外正式发行，国内读者主要为全国公共图书馆、大学图书馆、专业图书馆、高校相关院所、信息机构的研究人员、从业人员和高校学生。《中国图书馆学报》通过中国国家图书馆国际交换组，发行至世界近 280 个国家和地区的国家图书馆及相关地区的主要图书馆。

《中国图书馆学报》编辑部积极组织开展学术交流。5 月 22 日，与南京大学信息管理学院联合举办以"数字文明时代的图书馆——图书馆学界和业界的对话"为主题的线上学术研讨会，专家学者围绕"图书馆学的专业性与图书馆的专业化发展"展开交流与讨论；9 月 8 日，举办"国家文化数字化战略：图书馆的专业阐释与使命践行"主题论坛，共有 2200 余人在线观看。

《中国图书馆学报》编辑部完成 2021 年英文年刊的组稿、翻译及编辑工作。

（二）《国家图书馆学刊》

2022 年，《国家图书馆学刊》全年来稿量 1100 多篇，刊发 66 篇，另刊登"业界动态"22 条。主要栏目有"专家视点""政策与法规研究""管理与服务""公共文化服务""数字人文""智慧图书馆""信息组织""技术应用""资源建设""研究综述""图书馆史研究""新书推介"等。为充分反映图书馆学研究与图书馆事业发展重点、热点，本年度《国家图书馆学刊》新设专栏"中国图书馆学学科建设""中国古代图书馆学"，并组织策划专题"智慧图书馆理论研究""面向学龄前儿童的绘本信息组织研究"。

2022 年，《国家图书馆学刊》在《中国人文社会科学期刊 AMI 综合评价报告（2022 年）》中被评为“核心”等级，入选“2022 年度复印报刊资料高转载期刊名录”中“信息资源管理学科期刊”高转载量、高转载率和高转载指数名录。

（三）《文献》

2022 年，《文献》杂志共出版 6 期，刊发各类稿件 69 篇。在策划刊物选题方面，《文献》在本年度继续加强栏目集中化运作，力求每期成规模地揭示同类文献，并更广泛地团结各类型、各学科文献研究者。因此，第 1 期设立“出土文献研究”专栏，第 2 期设立“文学文献研究”专刊，第 3 期设立“写本文献研究”和“四库学”专栏，第 4 期设立“图像文献研究”和“目录研究”专栏，第 5 期设立“少数民族文献研究”和“《永乐大典》研究”专栏，第 6 期开设“版本研究”专刊，集中刊发相关研究文章，方便学者阅读利用与交流互助。栏目设置注重与国家重要文化政策相呼应，如“出土文献研究”聚焦中华文明探源工程，“少数民族文献研究”栏目展现对铸牢中华民族共同体意识之史料基础的建设。

另外，为共同推动文献学及刊物进一步发展，《文献》杂志于年内开设“《文献》顾问与编委论谈”专栏，刊发编委文章 3 篇。同时结合部门工作重点，加强“古籍保护”栏目建设，着力宣传中华古籍保护计划所支持的“中华古籍资源库”建设成果，发表文章 3 篇。

本年度刊物继续保持入选南京大学 CSSCI（2021—2022）、北京大学《中文核心期刊要目总览》（2020 版）、中国社会科学评价研究院核心期刊（2018 版）3 种来源期刊目录，在部分高等院校中被评定为权威刊物。根据中国知网最新发布的《中国学术期刊影响因子年报》（2022 版），《文献》杂志在“历史”“文学”“图书馆学・情报学”3 种学科类目中影响力指数排序和被引频次都比 2021 年有所提升，尤为突出的是文学类目，由 2021 年的第 19 名（总 47 家）上升至第 14 名（总 53 家）。

（四）《中国图书馆年鉴》

《中国图书馆年鉴 2022》全面反映 2021 年中国图书馆事业的发展状况。正文采用分类编辑法。设立纪事、图书馆事业、学术研究与活动、法律法规与政策性文件、专业文献、统计资料、年度大事记、图书馆活动图辑、综合索引 9 个栏目。其中“纪事”栏目重点反映国家图书馆召开学习贯彻习近平总书记给国图老专家回信精神两周年座谈会、全国智慧图书馆体系建设项目正式启动、图书馆界开展各种活动庆祝中国共产党成立 100 周年、首届丝绸之路国际图书馆联盟大会举行、“继承与创新：大学图书馆现代化新征程”学术研讨会召开等年度内在全国图书馆界产生较大影响的事件。

《中国图书馆年鉴 2022》原始稿件约 96 万字，图片 563 幅；誊清稿约 70 万字交付国家图书馆出版社出版。

（五）《国家图书馆年鉴》

《国家图书馆年鉴 2022》全面记录国家图书馆在 2021 年的工作全貌，系统、准确地反映国家图书馆 2021 年各项事业的发展情况，为读者了解和研究国家图书馆提供基础数据及资料。全书共设立综述、特别记载、党建工作、馆藏建设与管理、服务工作、国家数字图书馆建设与服务、重点文化工程及项目、文献整理与编辑出版、学术与科研、对外及与我国港澳台地区交流合作、群团工作、内部综合管理、统计资料、馆发文件、媒体报道、年度大事记、综合索引 17 个栏目。2022 卷栏目设置根据国家图书馆业务工作进行了较大调整：一是将“党建与群团活动”栏目拆分为“党建工作”和“群团工作”2 个栏目；二是将“基础业务工作”更名为“馆藏建设与管理”，“对外交流与合作”更名为“对外及与我国港澳台地区交流合作”，“重要文件选编”更名为“馆发文件”；三是删除“机构与人事管理”“设施建设与安全保卫”2 个栏目，原属于这 2 个栏目的内容归入新设立的“内部综合管理”栏目中。

《国家图书馆年鉴 2022》由国家图书馆出版社出版，全书共计 56.4 万字，图片 61 幅，统计图表 28 个。

五、国家图书馆出版社专业文献出版

国家图书馆出版社 2022 年度出版图书 216 种，比 2021 年减少 43%。其中新版书 166 种，比 2021 年减少 33%；重印书 50 种，比 2021 年减少 62%。全年销售额有所回升，发货码洋 2.25 亿元，比 2021 年增加 0.4%。

（一）重点图书的出版

2022 年，国家图书馆出版社完成《中华传统文化百部经典》之《商君书》《新书》《伤寒论》《王维集》《元好问集》《赵氏孤儿》《三国演义》《文史通义》《张载集》《通典》《汉书》《苏轼集》《后汉书》《桃花扇》《陆游集》《资治通鉴》《周易略例》17 种图书的出版；完成《国家图书馆藏敦煌遗书》高清彩印出版立项并启动；完成《中华医藏》项目第一编“养生卷”编辑工作，完成项目数据工作平台搭建；中华古籍保护计划之《全国古籍普查登记目录》出版《山东省潍坊市图书馆等二十二家收藏单位古籍普查登记目录》等 9 种 14 册，《国学基本典籍丛刊》（2021—2035 年国家古籍工作规划重点出版项目）出版《宋本李太白文集》等 7 种 23 册，“《永乐大典》存卷仿真影印”项目出版《原国立北平图书馆藏〈永乐大典〉》（第二、三辑）共 42 册，金亮藏《永乐大典》（卷 2268—2269、7391—7392）（全 2 册，特装本）；国家古籍数字化工程资助项目《永乐大典》高清影像数据库完成一期建设任务；革命文献与民国时期文献保护计划出版《近代中国科学团体资料汇编》《近代商人团体资料汇编》等 20 种 840 册。

国家图书馆出版社完成出版“十二五”国家重点图书出版规划项目《中国古籍珍本丛刊・浙江图书馆卷续编》，国家出版基金项目《国家珍贵古籍题跋丛刊》《明清宫藏丝绸之路档案图典》《明清黄河文献丛编》《浙学未刊稿丛编・第二辑・书志》，国家古籍整理出版资助项目《国家图书馆藏样式雷图档・定东陵卷》《鄂东王氏未刊稿丛编》《敦煌遗书书法选集（第一、二辑）》《美国芝加哥大学图书馆藏中文古籍善本书志・史部》，国家社科基金后期资助项目《民国时期图书馆社团研究》《〈陈氏礼记集说补正〉整理与研究》等。

（二）申报项目和参评奖项

1. 入选国家重点图书出版规划

2022 年，国家图书馆出版社申报的 25 个项目入选《2021—2035 年国家古籍工作规划》重点出版项目（参见“年度掠影”之“国家图书馆出版社 25 个项目入选《2021—2035 年国家古籍工作规划》重点出版项目”）。

2. 申报各类国家重点项目

《明清黄河文献丛编》获得 2022 年度国家出版基金资助。

《原国立北平图书馆藏〈永乐大典〉（第二、三辑）》等 6 个项目入选 2022 年度国家古籍整理出版资助项目（参见“年度掠影”之“国家图书馆出版社 6 个项目入选 2022 年度国家古籍整理出版资助项目”）。

《〈春秋左氏传旧注疏证〉点校整理》《民国图书馆学教育史事编年》2 个项目获 2022 年度国家社科基金后期资助项目出版安排。

3. 优秀图书评奖

《近代日本对华调查档案资料丛刊：第一辑　满铁调查月报》获第十三届吉林省社会科学优秀成果奖著作类一等奖;《朔方文库》获宁夏第十五届哲学社会科学优秀成果奖一等奖;《我国基本公共文化服务标准化与均等化研究》获第十七届天津市社会科学优秀成果奖一等奖;《孔氏南宗文献丛书》获浙江省第二十一届哲学社会科学优秀成果奖二等奖;《互联网时代的影像新闻研究》获广东省哲学社会科学优秀成果三等奖;《赤峰地区清代蒙满文档案汉译汇编》获赤峰市第十届社会科学优秀成果政府奖;《中华传统文化百部经典》之《论语》《老子》《诗经》入选“和全国政协委员一起读书”活动共读书目。

4. 数字出版项目

截至 2022 年底，国家图书馆出版社已建设完成“中国历史文献总库”中的“民国图书数据库”“近代报纸数据库”“近代期刊数据库”“红色文献数据库”“民国图书馆学文献数据库”“中华再造善本数据库”“中国历史人物传记资源数据库”“中国古籍影印丛书查询系统”“中国古籍图典资源库”“古籍印谱知识与印章识别系统”等数据库，并持续更新。

年度掠影

【国家图书馆出版社 6 个项目入选 2022 年度国家古籍整理出版资助项目】

3 月 28 日，全国古籍整理出版规划领导小组办公室发布《2022 年度国家古籍整理出版资助项目公告》，39 家出版单位的 77 个项目获得出版资助。国家图书馆出版社 6 个项目入选资助项目名单，包括《明清唱和诗词集丛刊》《鄂东王氏未刊稿丛编》《清代诗话珍本丛刊（第二辑）》《明清孤本戏曲选本丛刊（第二辑）》《敦煌遗书书法选集（第三、四辑）》《原国立北平图书馆藏〈永乐大典〉（第二、三辑）》。

【《明清宫藏丝绸之路档案图典》新书发布座谈会召开】

7 月 20 日，由中国第一历史档案馆、中国社会科学院古代史研究所、国家图书馆出版社共同主办的《明清宫藏丝绸之路档案图典》发布座谈会在中国第一历史档案馆举行。中国社会科学院副院长、中国历史研究院院长高翔，国家档案局副局长、中央档案馆副馆长魏洪涛，国家图书馆馆长、国家古籍保护中心主任熊远明，国家清史编纂委员会副主任朱诚如出席会议并讲话。

《明清宫藏丝绸之路档案图典》是国家社科基金重点项目“明清宫藏丝绸之路档案的整理与研究”阶段性成果，已入选国家出版基金资助项目、中国历史研究院重大项目，由中国第一历史档案馆与中国历史研究院共同编纂，国家图书馆出版社出版。该书从中国第一历史档案馆馆藏数万件涉及明清时期丝绸之路历史的珍贵档案中，甄选档案 400 余组进行深入解读，梳理出明清时期丝绸之路的八条线路，配以相关舆图、文物、历史图片及典籍记载，通过图文并茂、雅俗共赏的方式，从档案文献的视角，对明清时期的丝绸之路进行全面的历史阐释，以史料为依据，分析和阐释明清时期丝绸之路的特殊存在形式及其历史地位与意义。

【国家图书馆出版社 25 个项目入选《2021—2035 年国家古籍工作规划》重点出版项目】

10 月 7 日，全国古籍整理出版规划领导小组印发《2021—2035 年国家古籍工作规划》，遴选出首批 421 个重点出版项目，国家图书馆出版社 25 个项目入选。

入选项目包括独立承担 22 项：《杜诗文献珍本丛刊》《宋濂全集笺注》《历代诗话珍本丛刊》《复庄今乐府选全编》《孔子博物馆藏孔府档案汇编》《洪武南藏》《中华医藏》《〈永乐大典〉存卷仿真影印》《国家珍贵古籍丛刊》《中华再造善本三编》《国学基本典籍丛刊》《天津图书馆藏善本古籍丛刊》《中华古籍总目（分省卷）》《日本藏中国古籍总目》《韩国藏中国古籍总目》《欧洲主要图书馆所藏汉籍善本目录》《民国时期中国古籍整理图书总目》《南京大学藏稀见古籍目录丛刊》《中国历史研究院图书档案馆藏古籍目录》《南京图书馆善本图录》《中国古籍批校题跋著者综合索引》《中国少数民族文字古籍普查登记目录》；与其他出版社联合承担 3 项：《敦煌文献全集》（上

海古籍出版社、国家图书馆出版社、甘肃教育出版社等)、《中华传统文化百部经典》(国家图书馆出版社、科学出版社)、《经典古籍外译项目》(国家图书馆出版社、中华书局、人民文学出版社、人民卫生出版社)。其中,《〈永乐大典〉存卷仿真影印》《中华传统文化百部经典》等5个项目为2011—2020年国家古籍整理出版规划延续项目,《敦煌文献全集》《国学基本典籍丛刊》等6个项目已初具成果。

【日本对华调查档案资料整理和数字化项目】

2022年，国家图书馆承担的国家社科基金抗日战争研究专项工程项目“日本对华调查档案资料整理和数字化”完成如下工作：①完成专题子库“‘满铁剪报’类编资料数据库”的全部数据制作，其中完整收录中国社会科学院近代史研究所藏满铁剪报共计10万余页。该专题子库共包括案卷级元数据741条、文件级元数据91911条、对象数据文件104305个，各级数据相互关联，可以实现跳转。同时在元数据中完整著录剪报的题名、来源、时间、数量、语种等关键信息，便于研究者了解资料的主要内容并进行检索。②完成约10万页日本对华调查资料的数字化工作，其中包括东亚同文会编纂的调查资料约3.5万页，其他机构对华调查约6.5万页，主要涉及日本大藏省、农商务省、日伪台湾总督府、在华各地商工会议所等机构，如《民政部调查月报》等。③作为项目阶段性成果之一，在《民国文献研究》2022年第1辑发表《国家图书馆藏近代日本对华调查资料述略》一文。该文以国家图书馆藏近代日本对华调查资料为考察对象，对存藏状况、资料来源、文献特点与价值、整理出版和数字化情况进行全面考察。

【“中国传统文化图典资源库”深度标引与素材库一期建设完成】

“中国传统文化图典资源库”是国家图书馆出版社承担的2021年中央文化企业国有资本经营预算支出项目“国家文化大数据体系建设——基于历代典籍整理的中国传统文化图典深度标引与素材库建设”阶段性成果。截至2022年底，该项目累计完成5万张图像的深度标引和分类，图像来源不仅有《中华再造善本》《原北平图书馆藏甲库善本丛书》《古今图书集成》等综合性图书，还有《鸿雪因缘图记》等版画年画、文学插图，以及样式雷图档、方志(含舆图)、家谱(含人物图像、宗祠图)、印谱、佛道教典籍(含图像、版画)等，涉及古籍千余种，按照题材、地域、颜色、风格和应用场景五类设置，其中题材分为26个大类、63个小类。

该项目组织专业标引团队对5万余张古籍插图进行细粒度标引，对图片中有中华传统文化内涵的元素进行定位、识别并添加标签词说明，充分考虑到现代设计行业的需求，将古籍图片中的元素转化为当代有价值的素材，推动文化资源贸易的开展。在项目实施过程中，国家图书馆出版社聘请专家制定《中国传统文化图典标引词后控词表》以及编制规则，为国家文化大数据体系在文化素材领域提供一种参照模式。

学术与科研

- 科研项目
- 学术成果
- 博士后科研工作站
- 图书馆事业发展研究与图书馆政策研究

学术与科研

一、科研项目

（一）立项情况

2022年，国家图书馆获准立项国家社科基金项目4项，资助经费95万元；获准立项省部级科研项目1项，资助经费1万元；立项馆级项目29项，其中重点项目1项、一般项目23项、青年项目5项，资助经费54万元（参见“统计资料”之“科研项目”）。

（二）结项情况

2022年共结项22项，其中馆级项目19项、国家级项目3项（参见“统计资料”之“科研项目”）。

二、学术成果

2022年，国家图书馆员工正式发表的成果包括著作类（含参与编撰等）31部、论文270篇、专利3项。

三、博士后科研工作站

（一）制度建设

按照《国家图书馆博士后科研工作站管理办法》（国图研发〔2016〕15号）等规章制度要求开展工作，坚持对博士后在站研究成果进行学术不端检测，确保工作站工作开展的规范性。

（二）博士后进出站及日常管理情况

发布2022年招聘简章，共收到8份进站申请。组织召开进站面试会，按照严格标准、宁缺毋滥的原则，2022年进站博士后2人。年内无博士后出站。博士后科研工作站按照北京市及国家图书馆疫情防控要求，采取线上线下相结合的方式，组织召开博士后工作相关会议3场，其中开题论证会1场、进站面试会2场。

（三）人员基本情况

截至2022年底，共有合作导师4人，主要研究方向包括数字图书馆、古籍整理和保护、图书馆阅读推广、图书馆资源建设、立法和决策服务等。已出（退）站博士后31人。在站博士后4人，其研究方向均为古籍整理和保护，其中女生1人、男生3人，全职2人、兼职2人。

（四）学术交流

2022年7月，博士后刘畅参加“北京大学信息管理系建系七十五周年系庆系列学术活动：第一届全国信息资源管理博士后论坛”并做专题学术报告，报告题目为“从著录编目到数据保存与新知生成——现代图书馆古籍信息多元化管理的思考”。

四、图书馆事业发展研究与图书馆政策研究

（一）图书馆事业发展研究

1. 编纂事业发展相关出版物

国家图书馆组织编纂《国家图书馆年鉴》和《中国图书馆年鉴》；出版《中国图书馆事业发展报告·图书馆建筑卷》，启动《中国图书馆事业发展报告·全民阅读卷》编纂；推进《公共图书馆事业发展战略研究》总报告编纂出版。

在文化和旅游部财务司的支持与指导下，继续汇总、整理、分析我国公共图书馆事业发展年度数据，编制完成《2021年全国公共图书馆事业发展基础数据概览》，为全国公共图书馆事业发展主要数据及多维度对比提供分析依据，供省级以上政府主管部门领导、副省级以上公共图书馆管理者和业界研究者参阅。

协调推进纸质版《中国大百科全书》第三版“图书馆事业”分支条目修订，审核169个修改条目，撰写4个新增条目。

编辑出版发行《中国图书馆学报》《文献》《国家图书馆学刊》《文津流觞》《文津学志》《古籍保护研究》《书志》《民国文献研究》等学术刊物，促进业界学术交流和实践研究。

2. 开展事业发展重点领域专题研究

继续联合业界专家深入开展智慧图书馆理论研究，编纂《智慧图书馆标准体系建设研究》和《智慧图书馆理论研究》并交付出版。

受文化和旅游部公共服务司委托，参与“公共图书馆老年科普读物阅读推广志愿服务研究”，完成问卷调查、专家访谈及政策环境研究等工作。

开展“公共图书馆事业高质量发展研究”项目研究，围绕公共图书馆事业高质量发展的基本理论、发展现状、发展环境等方面开展调研，建设中国公共图书馆事业发展数据统计分析平台。

根据文化和旅游系统调研工作要求，征集上报国家图书馆2021年度调研成果8项、2022年度调研选题4项，撰写调研工作情况报告。

依托国家图书馆青年干部理论学习小组，围绕群众关心的“关键小事”开展调研攻关，《智能技术时代国家图书馆老年读者服务》等5项调研成果获部级奖励。

3. 组织事业发展交流活动

举办第三届中国儿童阅读发展论坛，以“公共图书馆与儿童友好城市建设”为主题，围绕儿童优先与阅读生态构建等话题展开讨论；上线“第二届国家图书馆儿童阅读指导培训班”课程，累计播放44万余次。

组织召开第十七届全国省、自治区、直辖市、较大城市图书馆馆长联席会议；联合业界举办第十三届全国知识组织与知识服务学术研讨会、第三届NSTL科技文献信息开放服务云论坛暨公益性文献保障平台的高端发展路径研讨会等学术活动。支持中国图书馆学会组织举办图书馆人才培育发展高峰会议、第十四届全民阅读论坛、全国智慧图书馆建设联席会议第二次会议等活动。

（二）图书馆政策研究

1. 提供行业内立法支撑研究

为贯彻落实中共中央办公厅、国务院办公厅《关于推进新时代古籍工作的意见》中关于“完善法治保障”的要求，推进古籍保护立法工作，国家图书馆受有关部门委托，开展“古籍保护立法研究”，组织问卷调查、专家访谈以及在北京、湖南、江苏、辽宁、广东召开的线上线下座谈会，撰写《古籍保护立法研究报告》，起草《古籍保护条例（草案）》代拟稿。

受文化和旅游部公共服务司委托，根据财政部等部门意见反复修改《公共图书馆馆藏文献信息处置管理办法》及起草说明，办法于2022年4月7日由文化和旅游部正式发布实施。面向业界，组织开展《公共图书馆馆藏文献信息处置管理办法》解读培训。联合武汉大学和湖北省图书馆研制《公共图书馆馆藏文献信息处置工作指南》。

依托中国图书馆学会公共图书馆分会政策研究专业组，以《中华人民共和国公共图书馆法》实施五周年为契机，开展文献信息交存制度和地方文献建设制度落实情况专题调研。

2. 开展图书馆相关重要领域政策研究

受文化和旅游部公共服务司委托，开展“实体书店与公共文化服务创新发展”研究，起草《关于推进实体书店公共文化服务融合发展的指导意见》，提交调研报告及政策建议。

受文化和旅游部公共服务司委托，开展“农家书屋纳入县级图书馆总分馆制建设试点”研究，起草《关于推进农家书屋纳入县级图书馆总分馆制建设试点工作通知》及实施方案和申报标准。

配合文化和旅游部政策法规司，开展关于国家图书馆著作权有关问题的调研，整理图书馆馆藏资源数字化利用和保护著作权有关问题研讨材料，组织召开图书馆馆藏资源数字化保护和利用工作座谈会。面向业界组织举办图书馆知识产权风险管理培训班。

推进国家图书馆馆藏发展政策及国家图书馆外文馆藏资源质量评价指标体系的研制工作，制定发布《国家图书馆商标专利管理实施细则（试行）》《国家图书馆关于规范数字藏品开发与发行工作的通知》《国家图书馆文书工作手册》《国家图书馆新冠肺炎疫情应急预案》《关于进一步调整馆藏非公有领域数字化资源服务政策的通知》《馆内业务工作相关版权授权文件模板》等制度文件，完成《国家图书馆网站管理办法（试行）》《国家图书馆文献资源捐赠指南与管理办法》《国家图书馆合同管理办法》《国家图书馆装订业务规范》及中国记忆项目业务流程相关工作规范等业务制度修订工作。

3. 开展行业标准规范研究

组织完成2022年度标准项目征集立项工作；参与起草《图书馆数字资源统计规范》《图书馆公共安全应急管理规范》等行业标准；参与研制的文化行业标准WH/T 96—2022《公共图书馆年度报告编制指南》正式发布实施，并面向业界组织开展培训班。

4. 搜集整理研究相关政策文件和行业发展动态

面向图书馆管理者和政府主管部门领导，跟踪报道国内外图书馆相关政策制度发布情况和图书馆事业发展动态信息，全年组织编发《图书馆决策参考》3期、《图书馆动态》20期。

编辑整理《2021年公共文化法律政策选编》，供图书馆管理者及政府主管部门领导查阅使用。

对外及与我国港澳台地区交流合作

- 对外交流合作
- 与我国港澳台地区交流合作
- 年度掠影

对外及与我国港澳台地区交流合作

一、对外交流合作

（一）业务交流与研讨

1. 双边会议及国际会议

全年参加双边会议共计 3 场：1 月 12 日，副馆长陈樱参加中国和尼日利亚政府间委员会文化和旅游分委会第一次线上会议；4 月 8 日，馆长熊远明、副馆长陈樱与西班牙国家图书馆馆长安娜·桑托斯·阿兰布鲁举行视频会议，就“数字时代的图书馆”一题进行“云对话”；11 月 30 日，馆长熊远明、副馆长陈樱与日本国立国会图书馆馆长吉永元信举行视频会议，同时两馆开展业务交流。

全年参加和举办线上国际会议共计 16 场。其中，馆领导参加的会议 11 场：2 月 18 日，副馆长陈樱参加国际图联亚洲和大洋洲地区部委员会线上工作会议，听取会议报告并参与会议交流；6 月 28 日，馆长熊远明、副馆长陈樱参加金砖国家图书馆联盟线上研讨会，熊远明做会议报告；7 月 23 日，馆长熊远明参加第六届“乌兹别克斯坦文化遗产——新复兴的基石”国际大会，并发表题为“文化遗产是可持续发展和文明间对话的重要因素”的演讲；7 月 26 日，副馆长霍瑞娟参加第 87 届世界图书馆和信息大会开幕式，作为图书馆协会管理专业组常委代表为开幕式录制开场视频；8 月 11 日，党委书记、副馆长魏大威参加国际图联知识管理专业组线上工作会议，就本专业组顾问设置、委员履职、发展规划等事务性问题进行研讨；9 月 6 日，馆长熊远明、副馆长陈樱参加第四届丝绸之路国际图书馆联盟论坛，熊远明围绕会议主题做报告；9 月 15 日，馆长熊远明参加白俄罗斯国家图书馆百年馆庆活动——“第九届‘图书馆作为一种文化现象’国际大会”，以视频形式发表大会贺词；9—10 月，第二期丝绸之路国际图书馆联盟图书馆员线上培训班举办，馆长熊远明以视频发言的形式为培训班做开班致辞；10 月 25 日，馆长熊远明、副馆长陈樱在线参加第 28 届亚洲和大洋洲地区国家图书馆馆长会议，熊远明做题为“新时代的图书馆服务创新”的专题报告；10 月 27—28 日，馆长熊远明参加第十一届上海国际图书馆论坛，发表视频致辞；11 月 15 日，馆长熊远明以视频发言的形式参加俄罗斯国家图书馆“三大洲图书馆服务”国际视频会议。

全年参加其他国际会议包括：3 月 7 日，古籍馆研究馆员田周玲参加由卡塔尔国家图书馆等主办的“纸张脱酸经验与挑战”学术研讨会线上会议；3 月 14—15 日，社会教育部副主任田苗、信息技术部高级工程师李晓鸣参加由俄罗斯科学院西伯利亚分院国立公共科技图书馆等主办的“图书馆科学技术与信息”国际科学与实践线上会议；5 月 5 日，中文采编部副主任槐燕、副研究馆员金文昌参加第 24 届国际标准连续出版物刊号组织全体大会线上会议；5 月 10—20 日，古籍馆研究馆员田周玲参加第 49 届国际标准化组织信息与文献标准化技术委员会线上大会；8 月 25 日，国际交流处副处长郝金敏、中国图书馆学会秘书处馆员李晨光参加国际图联线上全体会员大会。

2. 其他双边交流

全年参加其他双边交流活动共计 4 场，包括：3 月 16 日，“中英图书馆论坛”线上研讨会举办，国际交流处处长张煦、中国图书馆学会秘书处秘书长王雁行参加，中英双方 6 位古籍保护和修复专家在线答疑；7 月 12 日，国际交流处处长张煦代表中国国家图书馆参加俄罗斯国立外国文学图书馆线上专题研讨会，向与会俄罗斯图书馆同人介绍丝绸之路国际图书馆联盟的基本情况和发展规划；8 月 24 日，国际交流处处长张煦参加“同一片天空下——中俄边境地区作家线上研讨会”；9 月 14 日，馆长熊远明参加法国国家图书馆黎塞留馆区开幕庆祝活动，为其录制视频致辞。此外，中国国家图书馆同俄罗斯国家图书馆保持业务往来，为其办理文献传递业务。

（二）合作项目

1. 举行金砖国家图书馆联盟线上研讨会

6 月 28 日，作为 2022 年金砖国家图书馆联盟轮值主席馆，邀请联盟各成员馆馆长举行金砖国家图书馆联盟线上研讨会。中国国家图书馆馆长熊远明、巴西国家图书馆馆长路易斯・卡洛斯・拉米罗、俄罗斯国家图书馆副馆长帕维尔・卢什尼科夫、印度国家图书馆馆长阿杰・普拉塔普・辛格、南非国家图书馆馆长兼首席执行官凯比・马度莫出席会议并发言。中国国家图书馆副馆长陈樱主持会议。熊远明以“从数字图书馆到智慧图书馆——以国家图书馆为例”为题做报告，介绍智慧图书馆建设的背景、必要性，中国图书馆界建设“全国智慧图书馆体系”的主要目标、总体架构以及取得的阶段性进展。其他参会者分别介绍各馆情况、数字化藏品、数字化及人工智能应用等。中国图书馆学会交流与合作委员会委员受邀参会并听取报告。

2. 开展“中英图书馆论坛”交流项目

（1）举办 2022 中英图书馆论坛线上培训

根据《英国国家图书馆与中国国家图书馆合作计划：2021—2022 中英图书馆论坛典藏与修复技术交流》，中国国家图书馆、中国图书馆学会、英国国家图书馆继续共同举办 2022 中英图书馆论坛线上培训。中英双方共同制作 6 期培训视频并发布在 3 家主办方平台上，供中英图书馆馆员继续学习。

（2）举行“中英图书馆论坛”线上研讨会

3 月 16 日，“中英图书馆论坛”线上研讨会举办。研讨会期间，中国国家图书馆古籍馆研究馆员林世田、副研究馆员朱振彬分别就“法华经、法华经玄赞的文献价值与文化意义”“中国国家图书馆藏敦煌遗书的修复工作”视频讲座进行答疑，南京图书馆副馆长全勤就“古籍保护事业新征程　新作为”视频讲座进行答疑。此次研讨会进一步促进中英双方古籍保护和修复工作的相互了解与借鉴，为相关工作的开展带来新思路。

3. 推动“丝绸之路国际图书馆联盟”品牌建设

（1）举行第四届丝绸之路国际图书馆联盟论坛

9 月 6 日，由中国国家图书馆（丝绸之路国际图书馆联盟指导委员会办公室）指导、卡塔尔国家图书馆主办的第四届丝绸之路国际图书馆联盟论坛线上召开。此次论坛主题为“数字资源共享的实践与挑战”，中国国家图书馆馆长熊远明、卡塔尔国家图书馆馆长陈慧心、亚美尼亚国家图书馆馆长安娜·朱利安、印度尼西亚国家图书馆馆长穆罕默德·赛里夫·班多、菲律宾国家图书馆助理馆长埃德加多·奎洛斯、卡塔尔国家图书馆数字内容与参与部主任马辛·韦拉在会上做主题报告。中国国家图书馆副馆长陈樱和多位联盟成员机构的代表参加会议。熊远明在题为“共建·共享——以数字化合作助力联盟可持续性发展”的主题报告中，重点介绍中国国家图书馆在数字资源建设与服务、共享及合作等方面的情况以及联盟指导委员会办公室近一年来的主要工作，并宣布“丝绸之路数字图书馆”网站正式上线以及第二期丝绸之路国际图书馆联盟图书馆员线上培训班正式启动。此届论坛是落实2021年召开的首届丝绸之路国际图书馆联盟大会精神的重要成果。

（2）建设并上线发布“丝绸之路数字图书馆”网站

经过近一年平台搭建及内容建设，“丝绸之路数字图书馆”网站一期（http：//www.sriladlib.com/）于9月6日正式上线发布。该网站作为联盟的官方网站，不仅展示了中国国家图书馆的部分数字资源，还展示了中国陕西省图书馆“丝绸之路多媒体系列资源库”和福建省图书馆“海上丝绸之路数字文化之窗”2个专题资源库。此外，网站设有“联盟信息”模块，通过“新闻资讯”“联盟介绍”“成员机构”等栏目集中展示联盟及其成员机构的各类权威资讯和业务动态。

（3）举办第二期丝绸之路国际图书馆联盟图书馆员线上培训班

9—10月，中国国家图书馆（丝绸之路国际图书馆联盟指导委员会办公室）举办主题为“数字图书馆的建设与发展”的第二期丝绸之路国际图书馆联盟图书馆员线上培训班。中国国家图书馆馆长熊远明做开班致辞。此期培训视频共5集，来自中国浙江图书馆、沙特阿拉伯阿卜杜勒·阿齐兹国王公共图书馆、俄罗斯国立外国文学图书馆、越南国家图书馆、新加坡国家图书馆管理局的近10位数字图书馆领域专家进行授课，内容涉及数字资源建设、馆藏数字化开发、多媒体技术应用和数字化转型实践等。该系列视频已上线至“丝绸之路数字图书馆”网站，供联盟同人学习观看。

（三）人员互访

全年先后接待乌拉圭驻华大使费尔南多·卢格里斯来馆访问并赠书；接待叙利亚驻华大使穆罕默德·哈桑内·卡达姆来馆参观；接待日本出版贩卖株式会社驻京办事处经理来馆洽谈合作事宜。

二、与我国港澳台地区交流合作

（一）业务交流与研讨

2022年与港澳台地区开展交流活动2场，包括：10月26—27日，国家图书馆举办第十四次中文文献资源共建共享合作视频会议，馆长熊远明在会上做题为“智慧图书馆建设背景下中文文献资源合作共享的创新发展”的主旨报告；12 月 16 日，馆长熊远明线上参加由台湾汉学研究中心与南京图书馆共同主办的第九届玄览论坛学术研讨会，并做题为“汲古润今　培根铸魂——中国国家图书馆的经典文化推广活动”的专题报告。

（二）人员互访

全年共接待来访团 2 批次，包括：接待北京市台湾同胞联谊会到馆参观；做好由文化和旅游部组织开展的“港澳大学生文化实践活动”，安排 2 名香港在京大学生到馆实习。

年度掠影

【副馆长陈樱出席国际图联亚洲和大洋洲地区部委员会线上工作会议】

2月18日，国际图联亚洲和大洋洲地区部委员会举行线上工作会议。中国国家图书馆副馆长陈樱作为委员出席会议，与参会委员们就各项议题进行深入交流。会议传达国际图联地区理事会审议通过的《亚洲和大洋洲地区部行动计划（2021—2023）》，明确各地区部行动计划应与地区理事会行动计划保持一致，将工作重心放在“图书馆与联合国可持续发展目标”这一议程上。会议期间，委员们审议此次会议议程、上次会议纪要等工作文件，并就内部机构设置和工作流程，2022年国际图联大会安排，线上工作会议组织、沟通和交流渠道，协助国际图联发展会员等事务性问题进行研讨，为今后有效开展工作奠定基础。

【馆长熊远明会见乌拉圭驻华大使】

2月23日，中国国家图书馆馆长熊远明会见来访的乌拉圭驻华大使费尔南多・卢格里斯一行并接受赠书，副馆长陈樱参加会见。熊远明表示，乌拉圭是首个与中国签署“一带一路”合作谅解备忘录的南方共同市场国家，此次赠书是对中国国家图书馆馆藏外文文献的有益补充，为中国读者了解乌拉圭文化提供更多便利，也是中乌友好往来的历史见证。熊远明希望两国深化在图书馆领域的交流，进一步带动两国间的文化交流与合作。卢格里斯表示，中乌双方一直以来保持着友好的战略合作关系，此次向中国国家图书馆赠送文学类书籍，希望能以文学交流带动文化交流。2023年是中乌建交35周年，希望以此为契机推进两国双边关系的进一步发展。乌拉圭国家图书馆作为丝绸之路国际图书馆联盟成员，希望在今后能更多参与联盟活动，继续拓展两国图书馆间的合作。

【参加“纸张脱酸经验与挑战”学术研讨会线上会议】

3月7日，由卡塔尔国家图书馆暨国际图联保存保护中心阿拉伯国家及中东中心主办的“纸张脱酸经验与挑战”学术研讨会以线上形式召开，参加会议的100多位专家学者分别来自中国、卡塔尔、伊朗和美国等国家的图书馆和高校。中国国家图书馆古籍馆研究馆员田周玲在会上做题为“中国国家图书馆纸张脱酸进展和挑战”的发言，介绍中国国家图书馆古籍保护实验室的建设与发展，重点介绍中国国家图书馆在脱酸实践与科研方面的进展及面临的挑战。

【参加“图书馆科学技术与信息”国际科学与实践线上会议】

3月14—15日，由俄罗斯科学院西伯利亚分院国立公共科技图书馆联合俄罗斯图书馆协会等机构主办的“图书馆科学技术与信息”国际科学与实践线上会议召开，来自中国、俄罗斯、土库曼斯坦、乌兹别克斯坦、塔吉克斯坦等国家的图书馆和科学机构的100多位专家学者参加会议。中国国家图书馆社会教育部副主任田苗、信息技术部高级工程师李晓鸣参会。大会报告环节，李晓鸣以“中国国家图书馆的数字阅读”为题，重点介绍中国国家图书馆在古籍文献数字化等方面的数字资源建设工作，以及在移动阅读、国图公开课等数字阅读服务方面的工作进展。在“图书馆在研究和保存西伯利亚原住民族文字和口头遗产中的作用”圆桌会议上，田苗做“中国国家图书馆在记录和保存非物质文化遗产上的实践”主题发言，介绍中国记忆项目中心近年来开展的非遗保护实践工作。

【馆长熊远明出席第28届亚洲和大洋洲地区国家图书馆馆长会议】

10月25日，第28届亚洲和大洋洲地区国家图书馆馆长会议在印度尼西亚雅加达举行，会议主题为“图书馆服务对社会的影响：可持续发展、包容和创新”。中国国家图书馆馆长熊远明应邀线上出席会议，并做题为“新时代的图书馆服务创新”的专题报告。中国国家图书馆副馆长陈樱线上参加会议。熊远明结合中国图书馆界的探索和实践，从“拥抱现代技术，再造图书馆空间”“强化核心优势，提升知识服务能力”“主动连接社会，促进可持续发展”等3个方面分享对“图书馆服务改革创新”的思考。熊远明表示，中国图书馆界将积极响应国际图联关于图书馆与联合国2030可持续发展目标的倡议，充分发挥图书馆的专业价值，持续创新服务方式、丰富服务供给，不断为社会公众提供供需适切的高质量知识信息服务，建设“以人为中心的图书馆”，同时依托亚洲和大洋洲地区国家图书馆馆长会议等合作机制，继续加强与各国图书馆间的沟通与交流，共同推进全球图书馆服务的创新发展。

【举办第十四次中文文献资源共建共享合作会议】

10月26—27日，由国家图书馆举办的第十四次中文文献资源共建共享合作会议以视频连线方式举行。国家图书馆馆长熊远明，文化和旅游部港澳台办公室二级巡视员孔伦，国家图书馆常务副馆长张志清、副馆长陈樱，香港中央图书馆、香港大学图书馆、澳门公共图书馆管理厅、澳门图书馆暨资讯管理协会、澳门大学图书馆、台湾汉学研究中心等机构的30余名馆长和专家，以及50余位省级公共图书馆、专业图书馆、高校图书馆、其他学术机构的馆长和专家学者出席会议。

此次会议主题为“‘智’同道合，创新赋能——智慧环境下的文献资源共建共享”。熊远明在会上做题为“智慧图书馆建设背景下中文文献资源合作共享的创新发展”的主旨报告，介绍近年来全球中文文献资源共建共享的主要成绩与经验，面临新的环境和挑战，以及如何应用智慧化手段，进一步加强中文文献资源共建共享；同时期待今后与各机构继续加强交流沟通，不断完善合作机制、拓展合作范围、丰富合作内容，充分共享各方成果与经验，进一步推动中文文献资源在世界的传播和共享，共同为传承弘扬中华优秀文化、激发中华文明发展活力、促进中华文化与世界多元文化交流互鉴做出新的更大贡献。此次会议设置“特色文献资源建设与地方文化传承”“数据资源建设与知识交流服务”“中华古籍的数字化保护与利用”3个分主题，与会代表以报告和讨论的方式，深入交流各地区资源共建共享情况，互相借鉴先进理念和经验，进一步加强共识。

大会期间还召开中文文献资源共建共享合作会议第15次理事会会议，总结理事会近期工作，并商议今后工作开展计划。

【馆长熊远明与日本国立国会图书馆馆长吉永元信举行视频会议，两馆开展业务交流】

11月30日，中国国家图书馆馆长熊远明与日本国立国会图书馆馆长吉永元信举行视频会议。中国国家图书馆副馆长陈樱、日本国立国会图书馆副馆长片山信子参加。熊远明表示，中日两馆有着40多年的交流合作历史，这种长期的友好交流促进了两馆的相互了解与学习借鉴，推动了图书馆界的区域合作，树立了良好的合作典范，希望两馆本着互相理解、互相尊重、友好协商的精神，继续携手努力推进中日图书馆事业的共同发展。吉永元信表示，中日两馆业务交流具有优良的传统，日方愿意继续推动两馆的友好往来，通过交流继续分享图书馆业务的最新发展。

两馆人员延续2021年的交流，再次以“智慧图书馆的发展与建设”为主题进行视频业务交流。中国国家图书馆数字资源部主任兼信息技术部主任谢强做题为“中国国家图书馆数字资源知识化建设”的报告，日本国立国会图书馆电子情报部副部长木目沢司做题为“通过馆藏文献数字化和全文OCR数据制作开拓图书馆服务新场景以及下一步工作展望”的报告。通过交流，两馆与会者表示，智慧化转型将成为驱动图书馆创新发展的主要动力，转型过程是长期渐进的，双方应进一步深化交流合作，积极分享智慧图书馆建设的经验与成果。

群团工作

- 工会工作
- 共青团工作
- 离退休服务与管理工作
- 年度掠影

群团工作

一、工会工作

（一）深入学习贯彻习近平新时代中国特色社会主义思想

2022年，馆工会紧密结合国家图书馆实际，组织引导全馆员工深入学习宣传贯彻党的二十大精神，印发《馆工会关于深入学习宣传贯彻党的二十大精神的通知》，指导部署各分工会（基层工会）结合自身工作实际和疫情防控实际，通过专题学习会、辅导报告会、心得交流会、知识问答等多种形式，扎实细致做好学习工作。加强党的创新理论武装，引导全馆员工及时跟进学习习近平总书记重要讲话精神，不断提高政治能力。深入学习贯彻习近平总书记给国图老专家回信精神，引导全馆员工紧密结合岗位实际，自觉将回信精神融入本职工作，推进图书馆事业转型创新发展。通过学习，广大干部员工深刻领悟“两个确立”的决定性意义，增强“四个意识”、坚定“四个自信”、做到“两个维护”的自觉不断巩固。

（二）推动民主管理，完善机制建设

积极发挥职工代表大会在推进国图民主管理中的重要作用。线上召开国家图书馆第三届职工代表大会第一次全体会议，审议并通过《2022年度国家图书馆工作要点》和《国家图书馆2021年度财务工作报告》。协调指导各分工会（基层工会）委员会完善调整班子配置，加强基层工会组织建设。与相关部门一道落实馆领导办好员工食堂的有关要求，组织部分分工会委员通过座谈交流等方式，进一步增进员工与食堂的交流理解，畅通沟通方式，促进良性互动。

（三）围绕全馆工作大局，广泛开展群众性文体活动

围绕庆祝党的二十大胜利召开主题，举办“喜迎二十大　奋进新征程”国家图书馆第十三届员工艺术节，开展“笔墨书韵　墨香润心”员工书画比赛、“菁航逐梦　实干先行”员工摄影比赛和“喜迎二十大　建功新时代”员工云端文化艺术展演。在整体组织协调的基础上，引导鼓励各分工会（基层工会）及各健身社团因地制宜地开展系列群众性健身活动，各分工会（基层工会）举办了灵活多样的群众体育活动。

（四）关心群众生活，努力把工会建设成员工之家

馆工会努力发挥桥梁纽带作用，依托“我为群众办实事”实践活动，围绕民生问题，积极主动开展工作，不断提升服务水平。结合节日时间点开展相关活动，增进员工凝聚力和归属感。开展“国图女性话初心　逐梦冬奥绽芳华”三八妇女节系列活动；举办员工暑期亲子研学活动，增强员工凝聚力和归属感；八一建军节，馆工会对全馆在职复转军人给予慰问；开展生日慰问活动，

向在编在岗的员工发放生日慰问品，表达国图对员工的关怀慰问；为会员办理公园年卡和购买电影券，丰富员工文娱生活。结合常态化疫情防控相关要求，进一步加强母婴室、健身房、员工活动室等员工活动场所管理，有力支持群众文体活动的开展。做好全体员工的节日慰问，持续深入开展员工慰问和“送温暖”活动，完善慰问走访工作机制，加大工作力度，健全“馆—部门”两级慰问工作机制。

（五）加强自身建设，提高工作水平

加强工会干部队伍建设，围绕学习贯彻习近平新时代中国特色社会主义思想和党的二十大精神，通过线上线下学习相结合的方式，进一步提高广大工会干部思想政治水平；自觉坚持党委对工会工作的统一领导，进一步提高工会干部专业精神和履职能力。按照中华全国总工会印发的《基层工会经费收支管理办法》《中央和国家机关基层工会经费收支管理实施细则（试行）》要求和国图财务管理相关政策，进一步加强工会经费管理，严格落实中央八项规定精神，确保工会经费使用合规高效。

二、共青团工作

（一）加强理论武装，深入学习宣传贯彻党的二十大精神

深入学习习近平新时代中国特色社会主义思想，深入学习宣传贯彻党的二十大精神，认真落实习近平总书记给国图老专家回信精神。馆团委组织各团支部学习习近平总书记在中央党校中青年干部培训班开班式上的重要讲话精神。组织团员青年观看庆祝中国共产主义青年团成立100周年大会直播，深入学习贯彻习近平总书记在大会上的重要讲话精神。组织青年干部参加文化和旅游部青年干部座谈会，引领团员青年深入学习胡和平同志关于青年工作的讲话精神。根据《馆团委开展“喜迎二十大、永远跟党走、奋进新征程”庆祝中国共青团成立100周年系列活动方案》，开展专题学习，组织红色参观，讲授主题团课，撰写学习心得。组织团委、团支部深入学习党的二十大精神，组织团员青年参加中央和国家机关工委宣讲交流会、文化和旅游部培训班、国图宣讲和学习推进会，向团员青年发放《党的二十大学习辅导读本》等学习用书。通过全面深入学习，全馆团员青年深刻领悟“两个确立”的决定性意义，进一步增强“四个意识”、坚定“四个自信”、做到“两个维护”。

（二）加强团组织建设，不断提升团组织凝聚力和战斗力

协助文化和旅游部直属机关团委做好文化和旅游部“智慧团建”系统管理和应用工作，推进共青团信息化建设。落实共青团各项制度，规范基础团务，顺利完成各团支部2022年度团费收缴及团员信息统计报送工作。规范团支部建设，完成部分团支部换届、支委补选等工作。做好青年文明号建设工作，典藏阅览部外文文献阅览组、立法和决策服务部国防与外交组获得一星级全国青年文明号称号。开展国家图书馆团委“两优一先”评选工作，表彰先进，树立典型，弘扬传承

国图精神，共3个集体、33位个人获得奖励。

（三）围绕中心工作，以青春担当助力图书馆事业发展

举办国家图书馆第六届青年学术论坛，以“传承·创新·开放——图书馆智慧化转型时代背景下的青年责任与使命”为主题，立足本职岗位，分享交流青年学术成果，共收到相关学术论文200篇，经专家综合评审，选取96篇优秀论文结集出版。开展“学查改”专项工作，组织团员青年参加“青年学习汇”第35期线上集中交流活动，组织青年参与机关党委“关键小事”调研活动，国图申报的5篇调研成果荣获一等奖1篇、二等奖3篇、三等奖1篇；在2022年度文化和旅游部“根在基层”青年干部调研实践活动中，馆团委组织团员青年开展社会调研实践活动，其中“新媒体时代基层红色文献传播与推广”调研报告入围部系统20佳报告。通过“关键小事”“根在基层”调研及各支部各类创新活动，团员青年坚持学用结合，结合扎实的调研，提出改进工作的对策建议，为图书馆事业“改进提高”做出切实贡献。

（四）心系团员青年，紧扣服务青年工作生命线

组织团员青年参观“奋进新时代”主题成就展，引领团员青年深刻领会过去5年的工作和新时代10年的伟大变革，激发青年人爱国爱岗的热情。联合团支部开展团员青年短视频竞赛学习活动，组织团员青年开展文献调整搬迁等志愿服务活动。拓展青年交流交往渠道，组织青年参加“青春相伴　绿色同行”“文旅之约　缘定长城”“文旅之约　电科同行”等相关联谊活动。组织新入馆员工破冰团建活动，联合团支部开展系列迎新培训、参观等活动，引导新员工尽快适应工作环境，顺利完成角色转换，收获职业生涯的良好开端。

三、离退休服务与管理工作

2022年，国家图书馆离退休干部工作坚持“围绕中心，服务大局”，做好各项服务保障工作，加强离退休干部党支部建设，与时俱进优化提升服务质量，推进老干部工作信息化、精准化、规范化建设，助力老同志深入践行文化养老，维护老干部队伍整体和谐稳定，按照年度计划扎实推进老干部工作。

（一）基础服务

截至2022年底，国家图书馆共有离退休员工1213人，含离休员工25人、退休员工1188人。离退休干部处全年共接收新退休员工38人；为老同志办理就近就医医院及社区卫生服务中心登记备案及变更手续158人次；为年满80、90周岁老同志祝寿19人次，通过各种形式慰问离退休生病人员、困难员工等187人次；协助过世离退休员工家属办理后事32人次；发放退休员工独生子女费19人次共计19000元；发放医药费补贴20人共计23564元；完成老同志家属入党政审10人；协助老同志办理其他证明5人；上报文化和旅游部离退休干部局年度离退休干部统计表；完

成2022年元旦春节老艺术家困难补助名单、归侨侨眷慰问名单上报及走访慰问工作；协助文化和旅游部人事司办理相关对象优待证申领发放通知工作；参加文化和旅游部涉老法律专项培训、馆文书及兼职档案员培训等20人次；组织全体离退休员工开展体检；为离退休女员工发放三八节礼物；开展网络安全攻防演习，提高网络安全应用及保障能力。

（二）党建工作

离退休干部处党支部根据文化和旅游部党组及馆党委安排部署，以习近平新时代中国特色社会主义思想为指引，组织支部党员通过读原文悟原理、撰写心得体会、举行小组讨论等形式，深入学习贯彻党的二十大精神，全面学习贯彻习近平总书记在中国共产党第二十次全国代表大会上的报告精神，深入学习习近平总书记《在党的十九届六中全会精神专题研讨班上的重要讲话》《在党的十九届六中全会第二次全体会议上的重要讲话》《中共中央关于党的百年奋斗重大成就和历史经验的决议》《论把握新发展阶段、贯彻新发展理念、构建新发展格局》《习近平关于文化和旅游工作重要论述摘编（2021年）》等重要讲话及相关文件，贯彻落实习近平总书记给国图老专家回信精神等，引导老同志将忠诚拥护“两个确立”转化为坚定做到“两个维护”的实际行动；组织学习《关于加强新时代离退休干部党的建设工作的意见》；高度重视离退休员工意识形态工作，及时梳理党支部意识形态工作成效、风险点及解决方案，加强对离退休员工“书写岁月”小程序的内容审核及政治把关，巩固壮大奋进新时代的主流思想舆论；向文化和旅游部离退休干部局提交《国家图书馆离退休干部“建言二十大”座谈报告》《国家图书馆离退休干部党建工作总结》；通过馆领导及工作人员走访慰问，为10名离退休党员颁发“光荣在党50年”纪念章；协助老党员刘湘生向中组部交纳特殊党费；开展离退休党员《红色文旅年华》访谈成果宣发工作。

2022年10月，党的二十大在北京胜利闭幕。前期，离退休干部处党支部完成文化和旅游部出席党的二十大代表，中央和国家机关党代表会议代表候选人预备人员推荐提名工作；组织离退休老同志参加文化和旅游部系统“喜迎二十大　永远跟党走”书画作品投稿、馆“喜迎二十大　建功新时代”文化艺术展演；组织开展“建言二十大”和“我看中国特色社会新时代”线上座谈活动，离退休员工畅谈党的十八大以来党和国家各项事业特别是文化和旅游事业取得的历史性成就、发生的历史性变革，抒发对中国特色社会主义新时代发展变化的真实看法、真切感受和真心认同，对文化和旅游工作及其他方面工作提出意见建议。支部组织离退休党员、在职党员干部于党的二十大开幕当日，通过电视广播、各新闻网站、新媒体平台等多种方式观看大会直播，并在会议结束后通过党小组活动、集体学习、线上研讨等方式，深入学习贯彻党的二十大精神，营造浓厚学习氛围。

（三）重点工作

2022年春节期间，根据疫情防控工作相关精神，国家图书馆取消现场团拜会，由各部处结合实际情况，采取电话慰问、上门慰问、邮寄慰问品等方式酌情开展慰问，转达馆领导班子的亲切关怀，让老同志们体会国家图书馆大家庭的温情，感受到组织的重视和牵挂。在整体财政形势严峻的情况下，克服困难为老同志发放春节慰问金，充分体现了馆领导班子以及全体员工对老同志的关心与厚爱。离退休干部处还从老同志身体状况、离退休金水平、医药费报销额度等出发，筛选出困难员工发放补助，缓解他们的生活压力。1月14日，在新春佳节来临之际，国家图书馆召开离退休员工座谈会，30余名离退休员工代表和相关部处负责同志参加会议。馆长熊远明代表馆领导班子向全体离退休干部员工表示亲切慰问和新春祝福，并对老同志长期以来为国图事业发展做出的重要贡献表示崇高的敬意和衷心的感谢。在中秋国庆“双节”期间，离退休干部处代表馆领导班子和全体员工，通过上门走访、电话连线、视频通话等形式，慰问老专家、老领导、离休干部、居住在敬老院的老同志等60余人。

为满足老同志日益增长的养老服务需求，经过实际需求调研，完成离退休党群服务管理系统升级，新增报销预约、通知公告留言、优化访问统计等功能，同时在“书写岁月”小程序开展银杏摄影之家线上季赛投票，及时发布老同志关心的通知公告等资讯，切实将“指尖上的服务”精神贯彻到底，在提高管理系统激活率的同时，增强用户黏性。

9月9日，在习近平总书记给国图老专家回信三周年暨国家图书馆建馆113周年之际，根据馆里统一工作部署，离退休干部处联系邀请老同志代表参加馆庆升旗仪式，参加学习贯彻习近平总书记给国图老专家回信精神三周年座谈会并在会上发言，充分发挥老同志模范表率作用，贯彻落实习近平总书记系列重要讲话，传承弘扬国图精神。

（四）文化康养

离退休干部处高度重视宣传工作，通过《中国老年文化》和《国家图书馆通讯》“书写岁月”小程序等平台，发表老同志书法、摄影、篆刻、诗歌等作品及相关文章；积极组织离退休老同志参与国家图书馆第六届金色年华老干部摄影大赛（线上），鼓励大家用优秀的摄影作品去定格美好生活，展现广大离退休干部退休不褪色，夕阳更生辉，积极向上的精神面貌；与文化和旅游部离退休干部局开展业务交流，筹办开设老干部活动站相关事宜，持续增强老同志参与感、幸福感；与燕达金色年华健康养护中心、北京健康保护协会续签合作框架协议，为老同志提供养护、助餐、助浴、助洁、助医、助急等专业社会化养老服务；组织老同志参观“邂逅·美索不达米亚——叙利亚古代文物精品展”，丰富老同志精神文化生活。

离退休干部处积极支持离退休社团在做好疫情防控前提下，开展丰富多彩的线上线下活动。银杏摄影之家组织圆明园、古北水镇、云岫谷景区等外拍采风活动，开展“春花烂漫我来拍”“镜头里的北京秋天”摄影作品展示周，印制“银杏十年”纪念册，开展线上常规季赛评选活动，为昌平圣学图书馆捐赠图书；书香舞蹈队开展线上课程学习，排练《吉祥牧歌》《欢乐手鼓》《茉莉芬芳》等舞蹈，参加海淀区第十三届文明市民艺术节、国家图书馆第十三届员工艺术节、紫竹院社区文艺汇演等；夕阳红合唱团在日常训练中增进老同志艺术修养，使其感受欢乐、收获和进步；卓越乒乓球队坚持每周定期训练，让成员在提高球技的同时不断增进友谊，不定期举办趣味性比赛，激励会员人人参与活动。

年度掠影

【举办国家图书馆第六届青年学术论坛】

6月21日，国家图书馆团委举办国家图书馆第六届青年学术论坛，主题为“传承·创新·开放——图书馆智慧化转型时代背景下的青年责任与使命”。文化和旅游部直属机关党委和国家图书馆领导，以及各部处主任、征文获奖代表和团员青年代表等60人参加论坛。论坛邀请专家做题为“中国传统文化的青春化与创意传播”的专题报告，组织4位获奖代表报告分享交流研究经验、拓宽视野与思维，进一步引导广大青年员工立足岗位，围绕“十四五”规划，贡献青春力量。此届论坛征文以习近平新时代中国特色社会主义思想为指导，以立足本职岗位，积极推进全馆各项事业高质量发展，把握智慧图书馆建设发展机遇不断成长成才为主旨，面向全馆青年员工征稿，分享交流青年学术成果，共收到相关学术论文200篇，选取96篇优秀论文结集出版。

【为老党员颁发“光荣在党50年”纪念章】

2022年七一前夕，国家图书馆馆长、党委副书记熊远明，党委书记、副馆长魏大威代表馆领导班子走访慰问获得“光荣在党50年”纪念章的老党员代表，向他们颁发纪念章，并向全体获得纪念章的老党员致以诚挚的问候、衷心的感谢和崇高的敬意，号召全馆员工结合党史学习教育，以获得荣誉的老党员为榜样，传承发扬党的优良传统，激发砥砺前进的精神动力，为推动新时代国家图书馆事业转型创新发展做出新的更大贡献。老同志们表示，领取到纪念章是荣誉更是激励，要继续为党和人民服务，永远听党话、跟党走，将进一步增强党性意识，为党的事业奋斗终身。颁发“光荣在党50年”纪念章，是对老党员、老前辈的一次集体致敬，也是对国家图书馆党员干部的一次党性洗礼，对于进一步传承红色基因，赓续共产党人精神血脉，增强广大党员的荣誉感、归属感、使命感，汇聚建设社会主义文化强国的磅礴力量，具有重要意义。

【举办国家图书馆第十三届员工艺术节】

“喜迎二十大　奋进新征程”国家图书馆第十三届员工艺术节于8—10月举办。此届艺术节由“笔墨书韵　墨香润心”员工书画比赛、“菁航逐梦　实干先行”员工摄影比赛和“喜迎二十大　建功新时代”员工云端文化艺术展演3个部分组成，自8月馆工会印发活动方案以来，各项活动得到全馆各分工会、基层工会及广大员工的积极响应，共有800余人次参与。其中，征集到书画作品100余幅、摄影作品500余幅；此次员工文化艺术展演则是首次采用云端展演形式进行，各分工会、基层工会广泛调动员工的热情和创造力，共同编排了一场匠心独运的演出，舞蹈、舞台剧、朗诵、合唱、戏曲等节目异彩纷呈。9月下旬，经过2个月的努力创作和艰苦排演，240余名演员完成“喜迎二十大　建功新时代”员工云端文化艺术展演节目录制，并于后期进行线上展示。

【开展中秋国庆“双节”慰问】

2022年中秋国庆“双节”前夕，国家图书馆离退休干部处代表馆领导班子和全体在职员工，实地走访慰问退休老专家、老领导、离休干部、居住在敬老院的老同志等60余人，了解他们的身体状况、居住环境、生活条件等，向各位老领导、老同志汇报国家图书馆一年来贯彻落实习近平总书记给国图老专家回信精神取得的重要成就，以及推动全国图书馆事业呈现出的蓬勃发展新气象，感谢他们长期以来对国图各项工作的关心支持，叮嘱老同志们保重身体，做好对疫情防护，保持老骥伏枥、老当益壮的健康心态，为开启新时代国图新征程继续贡献智慧和力量。

内部综合管理

- 机构与人事管理
- 审计工作
- 法务工作
- 基建工程
- 安全保卫
- 后勤服务保障
- 年度掠影

内部综合管理

一、机构与人事管理

（一）机构设置与调整

1. 为进一步加强协调机构的职能定位，优化成员构成，统筹开展好全馆相关工作，经2022年第2次馆务会研究通过国家图书馆协调机构调整方案，共设置8个协调机构，具体包括：国家图书馆安全工作领导小组、国家图书馆学术委员会、国家图书馆服务工作委员会、国家文献储备库建设工程领导小组、国家图书馆创收工作领导小组、国际图联保存保护中心中国中心领导小组、国家图书馆计划生育委员会、国家图书馆厉行节约制止浪费工作小组。其中国家图书馆安全工作领导小组下设6个专项组，分别为：安全生产组、网络安全组（国家图书馆网络安全和信息化领导小组）、保密安全组（国家图书馆保密工作领导小组）、卫生健康组（国家图书馆爱国卫生运动委员会）、财务内控组（国家图书馆内部控制建设工作领导小组）、疫情防控组（国家图书馆疫情防控工作领导小组）。

按照馆务会要求，凡工作可以交由现有机构承担或由现有机构进行协调可以解决问题的，不另设立协调机构；协调机构中属职务出任的，按任职情况进行调整。

2. 为进一步拓展业务职能，更好地面向社会开展专业化服务，打造国家图书馆知识产权信息服务品牌，促进事业发展，经馆务会研究，同意参考咨询部知识产权信息服务组加挂“国家图书馆知识产权信息服务中心”牌子；为推动国家图书馆藏《山海经》文献整理、学术价值、商业化应用等研究，推动中华优秀传统文化创造性转化与创新性发展，经馆务会研究，同意古籍馆经典文化推广组加挂“《山海经》文化研究中心”牌子。

（二）专业技术人员岗位分级聘用

为进一步优化国家图书馆专业技术人才队伍，拓宽专业技术人才职业发展通道，更好地激励引导优秀专业技术人才发挥引领和示范作用，服务于国家图书馆转型和创新发展的需要，国家图书馆启动并组织实施2022年度专业技术人员岗位分级聘用工作。这也是自2009年实施专业技术人员岗位入轨后，时隔12年再次启动岗位分级聘用，意义重大。

为落实好此次专业技术岗位分级聘用工作，在充分调研、广泛征求意见基础上，完成制定《国家图书馆专业技术人员岗位分级聘用管理办法》《国家图书馆2022年度专业技术人员岗位分级聘用工作方案》等一系列配套方案和措施。创新评审方式，专门制定《岗位分级聘用量化赋分综合考评标准》，促进更加科学、规范、全面地评价人才。经部处专业技术岗位评议专家小组、国家图书馆专业技术岗位评议专家委员会推荐评审，国家图书馆2022年第40次馆务会研究确定，并经文化和旅游部审核同意，国家图书馆2022年度聘任：专业技术二级岗位4人、专业技术三级岗位8人；专业技术五级岗位16人，六级岗29人，八级岗位49人，九级岗位71人。

处级机构：33个
科级机构：109个

国家图书馆内设机构设置图

（2022年12月31日）

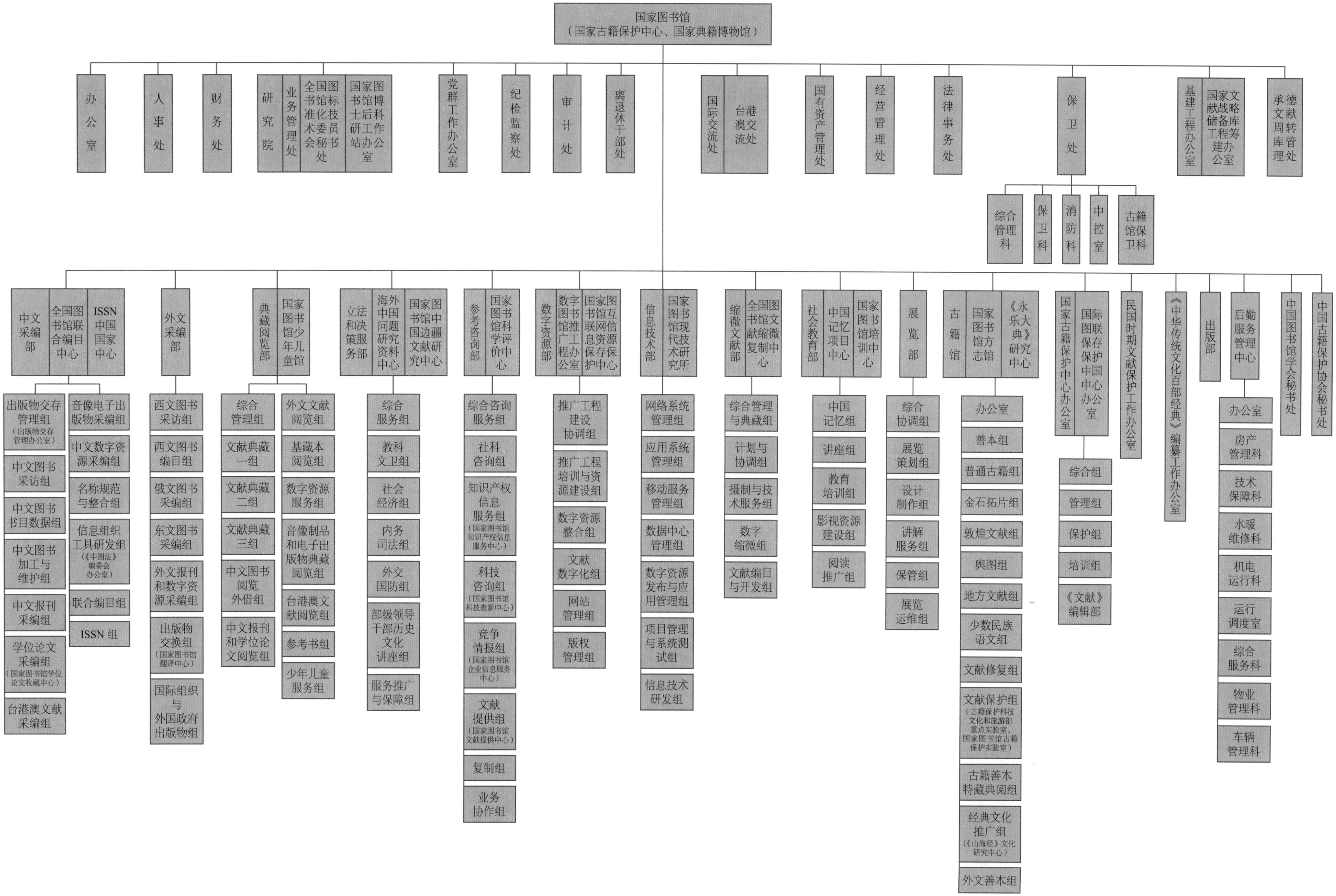

（三）干部管理

根据文化和旅游部对直属事业单位人事管理的规定和要求，贯彻新时代党的组织路线，进一步做好干部聘任调整，切实做好选人用人工作。全年共完成 27 名处级干部聘任工作，其中，正处级干部调整 1 人，副处级干部提任 25 人、调入馆 1 人。完成 3 名处级干部的任职转正，为进一步推动国家图书馆各项业务工作发展提供切实的组织保障。特别是在统筹谋划和前期研判的基础上，对办公室副主任等 24 个岗位进行集中公开竞聘上岗，通过演讲答辩、民主测评、考察等环节，公开公正选聘中层干部，为继续做好选人用人工作积累了经验。

（四）职称评审

按照文化和旅游部关于职称评审工作的统一部署，组织完成 2022 年度职称评审和推荐工作。本年度共有 188 人申报评审，其中有 10 人晋升正高级专业技术职称资格，72 人晋升副高级专业技术职称资格，10 人晋升或转任中级专业技术职称资格。49 人完成专业技术职称资格初聘。

二、审计工作

（一）审计实施和问题整改督查工作

2022 年全年开展审计工作 5 项，包括原馆领导任期经济责任审计 1 项，重要财务制度落实情况审计 1 项，国图出版社及馆属企业财务报表审计 1 项，国家社会科学基金项目鉴定结项审计 2 项。开展 1 项整改督查工作，为主要领导干部经济责任审计整改情况“回头看”工作。开展内部审计统计工作 2 次，分别统计 2021 年度和 2022 年上半年国家图书馆本级、国家图书馆现代技术研究所、国家图书馆出版社和 5 家馆属企业内部审计情况。持续健全审计发现问题台账，从细从实加强历次审计发现问题台账建设、维护和管理工作，对台账已有信息持续梳理、完善、优化、更新，补充新完成审计项目信息，为审计发现问题整改督查工作奠定良好基础，提高审计发现问题整改督查工作效率。

（二）绩效监督工作

1. 绩效自评

开展国家图书馆 2021 年度单位整体支出和 19 个预算项目支出绩效自评工作。通过项目绩效自评，促进各项目负责部处对项目管理进行自省和全方位梳理，查找存在的问题，提升财政资金使用效益。

2. 绩效监控

开展国家图书馆 2022 年 18 个项目 1—7 月的支出绩效目标执行监控工作。通过绩效监控，跟踪年初设定的绩效目标完成情况，查找资金使用和业务管理中的薄弱环节，及时发现和纠正绩效目标执行偏差，弥补管理漏洞，促进预算管理、财务管理和项目管理有机融合，有效提高项目资金的使用绩效和管理水平，进一步促进全年绩效目标如期实现。

3. 绩效评价

配合文化和旅游部财务司，按要求提供文化和旅游部部门整体支出绩效评价所需国家图书馆负责的材料。

（三）财务考评工作

开展 2022 年度财务考评工作。通过财务考评，以考评指标标准对照实际工作，进一步改进和完善预算管理、资产管理、政府采购管理、内部控制建设、基本建设、决算管理、财务基础工作等相关工作，提升财务管理水平。

（四）内部控制评价工作

编报国家图书馆 2021 年度内部控制报告。全面梳理国家图书馆内部控制流程和制度建立情况，重点梳理权力集中的重点领域和关键岗位建立制衡机制的情况、职责分离和主要风险管控情况、内部控制制度的执行情况，进一步分析查找出内部控制的薄弱环节和关键点，对内部控制建立与实施情况进行监督，对内部控制制度和体系有效性进行评价。建立内部控制建设问题台账，提高内部控制发现问题整改督查工作效率。

（五）经济风险评估工作

制订《国家图书馆 2022 年度经济活动风险评估工作方案》。通过开展经济活动风险评估，进一步完善内部控制体系建设，提高内部控制管理科学化、规范化水平，有效防范化解经济和业务活动风险，确保资金和资产安全。

（六）其他监督检查工作

对 22 个政府采购项目采购需求和采购实施计划进行风险审查。参加文化和旅游部公共文化领域核心绩效指标和标准研究现场调研会。反馈《国家图书馆馆属企业监督管理办法》修改意见。

三、法务工作

（一）案件处理

2022 年全年共计处理案件 44 件，其中：诉讼案件 43 件，仲裁案件 1 件；在审案件 2 件，结案 42 件（含裁判结案 3 件、和解和自行撤诉结案 39 件）。所有案件中，知识产权纠纷 40 件、人事及劳动争议 1 件、工程合同纠纷 1 件、人身损害赔偿纠纷 2 件。全年共处理侵权投诉事件 4 件。全年共协助有关司法和行政机关案件调查 5 件。

（二）法律服务与重点合同审查

发挥专业优势，与外聘律师密切配合，为全馆提供优质高效的法律咨询服务，咨询范围涵盖重点合同审查、资源建设与服务、采购需求风险审查、规章制度的制修订、重要合同文本的制修订、为全馆对外重要事件的磋商和谈判提供法律支持等。

每月底向馆内各部处发布下月律师到馆安排以提高咨询服务效率，协调各部处与馆聘律师的法律事务对接，加强内控管理。

（三）参与重大决策的法律风险评估

针对国家版本馆借展事项，会同馆聘律师顾问，对工作中涉及的法律法规、政策文件进行检索梳理和研究分析，为依法依规开展该项工作提出意见建议，做好法律服务保障。

（四）外聘律师服务

全年外聘律师共计出具正式法律意见书 47 份，出具律师函 2 封。审核合同 1468 件次，提出审核意见 2039 条；协助处理国家图书馆日常重要事项 8 件，代理国家图书馆诉讼案件 2 件，回复邮件咨询或到馆咨询若干，切实发挥外聘律师管控全馆法律风险的重要作用。

（五）获奖情况

2022 年，法律事务处被评为文化和旅游系统“七五”普法先进单位。

四、基建工程

（一）北平图书馆旧址修缮工程获得立项

6 月，国家图书馆经北京市西城区文化和旅游局、北京市文物局向国家文物局报送《北平图书馆旧址安防升级改造工程设计方案》《北平图书馆旧址消防升级改造工程设计方案》。7 月，编制《北平图书馆旧址（北京图书馆主楼）文物保护单位演变材料汇编》《接建书库资料汇编》，厘清北平图书馆旧址文物保护范围，重新界定文津楼后楼的文物建筑属性，经国家文物局确认北平图书馆旧址文津楼整体（“王”字形）为全国重点文物保护单位。8 月，着手编制《原北平图书馆建设资料汇编》。经过前期调研和查询获悉，原北平图书馆建设的原始资料主要保存在国家图书馆、北京市档案馆、中国第二历史档案馆。同月，在国家文物局大力支持下，“北平图书馆旧址主楼建筑本体保护修缮工程”名称调整为“北平图书馆旧址保护修缮工程”，重新编报计划书。9 月，文化和旅游部副部长饶权召开 2022 年第 52 次文化和旅游部部长办公会，专题研究北平图书馆旧址修缮工程有关情况，提出以文津楼文物建筑修缮为核心重点，统筹规划，分步实施，完成北平图书馆旧址整体院落的综合整治与提升工作，要深入研究筹划项目修缮后的活化利用问题。同月，国家图书馆依托新计划书，重新编制设计方案。10 月，《北平图书馆旧址保护修缮工程设计方案》《北平图书馆旧址安防升级改造工程设计方案》《北平图书馆旧址消防升级改造工程设计方案》3 个工程设计方案陆续获得国家文物局批复同意，正式立项，列入国家文物保护专项资金资助计划。11 月，完善北平图书馆旧址保护修缮工程、北平图书馆旧址消防升级改造工程技术方案，获得北京市文物局的核准。完成修缮工程预算的上报以及 2023 年度前期工作预算的申请。10

月，编制完成北平图书馆旧址保护修缮工程、北平图书馆旧址安防升级改造工程、北平图书馆旧址消防升级改造工程3个工程预算，共计29314.53万元；同时，向国家文物局申请2023年度北平图书馆旧址保护修缮工程前期工作预算908万元。结合2023年度预算申报情况，制订北平图书馆旧址2023—2024年开工前各项工作的具体计划，在文化和旅游部财务司指导下，编制完成《北平图书馆旧址整体院落综合整治与提升工作方案》。全年共组织现场踏勘14次，召开方案讨论会16次，累计编制、调整保护修缮工程设计方案6版、安防升级改造工程设计方案3版、消防升级改造工程设计方案3版。

（二）一期维修改造工程收尾工作

2月，国家图书馆收到馆一期维修改造工程施工合同纠纷仲裁的裁决书。为此，文化和旅游部副部长饶权主持召开专题部长办公会，对裁决意见提出指导意见，要求从国家和单位事业发展大局出发，互相理解，相向而行，共同处理好遗留问题。同时，国家图书馆分别召开第9次、10次馆务会，听取汇报，并对结余资金支付等下一步工作做出安排。4月，一期维修改造工程施工总承包单位中国新兴建设开发有限责任公司（以下简称“新兴公司”）主持召开交流会，双方一致同意以高度负责任的态度，妥善解决问题。随后，副馆长张军两次主持会议，就资金支付安排、利息免减止等焦点问题同新兴公司交换具体意见。6月，馆长熊远明带队赴新兴公司协商，双方就支付工作达成一致意见。经谈判，国家图书馆于8月与新兴公司签署《国家图书馆一期维修改造工程施工总承包合同补充协议（2022年）》。

（三）制定基建项目变更洽商管理办法

为加强基本建设项目管理，严格控制工程投资，在总结和吸取国家图书馆重点工程管理工作经验基础上，于2021年12月启动《国家图书馆基本建设项目变更洽商管理办法（试行）》的起草工作。2022年2月，编制完成草案，在向馆内相关部处征求第一轮意见的基础上进行修订。5月，机选馆外专家对修订稿进行匿名评审，根据评审意见进行完善。7月，向馆内相关部处征求第二轮意见。8月，进一步完善具体条款，形成上报稿。在此过程中征求馆聘律师的意见并进行法务审查。12月，该管理办法经2022年第49次馆务会审议通过并印发，从变更洽商的基本原则、审批程序、价款调整、审批权限、责任追究等5个方面，对国家图书馆基本建设项目变更洽商管理工作进行规定，规范变更洽商管理行为。

（四）争取重启国家文献战略储备库建设工程

2022年4月，国家图书馆根据河北省承德县自然资源和规划局所发《闲置土地调查通知书》的要求，向承德县自然资源和规划局报送《国家图书馆关于国家文献战略储备库建设工程建设用地情况的函》及佐证材料，汇报工程进展情况和证明未存在土地闲置情况。9月，根据文化和旅游部财务司转来的《国家发展改革委社会司对推进国家文献战略储备库项目的意见》要求，详细梳理工程投资、土地、承德文献周转库等情况，分析目前面临的困难，阐明立场，并提出下一步工作建议，形成《国家图书馆关于国家文献战略储备库项目反馈意见的函》，报送文化和旅游部并恳请协调推进项目重启工作。

（五）做好国家图书馆工程项目调度管理工作

2022年，每季度定期向文化和旅游部报送直属单位工程项目调度会汇报材料，自8月起每周五定期报送《北平图书馆旧址项目周报》，自9月起每月定期报送国家图书馆工程项目月度完成情况及计划进度的报告。7月，完成国家图书馆工程项目调度会组织工作。

（六）推进总馆北区三层室外平台设施改造项目各项工作

根据2022年第49次、第55次馆长办公会和第37次馆务会精神，基建工程办公室牵头，会同后勤服务管理中心、北京国图创新文化服务有限公司组建项目组统筹协调推进总馆北区三层室外平台设施改造项目，先后5次召开专题会、8次现场踏勘和任务细化，编制完成改造方案，选定施工单位，审核完成工程预算，起草并报送相关施工合同。完成《国家图书馆总馆北区三层室外平台夜景照明灯具拆改合同》《国家图书馆总馆北区三层室外平台基础设施改造工程合同》的馆内审批流程。

五、安全保卫

（一）常态化疫情防控下的治安工作

1. 配合做好疫情防控工作

国家图书馆严格落实“员工48小时核酸入馆”“进返京人员7天3不”“全口径人员数据统计”等相关要求，加强人员入馆入楼的检查力度，坚守防疫成果。保卫干部在每日入馆高峰期，深入一线与安保人员共同值守，做好“双码查验”。为优化读者入馆体验，4月在读者入口加装2套能同时检测20人体温的红外测温设备，更换2台安检机和10台安检仪。5月和12月全馆居家办公期间，保卫干部坚守一线，及时制订计划并调整方案，圆满完成保卫、消防和中控值班正常运行，确保全馆安全无事故。

2. 治安工作

（1）重大活动安保任务

2022年，完成“年华易老　技忆永存——第四届国家级非物质文化遗产代表性传承人记录工作成果展映月暨工作回顾展”“邂逅・美索不达米亚——叙利亚古代文物精品展”“经典，予生活以诗意——文津经典诵读十周年主题展”等大型展览的现场安保工作；完成国家图书馆藏清宫“天禄琳琅”修复项目重大成果发布会、“4・23”世界读书日、革命文献与民国时期文献保护工作研讨会、中国群众文化学会第六届会员代表大会暨六届一次理事会等活动的现场安保工作；完成领导干部以及中央宣传部调研指导组、全国政协文化文史和学习委员会、财政部办公厅、文化和旅游部机关服务局、中国科学技术信息研究所、北京大学图书馆、清华大学图书馆、中国宋庆龄青少年科技文化交流中心等单位来馆参观、交流、调研的现场安保工作。

（2）日常安保工作

2022年，坚持“服务与管理相结合，服务至上”的理念，对驻馆保安公司加强文明礼貌用语和应知应会技能培训，坚决杜绝因服务态度问题被投诉。全年共更换保卫骨干2人，辞退保安队员6人，整顿安保队伍，有效提高服务质量和标准。年内共处理读者矛盾30余起，解决故意滋事14起，查扣各类刀具1400余把、打火机3600余个，捡拾并归还读者现金1100余元、手机8部，协助寻找走失儿童1人，协助老年读者入馆10人。日常值班和巡视检查中，发现并排除房屋漏雨、玻璃碎裂、围墙受损、门窗未关等隐患50余起，均按程序处置。7月26日，在保卫处的积极协助下，提升了某公安局办案效率，获赠锦旗1面。

（二）消防安全工作

1. 日常消防工作

一是积极开展火灾隐患常态化治理，做好消防安全日常巡查工作，加强馆区施工动火审查，全年累计开具动火证90余张。按照分区负责的原则，对巡查中发现的违反消防安全管理规定的行为“零容忍”，发现一起，处理一起，确保不将隐患留到次日。二是突出重要时间节点的火灾隐患整改督办。全年共组织4次安全专题会议及协调会，督促开展5次消防安全自查，针对各部处自查结果进行专项督查，对发现的火灾隐患责令相关部处立即进行整改。三是加强宣传教育。通过督促各部处安全员履行消防安全宣传职责，加大灭火救援、疏散逃生、消防器材使用等常识、技能的宣传力度，并利用《消防文摘》、消防安全展板、OA系统及微信小程序等形式进行宣传教育。全年共编发《消防文摘》12期。四是不断提升微型消防站队员应急处置能力。全年组织总馆微型消防站队员进行拉动演练48次，灭火器和消火栓的操作使用培训33次，正压式呼吸器培训12次；组织古籍馆微型消防站队员进行拉动演练11次，灭火器和消火栓的操作使用培训8次，正压式呼吸器和背负式高压细水雾使用操作培训3次，还邀请府右街消防中队消防员普及消防服的穿戴方法和灭火常识，确保队员切实掌握扑灭初起火灾的能力。针对外包公司变更的实际情况，注重安全教育，开展业务培训。围绕提高消防基础业务、现场查警方法、重要设备操作、应急处置能力等，对值班员及新上岗人员进行业务知识和实际操作培训考核。

2. 培训工作

6月“安全生产月”期间，组织全馆员工深入学习贯彻习近平总书记关于安全生产重要论述，推动落实国务院安全生产委员会制定的《安全生产十五条措施》，宣传学习贯彻《中华人民共和国安全生产法》（参见“年度掠影”之“组织开展安全工作培训”）。10月，对2022年新入馆员工70余人开展灭火器和地下消火栓的操作使用等消防技能培训。11月，以“消防安全宣传月”为契机，利用“全民消防学习平台”和“国家图书馆安全知识题库”，组织全馆员工进行消防安全常识的全面学习和线上考核，并开展消防技能训练和灭火、疏散等综合性消防演练。全年还对馆内施工人员进行消防安全培训6次。

（三）设施建设与维护工作

全年保卫处共排除消防故障117处，解决全馆视频监控、入侵报警、门禁及漏水报警设备故障54处。6月，对总馆建筑群和古籍馆馆区进行避雷检测。7月，配合社会教育部对综合楼多功能厅进行空间改造，协助调整45个消防设施点位及管线的拆装移位；配合后勤服务管理中心完成行政楼前防水施工区域8个监控设施临时拆除及还建工作；完成总馆南区地铁16号线施工还建区域20个视频监控设施安装任务，使总馆南区周界视频监控基本达到全覆盖，并为总馆南区9个弱电机房加装空调设备。9月，完成全馆（含古籍馆）消防、电气设施专业检测，排查和消除消防、电气设施安全隐患38处。在全馆闭馆停电检修期间，对19台不间断电源、21台存储服务器、39台硬盘录像机进行清洁除尘和专业检测，为系统设备正常运行提供良好环境。分别于5月和9月对总馆建筑群和古籍馆馆区的灭火器进行年度检修，共检修便携式灭火器5244具，对所有器材的质量、数量进行统计并建立档案。自11月14日起，组织开展国家图书馆总馆室内外冬季消防管网防冻保温检查工作，主要对馆区室外消火栓、部分室内喷淋管网等消防设施防冻保护措施开展检查，发现问题及时维护，同时采取关闭门窗、备足抢修物资等措施，确保冬季消防设施完好，做到防患于未然。

完成部分老旧设备的升级改造。一是完成P栋水泵房消防报警设施安装，消除总馆南区建筑消防报警设施盲区。二是完成总馆南区综合楼消防水泵房环境施工改造。主要对地面做环氧树脂自流平处理，对墙面涂刷防水涂料，修复排水沟沟面，更换照明灯具，安装液位报警装置，完善各类标识标牌，并对消防水系统管线进行除锈防腐处理。三是完成国家典籍博物馆安防系统的优化升级工作。通过新增37个视频监控设备、35套入侵报警设备、10套门禁设备，优化272个入侵报警模块，进一步提升安全防范能力。四是完成总馆南区电气火灾监控系统的安装启用。结合总馆南区各建筑栋号配电箱配线情况，安装温度传感器、漏电互感器等636个电气火灾监控设备，实现对建筑电气设备漏电、线路电流过载、线缆超温等实时监测。五是完成总馆北区消防水炮灭火系统升级改造。为彻底解决总馆北区消防水炮控制系统故障，集中2个月时间，对总馆北区以及中控室消防水炮联动控制系统进行更新升级，确保总馆北区大空间防火、灭火设施的完整性和可靠性。六是完成“邂逅·美索不达米亚——叙利亚古代文物精品展”展厅安防设施的拆移调试，完成总馆北区4层视听区门禁设备以及A栋A133办公用品库房视频监控设施新增工作。

（四）迎检和督查工作

2022年，承担2次文化和旅游部安全工作督查小组对国家图书馆督导检查和1次督导检查“回头看”时的部分准备和迎检工作，以及2次北京市海淀区紫竹院街道安监部门来馆检查、2次北京市海淀区消防支队来馆进行微型消防站拉动和3次海淀区消防支队及属地消防员来馆检查工作，均获得肯定。

六、后勤服务保障

2022年，围绕“管理有序、保障有力、服务到位”主线，以做好疫情常态化防控为基础，立足运行保障，以增强保障能力为目标，推进重点工程改造项目，攻坚克难成果转化，以继续贯彻“常修常新”理念为着力点，提升馆区基础设施设备管理水平，做好服务后勤建设；以建章立制为基础，规范日常工作准则，以服务质量为中心，加强馆区物业管理、食堂食品卫生监督和员工体检、核酸检测等的组织工作，做好管理后勤建设；以“创新小组”为平台，推动科研成果在后勤工作中的不断转化，做好技术后勤建设。全年确保各系统设备平稳运行，服务水平不断提升，完成各项服务保障任务，做到稳中有进，服务质量和服务水平稳步提高。

（一）系统设备运行保障和日常维修工作

全年无重大设备事故，综合设备完好率达到96%以上。完成2021—2022年度冬季供暖保障和2022年冬季供暖各项工作；完成2022年中央空调保障任务，中央空调全年安全运行6672小时，恒温恒湿机运行保障8760小时；完成电力设备巡检744次；完成空调、电气、照明设备、书刊传送系统维修以及房屋、家具、给排水等各种维修7500余次；接听、解决全馆报修电话2121次；安装、调整电话362部；接听查询电话2652次。

（二）服务保障工作

重大活动服务保障方面，完成2022年两会期间的车辆保障及通信保障，国家领导人参观视察、高层讲座、馆长公开课等重要活动和会议以及国图艺术中心演出活动的空调、医务、保洁、绿植摆放、车辆、电力保障等共计183次。

车辆保障方面，车队结合不同季节特点对司机进行安全行车教育，认真落实公务用车管理和车辆安全检查制度，全年共完成重大活动、会议及各部处车辆保障任务3200余台次，安全行驶16余万公里，无重大交通安全责任事故。医务保障方面：全年日常门诊服务6200人次；为各项活动提供医务保障；完成全馆300余名一线员工的健康证体检和全馆员工健康体检工作，并根据疫情调整体检时间。收发保障方面：收发工作准确率99%以上；完成2022年度报刊订阅工作。电梯保障方面：按照电梯运行管理制度和维保合同，督促电梯公司加强日常巡检和年检，对馆区及馆属宿舍区电梯及时进行维修；完成馆内重大活动的电梯保障工作；组织对总馆、古籍馆及馆属宿舍区共计59部电梯进行逐一排查，排除各类故障及维修100余次；保证电梯日常安全运行，接待保障任务10余次。

（三）行政管理工作

完成计划生育、爱国卫生、房屋管理、人防工程、节能减排、馆区及宿舍区改造维修等各项行政管理工作。加强食堂监督管理小组对食堂经营监管力度。根据疫情防控形势和要求做好员工体检工作部署，在原有体检项目上新增C14筛查。有序推进地铁16号线还建工作。多次安排对员工食堂食品与卫生工作、物业服务、设备运行及安全管理等进行检查及抽查，促进其服务水平的提升，确保各项工作平稳运行。

年度掠影

【开展夏季防汛工作】

为确保国家图书馆安全、顺利度过夏季汛期，不出现屋顶漏雨或低洼地区积水等现象，后勤服务管理中心自3月起开展夏季防汛工作。时刻关注雨水管线排水情况和馆区积水情况，每逢雨前雨后，都要安排员工上屋顶排查每一个雨水口的篦子是否有树叶等杂物堵塞，逐一清理，疏通管线，防止屋面排水不畅造成积水渗漏的问题。注意管沟内积水水深，排查庭院低洼塌陷的情况，及时排水填坑，排除安全隐患。

【有序推进地铁16号线还建工作】

自2015年地铁16号线占地施工后，国家图书馆总馆馆区进行过多次基础设施升级改造，按照“原拆原建”标准还建，将与目前全馆整体风格一致。2022年，结合总馆馆区整体规划和还建进展，与地铁16号线施工方多次协商，对还建项目进行梳理并提出调整建议。经4月27日召开的2022年第19次馆务会议决定：总馆南区存包处、音乐教室不再还建，改为资金补偿；总馆南区广场附近绿地进行适当调整，重新规划停车位，较还建前新增停车位80余个。按计划有序推进各项还建工作，基本完成地下管线，树木绿地、地上设施设备等的还建工作；协商推进占地补偿、未还建设施货币补偿等事宜。

【完成春、秋季电力设备检修保养工作】

5月9日，为确保国家图书馆电力系统运行安全，根据《电力安全工作规程》管理规定，在总馆、古籍馆开展2022年春季电力设备检修保养工作。此次检修范围是总馆南区总配电室及12个分区配电室、冷冻站配电柜以及北区配电室高压部分和热力站配电柜。检修内容是对供电设备进行检修维护及必要的系统检查、检测保养、除尘及处理系统中的故障隐患和新近发现的问题，同时对整个配电系统继电保护定值进行调校整定和系统打压实验。10月10日，在总馆、古籍馆完成秋季电力设备检修保养工作。春、秋两季电力设备检修保养工作，进一步保障全馆供电系统安全稳定运行。

【组织开展安全工作培训】

6月30日，在馆内组织开展安全工作培训，由保卫处消防科科长杨进勇主讲。各部处安全员、馆属企业安全工作负责人、保安公司和物业公司负责人共计40余人参加。杨进勇结合2022年“安全生产月”活动，讲解国务院安全生产委员会制定的《安全生产十五条措施》，通报近年来国家图书馆发生的影响较大的火灾事故，并以应急管理部公布的一批“一案双罚”典型执法案例为基准，联系馆内实际情况，开展“以案释法”。培训中还传达了文化和旅游部安全生产工作会议精神，并对下一步安全工作做部署。

【国家文物局副局长解冰一行到国家图书馆古籍馆调研】

8月16日，国家文物局副局长解冰一行对古籍馆中控室、文津楼、古籍库房、阅览室走访察看，详细了解西谛藏书保护利用情况，并与国家图书馆相关负责人座谈交流，听取关于北平图书馆旧址保护修缮工程、安防升级改造工程和消防升级改造工程3个项目有关情况的汇报。国家图书馆馆长熊远明、副馆长霍瑞娟参加调研和座谈。

解冰表示，此次调研旨在落实李群同志到国家图书馆古籍馆调研指示精神，对北平图书馆旧址保护修缮工程、安防升级改造工程和消防升级改造工程3个项目进行把脉和会诊，详细阐明文物保护资金的支持范围和预算审批程序。解冰充分肯定了国家图书馆的前期工作，并强调这3个项目实施要坚持“保护第一、加强管理、挖掘价值、有效利用、让文物活起来”的总体要求，一体推进。

熊远明对国家文物局所提供的支持和指导表示感谢，强调要进一步落实落细此次调研的意见建议，加强与国家文物局相关司局的沟通，配合做好3个项目的相关审批工作，扎实推进北平图书馆旧址保护修缮工程后续各项工作。

【文化和旅游部机关和直属单位安全生产组来馆开展2022年度安全生产督查】

8月16日，文化和旅游部机关和直属单位安全生产组第二督查工作组组长赵炜一行5人来国家图书馆开展安全生产督查，副馆长张军陪同并参加座谈。座谈结束后，督查组分两组对国家图书馆相关安全生产工作进行督查。此次安全生产督查分为安全档案查阅和现场安全检查。安全档案查阅主要包括国家图书馆的消防安全制度、消防安全教育培训、消防预案及演练、消防安防维保、避雷检测等方面内容，并对其中的薄弱环节提出意见和建议。现场安全检查主要针对国家图书馆总馆南区中控室、A栋书库5层、高压配电室、总馆南区水泵房、C栋1层消防报警阀间、国家典籍博物馆第1展厅、国图艺术中心等消防安全重点区域。在检查中，专家组人员询问了中控值班员消防“四个能力”掌握情况，抽测了室外消火栓出水情况，并进行湿式报警阀警铃测试。

国家图书馆以此次督查为契机，严格落实胡和平同志关于安全生产“全方位堵漏洞、补短板、强弱项”的重要指示精神，全面查找工作中存在的薄弱环节，进一步明确领导干部和各部处安全职责，压实安全主体责任，加强源头管控，着力强化安全风险防控，切实保障国家图书馆安全稳定，迎接党的二十大召开。

【完成国家图书馆总馆南区周界视频监控设施安装工作】

8月20日—9月26日，完成总馆南区地铁16号线施工还建区域20个视频监控设施安装任务。该区域人防力量有限，物防设施简易，且东邻地铁4、9、16号线出入口，南邻紫竹院公园，进出人员多，管控难度大。为确保馆区周界安全，在地铁16号线施工的情况下，先于2015年、2016年在馆区周界的北侧、西侧和东侧北段安装视频监控设施。2022年8月，随着施工占地区域还建交付，结合馆区周界道路、绿化和建筑分布情况，在馆区东侧南段和南侧东段新增400万像素高清数字监控摄像机若干，接入南区周界视频监控系统。新增1台160TB的存储服务器，使视频存储周期达到90天以上；新增1台视频管理服务器，使监控设备数量由200路拓展至1000路。此次增补完善基本实现视频监控无缝链接、无盲区覆盖，为总馆区域提供更好的安全技防保障。

【馆长熊远明一行到中国文化遗产研究院调研】

9月9日，国家图书馆馆长熊远明、副馆长霍瑞娟一行到中国文化遗产研究院调研，实地参观国家文物遗产科技创新中心模型和较高标准配置的金属、石质、壁画、纺织品、纸质、陶瓷修复实验室及古建筑结构实验室，并与中国文化遗产研究院院长、党委书记李六三等人开展业务交流及座谈。李六三重点介绍文物修复新技术、新材料和新突破，文物保存环境监测和考古现场的文物保护工作经验，以及开展各种材质文物的修复和相关教学与研究工作。

【副馆长霍瑞娟一行调研北海公园古建筑修缮工作】

9月21日，国家图书馆副馆长霍瑞娟，基建工程办公室副主任董雪磊、胡建平等赴北海公园，对琼华岛古建筑修缮工作进行调研，并重温北平图书馆旧址主楼筹建历史。北海公园副园长夏何欢、规划建设科科长钱勃等接待并陪同调研。霍瑞娟一行实地参观北海公园白塔及琼华岛、漪澜堂古建筑群修缮工程施工现场，了解古建筑修缮维护情况，与钱勃等就古建筑修缮工作经验进行交流。大家还来到庆宵楼、悦心殿重温历史，这里曾经是北平图书馆旧址主楼筹备处所在地，悦心殿在中华人民共和国成立后一段时期内还曾作为新文化书籍阅览室对外开放。

【文化和旅游部召开北平图书馆旧址修缮工程专题部长办公会】

9月22日，文化和旅游部副部长饶权主持召开2022年第52次文化和旅游部部长办公会，专题研究北平图书馆旧址修缮工程有关情况，提出以文津楼文物建筑修缮为核心重点，统筹规划，分步实施，完成北平图书馆旧址整体院落的综合整治与提升工作，要深入研究筹划项目修缮后的活化利用问题。

【召开国家图书馆国庆和党的二十大期间安全生产工作会议并开展节前安全检查】

9月27日安全生产工作会议召开。会议旨在落实文化和旅游部关于安全生产和疫情防控工作的部署安排，做好国庆假期前后各项安全生产工作。馆长熊远明、副馆长张军出席会议，各部处主要负责人及馆属企业负责人约40人参加。会上，熊远明就抓好安全生产工作做重要讲话。张军传达文化和旅游部全国文化和旅游行业安全生产暨疫情防控工作电视电话会议精神，赵建国传达《保卫处关于做好“国庆节”及二十大期间安全工作的通知》。

9月30日，馆长熊远明带队在国家图书馆总馆区域开展安全检查。办公室主任孙伯阳、保卫处处长赵建国、后勤服务管理中心主任曹伟以及相关部处负责人陪同检查。熊远明对检查中发现的问题一一予以指正并现场强调：安全生产是一切工作的核心，各部处要树立科学安全生产观念，严格落实规章制度，通力合作，消除安全隐患。同日，常务副馆长张志清带队对古籍馆区域开展安全检查。

【组织开展反恐防暴演练】

为做好中国共产党第二十次全国代表大会期间的安全保卫工作，进一步加强国家图书馆治安工作建设，9月27日，国家图书馆在总馆北区组织开展反恐防暴演练。万寿寺派出所辖区民警、保卫科员工和保安队员骨干参与此次演练。演练首先由辖区民警讲解如何处理突发安全事件及其行动要点，之后保卫科科长张贺详细介绍各种防爆器械的使用方法与注意事项，最后保安队员演练如何制服暴徒。

【组织开展“11·9”消防演练】

11月7日，联合北京市西城区消防支队府右街中队，组织古籍馆、出版社和临琼楼工作人员共180余人开展消防知识宣传和现场演练活动。活动包括应急疏散演练、灭火器和室内消火栓的演示与实操训练以及消防装备的展示等。

11月9日，在国家图书馆总馆北区组织开展微型消防站集训。集训主要包括原地穿着灭火防护服、正确使用空气呼吸器和灭火器等基础训练项目。为加强集训效果，还增加了模拟真实火灾情况下消防“一三分钟”应急处置程序的实施和室外消火栓出水等演练项目。

【做好疫情防控各项工作】

2022年，国家图书馆贯彻落实疫情防控政策，严格扫码测温制度和入馆登记制度，对所有入馆人员扫码测温，对外来车辆查看预约登记码、健康宝、行程码。提升测温设备品质，将5台老旧体温枪更换为高视红外测温仪。增配除螨吸尘设备和紫外线消毒车，加强室内窗帘、沙发等设施的清洁力度，进一步提高消杀质量。做好公共区域消杀，阅览室、家具、门窗、垃圾桶等每天消杀2次。为电梯轿厢、候梯厅配置纸巾，电梯按键张贴保鲜膜，每天更换2次。为馆区35个重点卫生间张贴二维码，落实“一厕一码”、专人值守制度。完成密接、次密接员工办公区域消杀32次，消杀面积11720平方米。国家图书馆配合上级部门落实防控新要求，统计并报送全馆每日核酸检测情况，定期统计报送疫苗接种人数。

作为防疫重点单位，为最大限度规避员工新冠感染风险，国家图书馆与海淀区卫生健康委员会、属地街道等沟通协调，在馆区内部设立了核酸检测点，每周一、三、五面向员工开展全员核酸检测。后勤服务管理中心制定操作性强、分工明晰的各类实施方案和应急处置预案，定期组织扫码志愿者培训，并指定专人与检测机构对接，协调当日核酸检测护士，及时领取检测所需各类物资，安全运送检测样本，按规定处置医疗垃圾，有效开展组织、培训、现场检测工作。累计在馆区组织开展核酸检测70次，培训志愿者276人次，核酸检测75173人次。

疫情封控期间，后勤服务管理中心积极寻找可采购的连花清瘟、布洛芬等相关防疫药品，及时补足库存，保障了疫情暴发期馆内员工的用药需求。伴随馆内新冠感染人数增多，部分员工居家治疗存在购药困难，医务室克服医护人员短缺等问题，坚持为各部处提供应急购药保障服务，共计为26个部处340名员工开出清热解毒、退热止痛、止咳化痰及抗生素等应急药品3763盒。

【完成老旧小区综合整治前期工作】

馆领导高度重视馆属老旧小区综合整治工作，将其作为“我为群众办实事”的重要举措，2022年先后召开2次馆务会、3次馆长办公会研究改造方案，并多次实地视察，提出整治要求，指导协调、大力推进相关工作。后勤服务管理中心组织完成现场勘查测绘、拟制改造方案、编制改造概算等工作。先期对老旧小区431户居民开展3轮550户次入户调查，了解居民诉求、难点和特殊情况，改造项目的同意率均超过95%，为之后的顺利施工打下良好基础。完成并上报老旧小区综合整治项目的立项报告及可行性研究报告。

【开展重点工程改造项目】

2022年，国家图书馆利用国家图书馆二期数据中心机房和四库全书库空调改造项目剩余资金，完成总馆南区老旧机组改造工作，更换恒温恒湿机组3台。国家图书馆运行保障维护调度中心控制系统改造工程进入验收阶段，电力监控、水流量监控、建筑设备监控、BIM运维管理平台等系统间数据已经联通并试运行。完成热力站及人防工程屋顶防水修复工程，该工程施工难度大、施工周期长、影响面广，改造后彻底解决了热力站防水问题。完成总馆南区E栋1层东侧及东阙楼梅兰芳纪念馆改造等馆内业务空间调整工作。有序推进总馆北区三层室外平台设施改造。

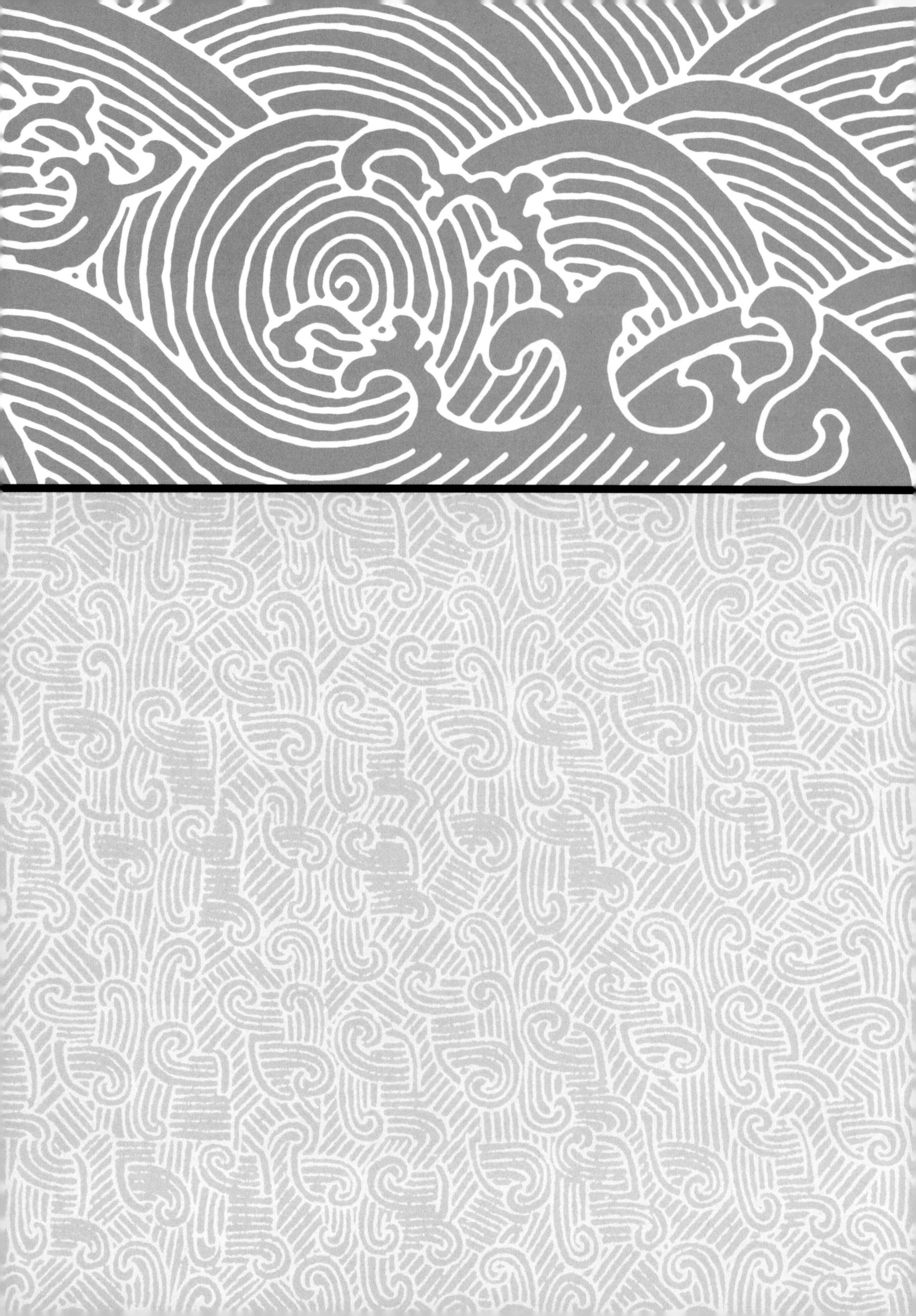

统计资料

- 经费使用
- 国有资产
- 业务统计数据
- 科研项目
- 人员
- 馆内外奖励
- 部分会议、讲座、国图公开课、培训、展览
- 档案资料

统计资料

一、经费使用

国家图书馆书刊资料购置经费

单位：万元

项目	经费
中文书	1082.55
西文书	1267.67
东文书	486.93
俄文书	187.04
交换书	279.98
港台书	144.93
善本特藏	55.00
视听资料	29.74
联合国资料	50.14
图书装订费	184.19
中文资料	16.01
中文刊	158.61
外文刊	2151.22
中文报	39.69
港台报刊	87.00
地方文献	39.00
其他书	5.41
合计	6265.11

国家数字图书馆资源建设服务及推广经费

单位：万元

项目		经费
电子出版物	中文	180.15
	外文	456.00
合计		636.15

二、国有资产

（一）简况

截至2022年12月31日，国家图书馆资产总量达到545149.62万元，其中，流动资产23640.70万元，长期股权投资5357.16万元，固定资产净值491802.97万元，无形资产净值12203.19万元，在建工程11906.78万元，其他资产238.82万元。固定资产中，图书355637.99万元，房屋构筑物123770.36万元，车辆214.68万元，通用办公设备278.11万元，通用办公家具3443.66万元，文物和陈列品1602.40万元，其他固定资产6855.77万元。无形资产中，专利2.31万元，计算机软件3387.11万元，土地使用权以名义价值1元入账，其他无形资产（含数据）8813.77万元。

与2021年同期相比，2022年资产总量增加8721.48万元，其中，流动资产减少590.91万元，固定资产增加10265.31万元，无形资产减少266.10万元，对外投资增加657.43万元，在建工程由于转固等原因减少1357.53万元，其他资产增加13.28万元。

（二）政府采购信息

2022年，国家图书馆严格执行政府采购的各项法律法规，全年政府采购预算12194万元，实际政府采购总额11949.01万元，节约资金244.99万元，资金节约率为2.01%。

受经费减少的影响，全年政府采购规模比2021年下降两成。其中：货物类为3548.40万元，占采购总额的29.70%；服务类为8246.61万元，占采购总额的69.02%；工程类为154万元，占采购总额的1.29%。其中：采用公开招标方式采购10616.01万元，采用其他方式采购1333.00万元。

（三）出版社及馆属企业

2022年，国家图书馆出版社及馆属企业营业总收入为31292.16万元，缴纳国有资产收益费5654.30万元。国家图书馆出版社有限公司全年共出版图书216种。北京国图文化发展有限责任公司全年培训服务对象超过3500人次（全年停课时长近6个月），会议服务场次超过2100场次。北京国图文化艺术有限公司全年合计举办各类线下公益活动43场，线上活动10场，线下参与观众约14022人次，线上约2160人次。

三、业务统计数据

1. 各类文献登记总量 491349 种 2390045 册 / 件，登记册 / 件数与 2021 年相比减少 10.50%。

2. 各类文献编目加工总量 532706 种 1050238 册 / 件，编目加工种数与 2021 年相比减少 10.55%。

3. 正式入藏各类文献 557258 种 967161 册 / 件，正式入藏册 / 件数与 2021 年相比减少 20.84%；非正式入藏各类文献 448488 册 / 件，与 2021 年相比减少 16.78%。

4. 截至 2022 年底，馆藏总量 43268666 册 / 件。

5. 接待到馆读者 1764992 人次，与 2021 年相比增长 7.18%。

6. 全馆流通书刊 6956524 册次，与 2021 年相比减少 6.70%。

7. 国家图书馆网站读者年访问量 159885.76 万人次，与 2021 年相比增长 41.71%；月平均访问量 13323.81 万人次，日平均访问量 438.04 万人次。手机门户网站读者年访问量 10770.01 万人次，月平均访问量 897.50 万人次，日平均访问量 29.51 万人次。

8. 各类咨询 66.05 万件，与 2021 年相比增长 7.25%。其中一般咨询 64.88 万件，与 2021 年相比增长 7.22%。

9. 办理读者证卡共计 99.76 万个，其中实体证卡 4.28 万个、虚拟证卡（网络实名注册）95.48 万个。实体证卡数与 2021 年相比减少 28.79%。

10. 线下培训、讲座、参观、展览等各项活动共接待读者 59.30 万人次，与 2021 年相比增长 58.73%。其中：举办展览 18 场，共计 52.27 万人次；开办公益性讲座 27 场，共计 0.70 万人次；组织培训 465 批，共计 0.62 万人次；接待参观 1196 批，共计 1.11 万人次；举办演出 56 场，共计 3 万人次；电影播映 705 场，共计 1.60 万人次。

线上展览、讲座、培训、演出等各项活动共计 31.83 万人次参与，浏览量 4775.60 万次。其中：在线展览 20 场，浏览量 92.17 万次；在线讲座 94 场 0.32 万人次参与，浏览量 2862.08 万次；在线培训 515 批 23.91 万人次参与，浏览量 1813.75 万次；在线演出新增 6 场 7.60 万人次参与，浏览量 7.60 万次。

11. 截至 2022 年底，数字资源总量达 2631.40TB，与 2021 年相比增加 133.42TB。其中，馆藏特色数字资源 2014.66TB（含征集资源 162.53TB 和交存报纸 6.95TB）、外购数据库 289.29TB、网络采集资源 327.45TB。资源内容主要包括：电子图书 2211125 种 2691730 册、电子期刊 58243 种、电子报纸 3612 种、学位论文 9795264 篇、会议论文 7402300 篇、音频资料 1919972 首、视频资料 199412 小时。

12. 截至 2022 年底，外购数据库共计 245 个，包括中文数据库 137 个、外文数据库 108 个。

外购数据库类型及数量

单位：个

数据库类型	中文库数量	外文库数量
全文数据库	70	69

（续表）

数据库类型	中文库数量	外文库数量
文摘/索引数据库	14	18
数值/事实数据库	32	15
多媒体数据库	16	0
工具型数据库	3	2
复合型数据库	2	4
合计	137	108

13. 截至 2022 年底，已发布数字资源的内容单元主要包括：电子图书（含民国时期图书）1484128 种，发布率 67.12%；电子期刊（含民国时期期刊）57639 种，发布率 98.96%；电子报纸（含民国时期报纸）2752 种，发布率 76.19%；学位论文 9772066 篇，发布率 99.76%；会议论文 7402300 篇，发布率 100%；音频资料 1194070 首，发布率 62.19%；视频资料 148359 小时，发布率 74.40%；古籍类资源 99754 种，发布率 46.86%。

2022年各类文献入藏明细表（正式馆藏）

	文献类别	种数	册 / 件数	上年册 / 件数	增长率 / %
图书	中文普通书	265354	532562	721706	-26.21
	台港图书	12225	12519	18966	-33.99
	盲文图书	0	0	1342	-100
	普通古籍	63	199	5470	-96.36
	中文图书总计	277642	545280	747484	-27.05
	西文图书	37654	41384	45759	-9.56
	俄文图书	6000	6212	7481	-16.96
	日文图书	8705	8844	12582	-29.71
	东文图书	3900	4013	4640	-13.51
	外文图书总计	56259	60453	70462	-14.20
	图书总计	333901	605733	817946	-25.94
期刊	中文期刊	10286	87414	103849	-15.83
	台港期刊	371	3619	6405	-43.50
	中文期刊总计	10657	91033	110254	-17.43

（续表）

	文献类别	种数	册 / 件数	上年册 / 件数	增长率 / %
期刊	西文期刊	2255	22883	28574	-19.92
	日文期刊	496	4411	8943	-50.68
	俄文期刊	247	3033	4611	-34.22
	东文期刊	99	1006	849	18.49
	外文期刊总计	3097	31333	42977	-27.09
	期刊总计	13754	122366	153231	-20.14
报纸	中文报纸（合订册）	1267	7829	7957	-1.61
	台港报纸（合订册）	42	1627	1709	-4.80
	中文报纸总计（合订册）	1309	9456	9666	-2.17
	外文报纸总计（合订册）	57	2	1304	-99.85
	报纸总计（合订册）	1366	9458	10970	-13.78
特藏专藏	善本	1	10	0	—
	外文善本	527	658	0	—
	新善本	0	0	764	-100.00
	精装精印	43	60	15	300.00
	其他文献	0	0	0	—
	金石文献	579	753	5070	-85.15
	手稿	19	49	2096	-97.66
	舆图	1540	2666	2316	15.11
	画片	1	1	11	-90.91
	照片	175	3794	22	17145.45
	民语文献	3149	5906	8812	-32.98
	敦煌资料	458	565	729	-22.50
	地方文献	206	1253	2096	-40.22
	甲骨实物	0	0	35651	-100.00
	联合国资料	563	858	1051	-18.36
	学位论文及国内其他资料	189336	189499	144166	31.45
	特藏专藏总计	196597	206072	202799	1.61

（续表）

	文献类别	种数	册／件数	上年册／件数	增长率／%
缩微文献	缩微平片	5042	10218	17800	-42.60
	缩微胶卷	0	0	0	—
	缩微文献总计	5042	10218	17800	-42.60
音像资料	中文音像资料	2065	4064	7333	-44.58
	外文音像资料	830	4223	7728	-45.35
	音像资料总计	2895	8287	15061	-44.98
电子文献	电子文献总计	3703	5027	3947	27.36
正式入藏文献总计		557258	967161	1221754	-20.84

注：表中所列台港文献即台港图书、台港期刊、台港报纸（合订册），包括台湾、香港、澳门地区文献和海外华文文献。

到馆读者人次、文献流通册次统计表

	人次	册次
1月	124345	577833
2月	110727	523963
3月	122081	612782
4月	123437	595140
5月	3793	20189
6月	116893	571952
7月	249400	872679
8月	258379	908532
9月	217061	793200
10月	206140	752918
11月	201284	560263
12月	31452	167073
合计	1764992	6956524

各阅览室与服务点接待读者人次统计表

阅览室及服务点名称	读者人次	阅览室及服务点名称	读者人次
OPAC检索（南区）	18391	OPAC检索（北区）	17242
人工复制（南区）	12089	人工复制（北区）	1405
自助复制（南区）	329	自助复制（北区）	968
缩微文献阅览室	3790	中文图书区	523754
保存本（综合阅览室）	0	工具书区（北区）	165958
基藏本（综合阅览室）	111328	中文报刊区（期刊）	25867
工具书（综合阅览室）	13359	中文报刊区（报纸）	17243
馆际互借出纳台	45396	学位论文阅览室	6638
台港澳文献阅览室	14609	中国少数民族语文阅览室	3535
外文文献第一阅览室	26113	数字共享空间（集中区）	23305
外文文献第二阅览室	9857	数字共享空间（分散区）	657
外文文献第三阅览室 国际赠书阅览室 日本出版物文库阅览室	8044	视听服务空间	38345
基藏外文图书外借出纳台	5810	少年儿童图书馆	49268
年鉴　新方志阅览室	4561	复制服务（古籍馆区）	850
善本特藏阅览室	775	普通古籍阅览室（古籍馆区）	11081
敦煌吐鲁番资料阅览室	2406	家谱旧方志阅览室（古籍馆区）	4522
国际组织与外国政府出版物阅览室	1146		
海外中国问题研究资料中心	1888		
法律参考阅览室	1418		
总计/人次	1171947		

咨询工作统计

单位：件

	一般咨询	代检索课题	编制文献	年累计
党和国家领导	0	2	26	28
中央国家机关	3	80	1601	1684
重点科教单位	2357	7459	2466	12282
一般读者	646415	19	94	646528
年累计	648775	7560	4187	660522

国际互借工作统计表

项目	借出资料	借入资料
人次	24	62
册次	24	120
复印/件	9	36
拒绝/件	15	84

读者证卡统计

单位：个

证卡名称	本年证卡	累计（实体/虚拟）
人工办证	5572	3141614
自助办证	37234	
虚拟办证（实名注册）	954777	3215902
合计	997583	6357516

四、科研项目

（一）立项科研项目

项目类型	编号	项目名称	申请人	经费/万元	研制时间
国家社科基金一般项目	22BTQ040	以图书馆为主体的文旅融合发展路径与模式研究	张　玮	20	2022年9月—2025年12月
国家社科基金一般项目	22BZJ023	说一切有部与中国佛教的形成与展开研究	王丽娜	20	2022年9月—2026年7月
国家社科基金一般项目	22BZW055	先秦诸子典籍的清人批校本研究	冯　坤	20	2022年9月—2026年6月
国家社科基金后期资助重点项目	22FTQA001	乾嘉藏书四友年谱	刘　鹏	35	2022年11月—2024年12月
文化和旅游部智库项目	—	智慧图书馆数字资源区块链管理研究	谢　强	1	2022年8月—2023年7月
馆级	NLC-KY-2022-01	国家图书馆藏敦煌遗书写本学新探	林世田	5	2022年9月—2025年6月
馆级	NLC-KY-2022-02	开放科学知识环境下图书馆开放资源建设与服务模式研究	王　菲	2	2022年9月—2024年6月
馆级	NLC-KY-2022-03	我国公共图书馆灰色文献资源建设策略研究	崔　玥	2	2022年9月—2024年12月
馆级	NLC-KY-2022-04	中国古籍外文译本资源建设及其国外传播影响力研究	平　安	2	2022年9月—2024年12月
馆级	NLC-KY-2022-05	国家图书馆老年群体图书馆利用行为研究	杨　靖	2	2022年9月—2024年5月
馆级	NLC-KY-2022-06	国家图书馆在新型智库建设中的角色定位与创新发展研究	郑晓雯	2	2022年9月—2023年12月
馆级	NLC-KY-2022-07	美国一流智库产品的生产与转化研究	孙　圆	2	2022年9月—2024年6月
馆级	NLC-KY-2022-08	国家图书馆非物质文化遗产领域知识产权信息服务模式研究	刘　岭	2	2022年9月—2024年12月

（续表）

项目类型	编号	项目名称	申请人	经费/万元	研制时间
馆级	NLC-KY-2022-09	国家图书馆馆藏知识产权文献资源整理利用研究	胡月平	2	2022年9月—2023年12月
馆级	NLC-KY-2022-10	基于用户画像的国家图书馆智慧咨询服务体系研究及优化策略	刘婷婷	1	2022年10月—2023年12月
馆级	NLC-KY-2022-11	智慧图书馆环境下的文献提供服务发展策略研究——以国家图书馆为例	赵　星	2	2022年9月—2025年6月
馆级	NLC-KY-2022-12	智慧图书馆智能问答系统知识融合框架研究	杨　倩	2	2022年9月—2024年12月
馆级	NLC-KY-2022-13	5G时代智慧图书馆新媒体服务研究——以国家图书馆微信公众号为例	张　鼎	2	2022年9月—2023年12月
馆级	NLC-KY-2022-14	基于深度学习文字检测与识别的研究与实现	马大为	2	2022年9月—2024年6月
馆级	NLC-KY-2022-15	知识图谱构建中知识标注与表示方法的实践研究	张黎雪	2	2022年9月—2024年5月
馆级	NLC-KY-2022-16	从馆藏报刊资料研究日本鸦片侵华问题	齐午月	1	2022年9月—2024年6月
馆级	NLC-KY-2022-17	全国公共图书馆建国初中文图书抢救策略研究	张红霞	2	2022年9月—2024年4月
馆级	NLC-KY-2022-18	三醋酸纤维素酯片基缩微胶片的保存与保护	陈月婷	2	2022年9月—2023年12月
馆级	NLC-KY-2022-19	京昆传承人口述史研究	郭比多	2	2022年9月—2024年10月
馆级	NLC-KY-2022-20	对比研究3种常见脱酸试剂对文献字迹的影响	张　铭	2	2022年9月—2024年6月
馆级	NLC-KY-2022-21	古籍装具书帙的制作与复原研究	钱伊诺	2	2022年9月—2023年5月

（续表）

项目类型	编号	项目名称	申请人	经费/万元	研制时间
馆级	NLC-KY-2022-22	可持续书库建设研究——基于气候和库房特点定制书库环境温湿度期望值的方法研究	闫智培	2	2022年9月—2024年6月
馆级	NLC-KY-2022-23	纸质文献蓝黑墨水消退字迹恢复方法	宋　晶	2	2022年9月—2024年2月
馆级	NLC-KY-2022-24	东西方造纸原料的传播、演变及历史意义	赵洪雅	2	2022年9月—2024年6月
馆级	NLC-KY-2022-26	节省读者的时间——为中央国家机关用户推荐图书的策略与方法研究	白　婧	1	2022年9月—2023年6月
馆级	NLC-KY-2022-27	基于CIDOC CRM的图书馆数字资源整合与知识发现研究	孟　然	1	2022年9月—2024年6月
馆级	NLC-KY-2022-28	用户知识需求驱动下的小程序知识聚合及精准服务研究	刘　溪	1	2022年9月—2024年8月
馆级	NLC-KY-2022-29	全国图书馆文献缩微复制中心质量管理体系构建研究	樊向伟	1	2022年9月—2024年6月
馆级	NLC-KY-2022-30	国家典籍博物馆智慧化服务体系研究	赵国香	1	2022年9月—2023年12月

（二）结项科研项目

项目类型	编号	项目名称	申请人	结项时间
国家社科基金一般项目	17BTQ030	公共图书馆文化治理功能、效应及提升机制研究	张收棉	2022年12月29日
国家社科基金一般项目	19BTQ002	新时代国家图书馆为国家立法和决策服务的模式与路径研究	李春明	2022年5月26日
国家社科基金一般项目	15BZW110	学术史视野中的《春秋左传》批校题跋研究	梁葆莉	2022年2月7日
馆级	NLC-KY-2020-05	国家图书馆跨语种名称规范控制研究	戴建武	2022年11月18日

（续表）

项目类型	编号	项目名称	申请人	结项时间
馆级	NLC-KY-2015-21	一至四批《国家珍贵古籍名录》收蒙古文古籍研究——非佛教部分	萨仁高娃	2022年11月15日
馆级	NLC-KY-2015-27	下一代图书馆业务集成系统研究	茹　文	2022年10月25日
馆级	NLC-KY-2015-11	中文名称规范数据的共享与关联化研究	王彦侨	2022年10月18日
馆级	NLC-KY-2020-06	公共图书馆突发公共事件应对研究——以新冠肺炎疫情应对为例	陈　攀	2022年9月21日
馆级	NLC-KY-2020-04	融媒体视域下国家图书馆音像电子资源建设和视听服务研究	赵　琨	2022年8月4日
馆级	NLC-KY-2020-25	公共图书馆文化志愿服务现状调查及改善对策研究	宣艺瑶	2022年8月3日
馆级	NLC-KY-2019-17	公共图书馆微信公众号推广运营策略研究——以国家图书馆微信公众号为例	郭　炯	2022年7月19日
馆级	NLC-KY-2017-14	近十年来我国政策文件中的图书馆标准研究	杨　凡	2022年7月8日
馆级	NLC-KY-2019-15	国家图书馆藏清宫戏曲文献研究	王　岩	2022年7月1日
馆级	NLC-KY-2019-22	国家图书馆馆藏木版年画编目规则研究	张　萌	2022年6月29日
馆级	NLC-KY-2020-12	国家科研奖励政策对国家图书馆科学评价服务策略影响的研究	鲁　玥	2022年6月14日
馆级	NLC-KY-2018-07	新时代国家图书馆外文文献资源建设和服务体系探析	宋仁霞	2022年6月9日
馆级	NLC-KY-2016-09	国家图书馆中文图书捐赠史梳理与研究	于菲菲	2022年6月9日
馆级	NLC-KY-2019-01	新时代国家图书馆为国家立法和决策服务发展战略研究	李春明	2022年3月4日
馆级	NLC-KY-2020-10	国家图书馆参考咨询史与职能定位研究	孙　蕊	2022年3月2日

（续表）

项目类型	编号	项目名称	申请人	结项时间
馆级	NLC-KY-2020-15	5G+区块链技术在图书馆智慧服务中的应用研究	只莹莹	2022年2月18日
馆级	NLC-KY-2019-26	美国国家档案馆藏二战日本细菌战解密档案研究	申子超	2022年2月10日
馆级	NLC-KY-2019-32	全国主要公共图书馆科研态势分析与研究	陈　喆	2022年1月7日

五、人员

（一）2022年馆领导名单

姓名	职务名称
熊远明	馆长、党委副书记、国家古籍保护中心主任、国家典籍博物馆馆长
陈　樱	党委书记、副馆长
张志清	常务副馆长、国家古籍保护中心副主任
汪东波	副馆长
张　军	副馆长
霍瑞娟	副馆长

（二）2022年度馆领导职务变动情况

2022年7月起，张志清担任国家图书馆常务副馆长、国家古籍保护中心副主任；

2022年11月起，陈樱担任国家图书馆党委书记、副馆长；魏大威不再担任国家图书馆党委书记、副馆长。

（三）2022年部处负责人名单

部处	职务名称	姓名	备注
办公室	主任	孙伯阳	
	副主任	袁　媛	
	副主任	徐　燕	

（续表）

部处	职务名称	姓名	备注
人事处	处长	辛　璐	
	副处长	吴　洋	
	副处长	杨海帆	
财务处	处长	李红霞	
	副处长	刘婷婷	
	副处长	黄　博	
研究院（业务管理处、全国图书馆标准化技术委员会秘书处、国家图书馆博士后科研工作站办公室）	院长（副局级）	申晓娟	
	副院长（正处级）	张　玮	
	副院长（副处级）	樊　桦	
	副院长（副处级）	李　丹	
	《国家图书馆学刊》常务副主编（副处级）	陈清慧	
党群工作办公室	主任	荣　杰	
	副主任	谢万幸	
纪检监察处	处长	陈荔京	
	副处长	乔淑锦	
审计处	处长	安　洁	
	副处长	陈　琳	
离退休干部处	处长	孙　乐	
	副处长	赵　磊	
国际交流处（台港澳交流处）	处长	张　煦	
	副处长	郝金敏	
国有资产管理处	处长	黄　洁	
	副处长	齐　欣	
	副处长	肖　君	
经营管理处	处长	吕慧军	
	副处长	马　骏	

（续表）

部处	职务名称	姓名	备注
法律事务处	副处长	黄　亮	主持工作
保卫处	处长	赵建国	
	副处长	张明亮	
	副处长	周道贵	
基建工程办公室（国家文献战略储备库工程筹建办公室）	副主任	董雪磊	主持工作
	副主任	胡建平	
承德文献周转库管理处	处长	张海波	
	副处长	王正元	
中文采编部（全国图书馆联合编目中心、ISSN中国国家中心）	主任	王　洋	
	副主任	刘　瑛	
	副主任	槐　燕	
	副主任	崔云红	
外文采编部	主任	王　洋	兼任
	副主任	罗　翀	
	副主任	宋仁霞	
	副主任	齐东峰	
典藏阅览部（国家图书馆少年儿童馆）	主任	李晓明	
	副主任	陈慧娜	
	副主任	郭传芹	
	副主任	刘　杨	
立法和决策服务部（海外中国问题研究资料中心、国家图书馆中国边疆文献研究中心）	主任	李春明	
	副主任	田贺龙	
	副主任	尹汉超	
参考咨询部（国家图书馆科学评价中心）	主任	曹　宁	
	副主任	李翠薇	
	副主任	白云峰	
	副主任	张李江	

（续表）

部处	职务名称	姓名	备注
数字资源部（数字图书馆推广工程办公室、国家图书馆互联网信息资源保存保护中心）	主任	谢　强	
	副主任	李志尧	
	副主任	张　炜	
	副主任	韩新月	
信息技术部（国家图书馆现代技术研究所）	主任	谢　强	兼任
	总工程师（正处级）	邢　军	
	副主任	茹　文	
	副主任	甘　蒂	
缩微文献部（全国图书馆文献缩微复制中心）	主任	王　磊	
	副主任	张　阳	
	副主任	张红霞	
社会教育部（中国记忆项目中心、国家图书馆培训中心）	主任	廖永霞	
	副主任	田　苗	
	副主任	李　楠	
展览部	主任	顾　恒	
	副主任	徐慧子	
	副主任	刘　畅	
古籍馆（国家图书馆方志馆、《永乐大典》研究中心）	馆长（正处级）	陈红彦	
	副馆长（副处级）	谢冬荣	
	副馆长（副处级）	萨仁高娃	
	副馆长（副处级）	刘　波	
国家古籍保护中心办公室（国际图联保存保护中心中国中心办公室）	负责人	王红蕾	
	副主任	王　沛	
	《文献》常务副主任	张燕婴	
民国时期文献保护工作办公室	主任	马　静	
	副主任	雷　亮	
	副主任	朱　亮	
《中华传统文化百部经典》编纂工作办公室	主任	张　洁	
	副主任	徐　慧	
出版部	主任	方自金	
	总编辑	魏　崇	
	副主任	葛艳聪	

（续表）

部处	职务名称	姓名	备注
后勤服务管理中心	主任	曹　伟	
	副主任	卢　希	
	副主任	王　菲	
中国图书馆学会秘书处	秘书长	王雁行	
	《中国图书馆学报》副主编	吴澍时	
	副秘书长	张　章	
中国古籍保护协会秘书处	秘书长（副处级）	王红蕾	
	副秘书长	吴　凯	

（四）人员结构

单位：人

人员总数		
	在编员工	1337
	离退休人员	1217
	2022年进馆人数	74
	2022年离馆人数	50（其中退休38人，调出10人，去世2人）
性别结构		
	男	427
	女	910
部处科组管理人员		
	处级	92
	科级	298
年龄结构		
	30岁及以下	202
	31—40岁	618
	41—50岁	329
	51岁及以上	188

（续表）

专业技术职务结构		
	正高级职称	84
	副高级职称	550
	中级职称	543
	初级职称	61
学历结构		
	博士研究生	91
	硕士研究生	691
	本科学历（硕士学位）	80
	本科学历	418
	专科及以下学历	57

六、馆内外奖励

（一）馆内奖励

2022年度先进集体名单

1. 获得2022年度国家图书馆先进集体的部处

财务处

离退休干部处

中文采编部

展览部

中国图书馆学会秘书处

2. 获得2022年度国家图书馆先进集体的科组

保卫处古籍馆保卫科

外文采编部国际组织与外国政府出版物组

典藏阅览部少年儿童服务组

立法和决策服务部综合服务组

参考咨询部知识产权信息服务组

数字资源部网站管理组

信息技术部数据中心管理组
缩微文献部文献编目与开发组
社会教育部讲座组
古籍馆经典文化推广组
国家古籍保护中心办公室管理组
后勤服务管理中心办公室

2022年度国家图书馆服务标兵名单（按姓氏笔画排序）

丰　楠（典藏阅览部少年儿童服务组）
王　迎（典藏阅览部中文报刊和学位论文阅览组）
王宇鸽（信息技术部项目管理与系统测试组）
王宝兴（典藏阅览部基藏本典阅组）
王艳萍（中文采编部联合编目组）
方　堃（社会教育部教育培训组）
石　剑（古籍馆地方文献组）
宁　波（缩微文献部综合管理与典藏组）
刘雅涵（典藏阅览部音像制品和电子出版物典藏阅览组）
孙　丽（立法和决策服务部教科文卫组）
孙　圆（立法和决策服务部外交国防组）
运　梅（参考咨询部竞争情报组）
李　扬（社会教育部影视资源建设组）
沈艳丽（古籍馆古籍善本特藏典阅组）
张　薇（典藏阅览部参考书组）
张学梅（外文采编部国际组织与外国政府出版物组）
张春香（参考咨询部综合咨询服务组）
陆　承（参考咨询部文献提供组）
金　龙（典藏阅览部外文文献阅览组）
孟　然（数字资源部推广工程培训与资源建设组）
赵国香（展览部讲解服务组）
姜晓曦（数字资源部推广工程建设协调组）
唐　龙（典藏阅览部中文图书阅览外借组）
黄　伶（参考咨询部复制组）
谢　芳（参考咨询部综合咨询服务组）

2022年度"馆长特别奖"获奖名单

1. 安全平稳完成我馆疫情防控及重大活动保障

获奖部处：办公室、保卫处、后勤服务管理中心、国有资产管理处、信息技术部、经营管理处

2. 北平图书馆旧址修缮工程成功立项

获奖部处：基建工程办公室、保卫处、后勤服务管理中心、财务处、古籍馆

3. 配合国家重点文化工程项目做好藏品保护和利用

获奖部处：研究院（业务管理处）、古籍馆、典藏阅览部、国家古籍保护中心办公室、法律事务处

4. "和全国政协委员一起读书"活动顺利举行

获奖部处：立法和决策服务部、研究院（业务管理处）、办公室、《中华传统文化百部经典》编纂工作办公室

5. 应对新形势推进对外交流和文明互鉴

获奖部处：国际交流处、展览部、数字资源部、中国图书馆学会秘书处、社会教育部

（二）馆外奖励

集体奖

获奖单位	所获奖项	评奖单位
国家图书馆（国家古籍保护中心）	与中国文物保护基金会、字节跳动公益共同指导的"古籍守护公益项目"系列传播活动荣获2022年度中华文物全媒体传播精品（新媒体）推介项目	国家文物局、中共中央网络安全和信息化委员会办公室
国家图书馆	信创云平台及信创安全一体化平台建设荣获2022年度数字化转型优秀案例奖	中国信息化周报
国家图书馆	在2022年度交通安全工作中表现突出	北京市海淀区交通安全工作部门联席会
国家图书馆	2021年度紫竹院地区安全生产工作先进单位	海淀区紫竹院街道安全生产委员会
国家典籍博物馆	荣获"喜迎二十大　强国复兴有我——青少年中华文物我来讲"优秀博物馆志愿服务推介项目	中央宣传部志愿服务促进中心、国家文物局博物馆与社会文物司
国家典籍博物馆	"《共产党宣言》专题展"入选2022年度"弘扬中华优秀传统文化、培育社会主义核心价值观"主题展览征集重点推介项目	国家文物局

（续表）

获奖单位	所获奖项	评奖单位
国家典籍博物馆	“甲骨文记忆展览”在“新时代博物馆百大陈列展览精品推介活动”中，获“新时代博物馆百大陈列展览精品”荣誉	中国博物馆协会、中国文物报社
国家典籍博物馆	“珠还合浦　历劫重光——《永乐大典》的回归和再造”在“2021年度北京市博物馆优秀展览评选”活动中，荣获优秀展览	北京市文物局、北京博物馆学会
国家典籍博物馆	“邂逅·美索不达米亚——叙利亚古代文物精品展”荣获2022北京文化消费品牌榜·年度文化消费影响力金榜	北京惠民文化消费季组委会办公室
国家图书馆微博运营团队	荣获2021中国正能量“五个一百”网络精品——百个优秀网络正能量建设者	中共中央网络安全和信息化委员会办公室
国家图书馆官方微博	2022年第二季度·创新应用与传播优秀案例	微博、复旦大学新闻学院、微热点研究院、钳媒
国家图书馆官方微博	2021、2022年度创新应用与传播优秀微博	微博、新浪网
国家图书馆官方微博	入选2022年第一季度政务微博影响力排行榜　全国十大图书馆微博	微博、新浪网
国家图书馆官方微博	入选2022年上半年政务微博影响力排行榜　全国十大图书馆微博	微博、新浪网
国家图书馆微信公众号	入选第六届“大众喜爱的阅读新媒体号”	中国新闻出版传媒集团、中国全民阅读媒体联盟、全民阅读与融媒体智库
国家图书馆微信公众号	在走好网上群众路线工作中成绩突出	中国互联网发展基金会
方寸大观　国图视听抖音账号	2022年在抖音直播中作出突出贡献	北京字节跳动网络技术有限公司
中国图书馆学会	2022年度全国学会科普工作优秀单位	中国科学技术协会科普部

（续表）

获奖单位	所获奖项	评奖单位
中国图书馆学会	2022年度全国学会会员入库优秀单位	中国科学技术协会科学技术创新部
中国图书馆学会	“科创中国”科技服务团（2021年度）	中国科学技术协会
中国图书馆学会	“中国图书馆年会”等5个会议入选中国科学技术协会《重要学术会议指南（2022）》	中国科学技术协会
中国图书馆学会	积极参与中国科协2022重大科学问题、工程技术难题和产业技术问题征集发布活动	中国科学技术协会科学技术创新部、中国科学技术协会学会服务中心
中国古籍保护协会	“社会力量参与云南傣文古籍保护志愿服务行动”评为2022年文化和旅游志愿服务典型案例·社会力量参与志愿服务典型案例	文化和旅游部办公厅、中央文明办秘书局
中国古籍保护会（典籍文创工作专业委员会）	“甲骨文渊——国家图书馆藏甲骨文创意展项目”评为2021年“春雨工程”全国示范性志愿服务项目	文化和旅游部办公厅、中央文明办秘书局
法律事务处	文化和旅游系统“七五”普法先进单位	文化和旅游部
中文采编部党支部	“四强”党支部	中央和国家机关工委
中文采编部青年理论学习小组	课题组撰写的《关爱视障人群，推动全民阅读》荣获文化和旅游部“关键小事”调研攻关课题成果二等奖	文化和旅游部直属机关党委
典藏阅览部外文文献阅览组	一星级全国青年文明号	全国创建青年文明号组委会办公室
立法和决策服务部党支部	“四强”党支部	中央和国家机关工委
立法和决策服务部外交与国防组	一星级全国青年文明号	全国创建青年文明号组委会办公室
参考咨询部青年理论学习小组	课题组撰写的《国家图书馆智能问答系统——用智慧赋能读者服务》荣获文化和旅游部“关键小事”调研攻关课题成果二等奖	文化和旅游部直属机关党委

（续表）

获奖单位	所获奖项	评奖单位
数字资源部青年理论学习小组	课题组撰写的《红色文献在新媒体时代的传播与推广》荣获文化和旅游部“关键小事”调研攻关课题成果二等奖	文化和旅游部直属机关党委
国家图书馆出版社	出版的《朔方文库》荣获宁夏第十五届哲学社会科学优秀成果奖一等奖	宁夏哲学社会科学奖评审委员会办公室
国家图书馆出版社	出版的《我国基本公共文化服务标准化与均等化研究》荣获第十七届天津市社会科学优秀成果奖一等奖	中共天津市委、天津市人民政府
国家图书馆出版社	出版的《互联网时代的影像新闻研究》荣获广东省哲学社会科学优秀成果奖三等奖	广东省人民政府
国家图书馆出版社	出版的《孔氏南宗文献丛书》荣获浙江省第二十一届哲学社会科学优秀成果奖·基础理论研究优秀成果奖二等奖	浙江省人民政府
国家图书馆出版社	出版的《近代日本对华调查档案资料丛刊：第一辑　满铁调查月报》荣获第十三届吉林省社会科学优秀成果奖著作类一等奖	吉林省人民政府
北京国图书店有限责任公司	友贤山馆入选2022年海淀区实体书店专项资金支持项目名单（支持方向：运营补贴）	中共北京市海淀区委宣传部
北京国图书店有限责任公司	2022年度全国优秀馆配商	北京航空航天大学出版社有限公司
北京国图书店有限责任公司	优秀经销商	人民音乐出版社有限责任公司
北京国图书店有限责任公司	外文出版社有限责任公司2021—2022年度优秀经销商	外文出版社有限责任公司
北京国图书店有限责任公司	《中华传统文化百部经典》主题诵读会等3场入选2022年北京实体书店扶持项目——阅读文化活动名单	北京市新闻出版局
北京国图创新文化服务有限公司	古书香薰荣获“2022中国旅游商品大赛”入围奖	中国旅游协会
北京国图创新文化服务有限公司	国图文创空间入选2022年海淀区实体书店专项资金支持项目名单（支持方向：建设补贴）	中共北京市海淀区委宣传部

（续表）

获奖单位	所获奖项	评奖单位
北京国图创新文化服务有限公司	国家图书馆典籍阅读推广项目荣获2022北京文化消费品牌榜·年度文化消费贡献力金榜	北京惠民文化消费季组委会办公室
北京国图创新文化服务有限公司	入围2022中国授权业大奖　年度新锐IP、年度文化艺术授权IP	国际授权业协会、全球授权展·上海站
北京国图创新文化服务有限公司	国家图书馆《精神的力量》手账本荣获2022北京旅游商品和文创产品大赛“强国复兴红色主题”TOP20榜单	北京市文化和旅游局
北京国图创新文化服务有限公司	国家图书馆手不释书主题文创、《红楼梦》主题文创荣获2022北京旅游商品和文创产品大赛“倍儿北京”榜单	北京市文化和旅游局
北京国图创新文化服务有限公司	国图·津湾文创空间荣获2022年“天津市最美书店”名单	天津市新闻出版局

七、部分会议、讲座、国图公开课、培训、展览

（一）会议

时间	会议名称	地点	备注
1月16日	“个体里的家国记忆”口述纪录片主题研讨会	广州	与广州图书馆合办
4月23日	革命文献与民国时期文献保护计划十周年研讨会	北京	
6月28日	“国家级藏文古籍修复基地和技艺传习中心（云南）”建设项目专家评审会（线上）	北京	
6月28日	2022年中国文献影像技术协会常务理事（扩大）会	北京	中国文献影像技术协会主办
7月6日	2022年全国公共图书馆缩微工作会议（线上）	北京	全国图书馆文献缩微复制中心主办

（续表）

时间	会议名称	地点	备注
7月26日	革命文献与民国时期文献保护计划十周年研讨会	北京	
9月7日	文津图书奖提升工作交流活动	北京	
9月9日	学习贯彻习近平总书记给国图老专家回信精神三周年座谈会	北京	
11月19日	2022年海峡两岸档案暨缩微学术交流会（线上）	台北	中国文献影像技术协会、中国档案学会、台湾中华档案暨资讯微缩管理学会合办
11月23日	“中华经典传习所”评审会（线上）	北京	
11月30日至12月1日	“2022纪实影像照见未来——图书馆纪实影音文献建设的发展与创新”主题研讨会	广州	与广州图书馆合办
12月22日	革命文献与民国时期文献整理项目专家评审会	北京	
12月27日	第十七届省、自治区、直辖市、较大城市图书馆馆长联席会议（线上）	北京	

（二）讲座

时间	讲座名称	主讲人	备注
1月14日	女真文碑铭文献及其研究	孙伯君	“中国典籍与文化系列”讲座
1月15日	西方哲学的中国式解读	赵敦华	部级领导干部历史文化讲座
1月17日	您了解古代奥林匹克运动会吗？	荆惠梓、李　菁、陈　昭	国图讲坛·“冰雪聪明——冬奥知识小课堂”特别活动
1月18日	一个酷到爆的冰雪运动——单板滑雪	陈　昭	国图讲坛·“冰雪聪明——冬奥知识小课堂”特别活动
1月21日	“单板滑雪之王”——肖恩·怀特	荆惠梓	国图讲坛·“冰雪聪明——冬奥知识小课堂”特别活动

（续表）

时间	讲座名称	主讲人	备注
1月22日	奥运火炬的火从哪里来	李　菁	国图讲坛·“冰雪聪明——冬奥知识小课堂”特别活动
1月23日	此“雪橇”非彼“雪橇”也	陈　昭	国图讲坛·“冰雪聪明——冬奥知识小课堂”特别活动
1月24日	“冰上蝴蝶”——陈露	荆惠梓	国图讲坛·“冰雪聪明——冬奥知识小课堂”特别活动
1月25日	古代奥运会上比赛什么项目呢？（上）	李　菁	国图讲坛·“冰雪聪明——冬奥知识小课堂”特别活动
1月26日	古代奥运会上比赛什么项目呢？（下）	李　菁	国图讲坛·“冰雪聪明——冬奥知识小课堂”特别活动
1月27日	雪车，上演速度与激情	陈　昭	国图讲坛·“冰雪聪明——冬奥知识小课堂”特别活动
1月28日	“天才少女”——谷爱凌	荆惠梓	国图讲坛·“冰雪聪明——冬奥知识小课堂”特别活动
1月29日	冰壶，“一片冰心在玉壶”	陈　昭	国图讲坛·“冰雪聪明——冬奥知识小课堂”特别活动
1月30日	“风暴勇士”——羽生结弦	李　菁	国图讲坛·“冰雪聪明——冬奥知识小课堂”特别活动
1月31日	中国的百年奥运梦	李　菁	国图讲坛·“冰雪聪明——冬奥知识小课堂”特别活动
2月1日	“满贯传奇”——武大靖	荆惠梓	国图讲坛·“冰雪聪明——冬奥知识小课堂”特别活动
2月2日	冰球，勇敢者的游戏	陈　昭	国图讲坛·“冰雪聪明——冬奥知识小课堂”特别活动
2月3日	回顾中国参与冬奥会上闪耀的“第一次”	李　菁	国图讲坛·“冰雪聪明——冬奥知识小课堂”特别活动
2月4日	为了举办冬奥会，我国都做了哪些努力？！	李　菁	国图讲坛·“冰雪聪明——冬奥知识小课堂”特别活动
2月5日	速度滑冰，大道争锋！	陈　昭	国图讲坛·“冰雪聪明——冬奥知识小课堂”特别活动

（续表）

时间	讲座名称	主讲人	备注
2月6日	跳台滑雪，像风一样自由	陈　昭	国图讲坛·“冰雪聪明——冬奥知识小课堂”特别活动
2月7日	短道速滑，驰魂夺魄的冰上追逐！	陈　昭	国图讲坛·“冰雪聪明——冬奥知识小课堂”特别活动
2月19日	唐朝族群与国家的互动	李鸿宾	部级领导干部历史文化讲座
3月8日	女人，也可以纵横四海：精编讲座《丁玲与女性主义的原点问题》	贺桂梅	国图讲坛·“三八妇女节”特别活动
3月19日	世界格局演变的历史规律与未来走向	马　刚	部级领导干部历史文化讲座
3月23日	冬奥会比赛为何要“看天吃饭”？	符娇兰	国图讲坛2022年世界气象日特别活动
3月24日	这般颜色待君赏——中国古代颜色文化	李艳红	“中国典籍与文化系列”讲座
3月26日	孩子，不如咱们交个朋友吧	崔丽霞	国图讲坛·“教育大家谈”专题
3月29日	掏心掏肺，却渐行渐远？	崔丽霞	国图讲坛·“教育大家谈”专题
3月31日	青春期，不可怕！	崔丽霞	国图讲坛·“教育大家谈”专题
4月8日	青少年行为解码	崔丽霞	国图讲坛·“教育大家谈”专题
4月11日	中国语言文字系列讲座之十：汉语、汉字独立时期考	孙玉文	文津讲坛
4月12日	中国语言文字系列讲座之十一：甲骨文的偏旁与部首	黄天树	文津讲坛
4月12日	学会尊重和倾听	崔丽霞	国图讲坛·“教育大家谈”专题
4月13日	中国语言文字系列讲座之十二：故宫博物院藏殷墟甲骨文的前世今生	王　素	文津讲坛
4月14日	中国语言文字系列讲座之十三：商代的文字应用及其与占卜的关系	徐义华	文津讲坛
4月14日	从生命的终点回望列夫·托尔斯泰的生死修辞	李正荣	国图讲坛·外国小说家的流金岁月
4月15日	中国语言文字系列讲座之十四：李学勤先生与甲骨文研究	赵平安	文津讲坛
4月16日	新中国经济发展的历史与逻辑	武　力	部级领导干部历史文化讲座

（续表）

时间	讲座名称	主讲人	备注
4月18日	亲子沟通：一场根植于爱的双向奔赴	崔丽霞	国图讲坛“教育大家谈”专题
4月19日	中国语言文字系列讲座之十五：训诂学与典籍阅读	卜师霞	文津讲坛
4月27日	敦煌藏经洞文书研考漫谈——以缀合研究为主例	张　总	“中国典籍与文化系列”讲座
4月27日	中德古籍收藏历史与比较	杨天德	“中国典籍与文化系列”讲座
5月13日	从小屯到二里头——夏商都邑的探索历程	许　宏	国图讲坛·“考古有意思”专题系列
5月20—28日	我们的征途——中国人的探月故事	于天一	国图讲坛·2022年全国科技活动周特别活动
5月21日	内外一体：清代对塞外民族的治理及其成效	张永江	部级领导干部历史文化讲座
5月24—27日	化学怎样改变了文明	孙亚飞	国图讲坛·2022年全国科技活动周特别活动
5月25—28日	中国人的探月梦	欧阳自远	国图讲坛·2022年全国科技活动周特别活动
5月26日—6月2日	未来一百年，人类要去哪里？	郑永春	国图讲坛·2022年全国科技活动周特别活动
6月6—17日	二十四节气和中国传统节日	刘魁立	国图讲坛·2022年“非遗讲座月”
6月14日	中国语言文字系列讲座之十六：文字的定义和古文字的解读	聂鸿音	文津讲坛
6月15日	中国语言文字系列讲座之十七：近代西洋汉语研究史述略	姚小平	文津讲坛
6月16日	中国古代书画艺术系列讲座之十一：立象尽意与即色游玄：中国书法的原理和方法	何学森	文津讲坛
6月18日	新格局下的中国形象海外建构	程曼丽	部级领导干部历史文化讲座
6月20日	中国古代文书系列讲座之一：“中国古文书学”漫谈	黄正建	文津讲坛

（续表）

时间	讲座名称	主讲人	备注
6月21日	风雅宋——宋人的日常与雅趣	吴　钩	国图讲坛·2022年“非遗讲座月”
6月22日	中国古代文书系列讲座之二：明清时代的契约与契约社会	阿　风	文津讲坛
6月23日	古今文学经典系列讲座之五：马礼逊英译《红楼梦》手稿研究	王　燕	文津讲坛
6月24日	《永乐大典》的编纂与流传	张　升	“中国典籍与文化系列”讲座
6月29日	古今文学经典系列讲座之六：《世说新语》与魏晋风流	王能宪	文津讲坛
7月5日	中国语言文字系列讲座之十八：语言研究与逻辑研究纵横谈	张和友	文津讲坛
7月7日	中国古代文书系列讲座之三：从官方档案到民间文书：中国古代家谱的源与流	陈　爽	文津讲坛
7月8—10日	文明的摇篮——古代美索不达米亚	于殿利	国图讲坛·“邂逅·美索不达米亚”叙利亚古代文物展宣传讲座
7月14日	古今文学经典系列讲座之七：李白《咏桂二首》诗题辨疑与咏物诗类型问题	蓝　旭	文津讲坛
7月15日	数字人文系列讲座之一：人工智能遇上古籍整理——古籍资源的智能开发与利用	王　军	文津讲坛
7月16日	中亚：独特的历史与东西文明互鉴	孙壮志	部级领导干部历史文化讲座
7月19日	古今文学经典系列讲座之八：魏晋名教自然论在《红楼梦》中的投射及人生启示	杨　琳	文津讲坛
7月20日	中国语言文字系列讲座之十九：漫谈汉语的类型特点	刘丹青	文津讲坛
7月22日—8月1日	黑土地上的辽宁非遗	宋晓冬	国图讲坛·2022年“非遗讲座月”
8月5—13日	“洋洋大观，生生永续——云南省非物质文化遗产的时代光彩”	尹家玉	国图讲坛·2022年“非遗讲座月”

（续表）

时间	讲座名称	主讲人	备注
8月9日	穿在身上的历史坐标——中国古代服饰文化	谢大勇	国图讲坛·往期精品回顾
8月17日	清代文化系列讲座之八：“别样心事的为谁？——清代考据学漫谈”	漆永祥	文津讲坛
8月18日	敦煌资料展现出的中古婚姻生活百态	陈丽萍	“中国典籍与文化系列”讲座
8月20日	中华法制的理性内涵	朱　勇	部级领导干部历史文化讲座
8月20日	《仅此一生》的思考	何怀宏	2022年文津读书沙龙
8月23日	书映国运：《永乐大典》六百年聚散流转之谜	项　旋	“中国典籍与文化系列”讲座
8月24日	西藏非遗现状解析	普布次旦	国图讲坛·2022年“非遗讲座月”
8月24日	社区驱动的非遗开发与乡村振兴——一个北京近郊城市化乡村的发展之路	杨利慧	国图讲坛·2022年“非遗讲座月”
9月2日	孤独的女皇	孟宪实	2022年文津读书沙龙
9月9日	中秋诗词赏析	林　峰	国图讲坛·2022年中秋节特别活动
9月16日	唐宋转替之中的幽州境遇	李鸿宾	“中国典籍与文化系列”讲座
9月17日	中法“特殊关系”的源与流	高　毅	部级领导干部历史文化讲座
9月23日/12月10日	中国人的音乐	田　青	2022年文津读书沙龙
10月15日	良渚文明	赵　辉	部级领导干部历史文化讲座
11月19日	抗日战争与中华民族伟大复兴	金以林	部级领导干部历史文化讲座
10月27日/12月30日	纵横家的策谋——《战国策》	何　晋	国图讲坛·何以经典——中华传统文化百部经典讲座月
10月27—30日	一段充满哲思与温情的成长旅程——图画书《太阳和蜉蝣》创作分享	张　敩	2022年文津读书沙龙
11月24日	三星堆——青铜铸造的古蜀神话	王仁湘	国图讲坛·“考古有意思”系列

（续表）

时间	讲座名称	主讲人	备注
11月24日	海昏侯墓出土乐舞相关文物解读	练春海	国图讲坛·“考古有意思”系列
11月25日/12月28日	《儒林外史》的现代启示	李汉秋	国图讲坛·何以经典——中华传统文化百部经典讲座月
12月10日	姹紫嫣红的聊斋爱情	马瑞芳	国图讲坛·往期精品回顾
12月17日	《淮南子》——一部丰富的百科全书	陈　静	国图讲坛·何以经典——中华传统文化百部经典讲座月
12月17日	《庄子》的文学特征	孙明君	部级领导干部历史文化讲座

（三）公开课

时间	公开课名称	主讲人
10月30日	天才的时代系列：我心光明——纪念王阳明诞辰550周年·《百部经典》阅读推广特别活动	张立文、吴　震、王能宪、田艳军

（四）培训

时间	培训名称	主讲人	备注
2月26日—4月23日	古籍修复基础（春季周末班）	宋　晶、宋　玥、王欣蕊、郭志新、崔志宾	
3月21—24日	中文普通图书编目与管理培训班	朱青青、曹玉强、王广平	
4月10日—7月17日	古籍修复基础（夏季周末班）	葛瑞华	
4月11—15日	中国机读目录格式编目员上岗资质培训班A	朱青青、刘　伟	
4月23日	“遇见典籍——读万卷书　行万里路”专题直播	崔雪如	
5月16—20日	新媒体环境与图书馆读者服务工作的创新实践培训班	富　平、郭　斌、王　宇、张立朝、宋　辰、宋　姝、郭　炯、郑裕鸿、吴淑娟	

（续表）

时间	培训名称	主讲人	备注
5月18日	“典籍的力量”专题直播	马晓东、董　鑫	
5月24—31日	文化行业标准WH/T 96—2022《公共图书馆年度报告编制指南》培训班	王　薇、陈深贵、肖　鹏	
6月11日—7月30日	篆刻技艺与鉴赏（夏季周末班）	吕高鹏	
6月13—17日	《中图法》第五版（电子升级版）机助分类与主题一体化标引培训班	卜书庆、赵　悦、刘华梅	
7月4—15日	第十三期全国少数民族古籍修复培训班——彝文古籍修复	杨利群、易晓辉、朱崇先等	
7月11—22日	古籍修复基础（暑期脱产1班）	李　莉	
7月15—17日	“古籍零距离”专题班	孙齐圣、刘羽冰等	
7月18—22日	图书馆参考咨询服务及案例解析培训班	黄　崑、唐　晶、刘素清、邵思密、王　磊、赵　红、张曙光、曹　宁	
7月18—23日	我是小小讲解员	赵国香、李子日等	
7月25—30日	我是小小讲解员	赵国香、朱　莺等	
8月8—19日	古籍修复基础（暑期脱产2班）	葛瑞华	
8月19—21日	“古籍零距离”专题班	孙齐圣、刘羽冰等	
8月22—27日	我是小小讲解员	刘　雅、高诗萌等	
8月29日—9月9日	碑刻拓片保护与装帧技术培训班（夏季脱产班）	邢跃华	
9月6—9日	2022年“革命文献与民国时期文献保护计划”专题培训	马　静、王　磊、赵长海、王　健、王彦侨	与中国图书馆学会合办
9月19—23日	图书馆知识产权风险管理培训班	张若冰、申庆月、敦文杰、周笑盈、魏士廪、王淑焕、武景杉、陈秋慧、魏　青	
10月17—21日	中国机读目录格式编目员上岗资质培训班B	朱青青、刘　伟	

（续表）

时间	培训名称	主讲人	备注
10月29日—12月17日	古籍修复提高（秋冬周末班）	宋　玥、王欣蕊、崔志宾、侯郁然、郭志新、田婷婷	
10月31日—11月4日	新RDA的编目理论与实践培训班	蔡　丹、袁　雪、杨恩毅、刘　丹、赵丹丹	
10月31日—11月26日	第十一期全国古籍修复技术与工作管理研修班	田周玲、杜伟生、王金玉等	
11月11—20日	第一期图书馆古籍整理与利用研修班	程毅中、林世田、吴　格等	
11月14—18日	2022年图书馆新入职及转岗员工培训班	王子舟、李　丹、张新宇、马　涛、王　媛、田　苗、张　玮、赵俊玲	
12月18—31日	第十二期全国古籍鉴定与保护研修班	李致忠、史金波、陈红彦等	
12月19日	2022年全国公共图书馆缩微技术培训班	杨晓微、马　杰、齐午月、张　峰、樊向伟	全国图书馆文献缩微复制中心主办，中国文献影像技术协会承办

（五）展览

日期	展览名称	地点	备注
2019年9月10日—2022年11月3日	甲骨文记忆展	北京	
2020年7月28日—2022年12月31日	中华传统文化典籍陈列展	北京	
2020年9月1日—2022年7月22日	妙手补书书可春——全国古籍修复技艺竞赛暨成果展	北京	与全国各省级古籍保护中心合办
2021年6月1日—2022年12月31日	珠还合浦　历劫重光——《永乐大典》的回归和再造	北京	

（续表）

日期	展览名称	地点	备注
2021年6月29日—2022年12月31日	《天工开物》专题陈列	北京	
2021年7月8日—2022年4月21日	《共产党宣言》专题展	北京	与中共浙江省委宣传部合办
1月18日—3月31日	典籍里的中国年	北京	
4月1—8日	一带一路　人文交流——中西合璧古董艺术品回流瓷首展	北京	中国社会艺术协会主办
4月23日—6月23日	第十七届文津图书奖获奖图书展	北京	
4月23日—11月3日	“文梓共采　笔墨同辉——从古代经典诗词到现当代文学”展	北京	
4月23日—6月23日	图书馆的使命：保护知识产权　引领知识共享	北京	国家知识产权局公共服务司指导
6月10日—7月10日	年华易老　技·忆永存——第四届国家级非物质文化遗产代表性传承人记录工作成果展映月暨工作回顾展	北京	
6月16日—7月27日	“炫彩童年——中国百年童书展”巡展	浙江省宁波市	与宁波市天一阁博物院合办
6月25日—12月3日	邂逅·美索不达米亚——叙利亚古代文物精品展	北京	与中国文物交流中心合办
8月4日起	妙手传天禄　丹心鉴古今——国家图书馆藏清宫“天禄琳琅”修复项目成果展	北京	
8月16—31日	缘于图像背景的社会和艺术·刻石书法研究与创作系列展——篆书廿九品新探	北京	与中国国家画院合办
9月7日—10月31日	经典，予生活以诗意——文津经典诵读十周年主题展	北京	
10月19日起	“珠还合浦　历劫重光——《永乐大典》的回归和再造”巡展（数字资源）	天津	与天津大学图书馆合办

注：受疫情影响，部分展览未在展期全程开放。

八、档案资料

2022年，顺利完成2021年度档案归档工作。为更好地开展年度归档工作，办公室向各部处印发《关于做好2021年度档案归档工作的通知》（图办发〔2022〕4号）。在疫情防控期间，以电话咨询等方式重点沟通年度归档工作注意事项和操作规范，并针对全馆兼职档案员进行归档培训。档案室在各部处移交档案时，加大归档检查力度，第一时间对移交的纸质档案进行质量复核，发现问题及时提醒，并督请有关部处进行修改。在办公室统筹协调下，各部处进一步加强对档案工作的重视，兼职档案员认真负责，顺利完成2021年度档案归档工作。全年共接收全馆34个部处移交的文书、活动、业务、刊物、项目等各类档案共计8469件。纸质文件与电子文件一一对应。

档案室积极为馆内各项工作提供档案支持。随着馆内各项工作不断深入开展，各部处对历史档案的需求也随之提升。全年共接待各部处到室查阅档案78次，借阅档案69次（含电子借阅6次），电话咨询143次。

归档情况统计

档案类型	档案数量
文书档案	4335件
活动档案	177件
业务档案（含合同）	3003件（其中合同1030件、回溯档案91件）
照片档案	13421张
实物档案	7件
刊物档案	604件
项目档案	350件
合计	21897件/张

馆发文件

- 馆发文件目录
- 馆发重要文件选编

馆发文件

一、馆发文件目录

◇ 国家图书馆关于办公室副主任等24个副处级岗位竞聘演讲工作的通知
国图人发〔2022〕1号
发布时间：1月4日

◇ 关于做好2022年春节和北京冬奥会期间各项安全工作的通知
国图办发〔2022〕2号
发布时间：1月26日

◇ 关于印发《国家图书馆2021年全馆工作总结》的通知
国图研发〔2022〕3号
发布时间：1月26日

◇ 国家图书馆关于协调机构调整的通知
国图人发〔2022〕4号
发布时间：1月30日

◇ 关于印发《国家图书馆2022年工作要点》的通知
国图研发〔2022〕5号
发布时间：2月16日

◇ 国家图书馆关于颁发2021年度“馆长特别奖”的决定
国图办发〔2022〕6号
发布时间：2月22日

◇ 国家图书馆关于表彰2021年度先进集体的决定
国图人发〔2022〕7号
发布时间：2月22日

◇ 国家图书馆关于表彰2021年度服务标兵的决定
国图办发〔2022〕8号
发布时间：2月22日

◇ 国家图书馆关于表彰2021年度创建安全单位先进集体和先进个人的决定
国图保发〔2022〕9号
发布时间：2月22日

◇ 关于印发熊远明同志在国家图书馆2022年年初中层干部会议上的讲话的通知
国图研发〔2022〕10号
发布时间：3月1日

◇ 国家图书馆关于2021年度全员考核情况的通报

国图人发〔2022〕11号

发布时间：3月12日

◇ 关于印发张旭、熊远明同志在2022年国家图书馆员工大会上讲话的通知

国图办发〔2022〕12号

发布时间：3月16日

◇ 关于调整国家图书馆智慧图书馆建设工作机制的通知

国图研发〔2022〕13号

发布时间：4月2日

◇ 关于印发《国家图书馆合同管理办法（修订）》的通知

国图资发〔2022〕14号

发布时间：4月5日

◇ 关于印发《国家图书馆智库建设工作方案（2022—2024年）》和《国家图书馆智库建设2022年主要工作计划》的通知

国图研发〔2022〕15号

发布时间：4月24日

◇ 国家图书馆关于张玮等3人任职转正的通知

国图人发〔2022〕16号

发布时间：5月5日

◇ 国家图书馆关于王洋、顾犇职务调整的通知

国图人发〔2022〕17号

发布时间：5月6日

◇ 国家图书馆关于表彰2021年度宣传工作先进集体和个人的决定

国图办发〔2022〕18号

发布时间：5月15日

◇ 国家图书馆关于徐燕等25人任职公示的通知

国图人发〔2022〕19号

发布时间：6月17日

◇ 国家图书馆关于袁媛任职公示的通知

国图人发〔2022〕20号

发布时间：6月17日

◇ 国家图书馆关于开展2022年度职称评审工作的通知

国图人发〔2022〕21号

发布时间：7月6日

◇ 关于印发《国家图书馆专业技术人员岗位分级聘用管理办法》的通知

国图人发〔2022〕22号

发布时间：7月27日

◇ 国家图书馆关于开展2022年度专业技术人员岗位分级聘用工作的通知
国图人发〔2022〕23号
发布时间：7月27日

◇ 国家图书馆关于徐燕等25人职务试用聘任的通知
国图研发〔2022〕24号
发布时间：8月8日

◇ 国家图书馆关于袁媛职务聘任的通知
国图人发〔2022〕25号
发布时间：8月30日

◇ 关于公示2022年度出版系列专业技术职务任职资格推荐结果的通知
国图人发〔2022〕26号
发布时间：8月16日

◇ 关于公示2022年度专业技术职务任职资格评审（推荐）结果的通知
国图人发〔2022〕27号
发布时间：9月5日

◇ 国家图书馆关于规范数字藏品开发与发行工作的通知
国图研发〔2022〕28号
发布时间：9月16日

◇ 关于印发《国家图书馆新冠肺炎疫情应急预案（2022年7月）》的通知
国图办发〔2022〕29号
发布时间：9月21日

◇ 国家图书馆关于公示2022年度专业技术岗位分级聘用人选情况的通知
国图人发〔2022〕30号
发布时间：9月25日

◇ 国家图书馆关于国家图书馆出版社有限公司董事、监事变更的通知
国图人发〔2022〕31号
发布时间：9月30日

◇ 关于印发《国家图书馆商标和专利管理实施细则（试行）》的通知
国图资发〔2022〕33号
发布时间：9月30日

◇ 关于对未按疫情防控政策要求开展核酸检测工作情况的通报
国图办发〔2022〕34号
发布时间：11月1日

◇ 关于印发《国家图书馆官方网站管理办法（试行）》的通知
国图研发〔2022〕35号
发布时间：11月7日

◇ 关于印发《国家图书馆新冠肺炎疫情应急预案（2022年11月版）》的通知

国图办发〔2022〕36号

发布时间：11月16日

◇ 关于印发《国家图书馆关于深入学习宣传贯彻党的二十大精神实施方案》的通知

国图党发〔2022〕37号

发布时间：11月21日

◇ 关于印发《国家图书馆馆属企业监督管理办法》的通知

国图营发〔2022〕38号

发布时间：12月11日

◇ 关于2022年度部处领导班子及全员年度考核工作的通知

国图人发〔2022〕39号

发布时间：12月19日

◇ 关于印发《国家图书馆基本建设项目变更洽商管理办法（试行）》的通知

国图建发〔2022〕40号

发布时间：12月20日

注：国图网发〔2022〕32号因分发范围限制，不在本目录内列出。

二、馆发重要文件选编

国家图书馆2022年工作要点

2022年将迎来党的二十大，国家图书馆将继续坚持以习近平新时代中国特色社会主义思想为指导，以习近平总书记给国图老专家回信精神为基本遵循，深入学习贯彻党的十九届历次全会和二十大精神，全面贯彻落实党中央、国务院及文化和旅游部党组决策部署，贯彻落实全国宣传思想工作会议、全国文化和旅游厅局长会议精神，弘扬伟大建党精神，拥护“两个确立”、做到“两个维护”，坚持稳中求进、守正创新，以推动高质量发展为主题，以智慧转型、品质提升、开放合作等三大发展战略为指引，围绕坚持正确政治方向、弘扬优秀传统文化、创新服务方式、推动全民阅读等要求，扎实推进各项事业创新发展，促进人民精神生活共同富裕，以优异成绩迎接党的二十大胜利召开。

一、深入学习贯彻习近平新时代中国特色社会主义思想和党的二十大精神

1. 学习贯彻习近平新时代中国特色社会主义思想。认真学习贯彻党的十九届六中全会精神，面向全体党员干部开展学习培训，引导党员干部从党的百年奋斗历程中汲取智慧和力量。认真学习贯彻党的二十大精神，深入领会今后党和国家前进方向、奋斗目标、行动纲领。充分发挥党委（党组）理论学习中心组领学促学作用，发挥党支部学习主阵地作用。加强年轻干部理论学习小组学习指导，坚持读原著、学原文、悟原理，及时跟进学习习近平总书记最新重要讲话精神。巩固党史学习教育成果，推动学习教育常态化，健全学以致用、用以促学、学用相长的机制，利用理论学习成果推进国家图书馆事业高质量发展。

2. 深入贯彻落实习近平总书记给国图老专家回信精神。结合工作实际将总书记回信精神学习引向深入，将其转化为指导国家图书馆事业创新发展的根本遵循。积极落实《文化和旅游部贯彻落实习近平总书记重要批示精神　深入做好公共图书馆改革创新工作的实施方案》部署要求，统筹推进17项专题工作，认真学习中央和国家机关工委、文化和旅游部党组重要指示批示精神，坚持学以致用，推动学习成果落地，组织召开贯彻落实习近平总书记给国图老专家回信精神三周年座谈会。巩固文化和旅游部党组巡视整改成果，稳步推进长期整改项目实施，深入开展巡视整改工作“回头看”，健全巡视整改成效制度化常效化。

3. 严格落实意识形态工作责任制。加强意识形态理论学习，深化对意识形态工作极端重要性的认识。进一步明确全馆意识形态责任制工作格局。加强意识形态工作定期研判，细化和完善各业务领域、环节的意识形态审批审核等管理工作程序及分工，加强敏感文献审读与筛查；建立健全意识形态风险应急响应机制，完善意识形态突发事件应急预案，加强舆情监测。举办全馆意识形态工作系列培训，开展工作案例交流培训，提升党员干部员工意识形态工作能力，加强党员干部员工政治言行管理。

二、大力推进“全国智慧图书馆体系”建设

4. 健全项目建设工作机制。根据项目实际需求，适时调整国家图书馆智慧图书馆建设领导小

组组成，设立工作专班，完善专项工作组职责分工，统筹推进项目实施。健全专家咨询机制，组建动态更新的全国智慧图书馆体系建设专家库。完善工作交流机制和行业协同参与机制，深化与国内外图书馆同行、相关教育科研单位、数字内容产业和互联网知识服务头部机构之间的交流研讨和合作调研，完善项目建设思路。

5. 完善项目顶层设计与基础架构建设。加快推进商务流程，委托专门机构对项目总体技术架构进行概要设计。加强项目统筹管理，在协调各相关部门深入开展需求调研的基础上，与设计单位密切对接，进一步明确项目业务需求和实施路径，确保设计方案有效落实落地。推进云基础设施平台、全国智慧图书馆管理系统、多维融合知识服务平台和全网知识内容集成仓储建设。利用5G技术，继续推进国家图书馆与各省级图书馆之间的安全交互网络建设试点。

6. 推进知识内容建设和知识服务试点项目实施。统筹推进智慧图书馆知识内容建设，组织编制知识内容建设总体规划，支持和引导各地图书馆，立足各自资源优势和地方文化特色，不断丰富智慧图书馆建设和服务的资源基础。立足已有馆藏数据及资源数字化成果，整体推进古籍等特色资源的智慧化整合揭示与开发利用，逐步推出一批成熟的智慧化知识服务产品。进一步推进知识产权管理平台开发和全国公共图书馆知识资源管理联盟链建设，探索利用区块链技术，实现各类不同来源知识内容的确权登记、交易流转和查询服务。推动智能咨询服务系统上线运行，基于对读者行为数据的实时跟踪采集和分析，逐步实现面向读者的自动化、个性化知识服务。着力推进线下智慧服务场馆建设，组织编制线下智慧图书馆空间建设指南，为各级图书馆提供参考、示范。

7. 加强理论研究、标准规范和人才队伍等支撑体系建设。会同来自全国知名高校、科研院所和图书馆实践单位的专家学者，围绕智慧图书馆建设的重难点问题深入开展调查研究，为统筹全国智慧图书馆体系建设提供科学务实的理论和技术指导。进一步完善智慧图书馆标准规范体系框架，及时明确现阶段标准研制的重点领域及优先事项，积极推动数字图书馆领域已有成熟标准面向智慧图书馆建设、管理与服务的修订、复用，同时结合项目建设需求，抓紧推进有关专用标准规范的研制与应用，适时启动用户统一身份认证、知识图谱等重点领域标准研制。将智慧图书馆建设纳入员工培训计划，建立动态更新的智慧图书馆培训课程体系，加强人才培养和储备。

三、传承弘扬中华优秀传统文化

8. 继续实施中华古籍保护计划。配合中宣部、文化和旅游部召开全国古籍工作会议，制定推进新时代古籍工作的意见和2021—2030年国家古籍规划。贯彻落实全国古籍工作会议精神，推进古籍类文物定级工作，推动将古籍有效纳入文物保护体系。进一步修订完善古籍定级标准，做好馆藏古籍定级工作。推进《全国古籍普查登记目录》《第六批国家珍贵古籍名录图录》出版。开展全国古籍重点保护单位复核和基层公共图书馆古籍保护摸底排查，加强古籍存藏环境管理与改善。开展第一批国家级古籍修复中心核查，推进国家级古籍修复中心修复项目和古籍修复口述史项目。举办“中华传统晒书大会”和“册府千华”系列展览。加快古籍数字化建设与活化利用，推进“全国古籍普查登记基本数据库”“中华历代古籍书目数据库”“海外中华古籍书目数据库”建设，做好“中华古籍资源库”服务提升。继续推进全国古籍保护人才培养。推进古籍保护相关法律法规和标准规范建设。推进和指导少数民族地区开展古籍普查、修复、数字化工作，推进“藏文古籍保护专项”工作。围绕中华古籍保护计划实施15周年组织开展系列宣传推广活动。

9. 稳步推进革命文献与民国时期文献保护计划。深入开展民国时期文献普查。推进《民国时期图书总目》《革命历史文献专题书目（1911—1949）》编纂出版。加强海外相关机构所藏重要文献调研与征集，继续推进馆藏民国时期图书原生性保护、专题民国时期文献的立项和整理、缩微胶卷数字化、中缅印战区抗战历史档案整理等工作，启动二战西南太平洋战区日本战俘讯问档案数据库建设。举办“革命文献与民国时期文献保护计划”10周年学术研讨会和成果展，举办文献保护专题培训班，加强与业界的交流合作。继续做好国际图联保存保护中心中国中心相关工作。

10. 做好典籍整理出版和研究利用。深入实施《中华传统文化百部经典》编纂项目，年内完成20种图书编辑出版；召开出版座谈会，规划项目发展；加强宣传推广，扩大项目影响力。有序推进《永乐大典》、敦煌文献等“十四五”国家重点出版项目实施。建设好《永乐大典》研究中心，在继续做好零册收集和修复保护的同时，推进《永乐大典》仿真影印和数字化出版，推进专题数据库建设。继续实施“全球汉籍合璧工程”和国家传统文化典籍整理工程，推进《中华医藏》《中华续道藏》、敦煌文献、馆藏梁启超手稿、《中国古籍珍本丛刊》等专题文献整理出版，加大出版成果宣传推广。继续合作推进“汉典重光”古籍数字化公益项目，促进海外典籍数字化回归。联合全国公共图书馆和“中华优秀传统文化实践基地”等单位，实施“中华经典传习项目”。培育《山海经》《永乐大典》等经典IP，打造系列文创品牌，推动传统文化元素深入社会公众日常生活。

四、以更高标准建设国家典籍博物馆

11. 提升策展办展水平。策划举办“文明重现——20世纪初中国学术界四大发现展”、天禄琳琅修复展、《宪法》颁布四十周年展、国家图书馆馆史展等专题展览。深化与其他图书馆、博物馆、展览馆等的交流合作，加大国内外优秀展览引进力度，进一步提升巡展输出水平。创新应用智能展陈手段，丰富在线虚拟展厅内容。健全讲解员培训体系和志愿者管理体系，提升讲解服务水平。加大展览活动宣传力度，提高国家典籍博物馆的社会知名度和品牌影响力。

12. 创新开展传统文化实践教育活动。继续打造“走进典籍博物馆大课堂”特色品牌，丰富系列主题课程内容，创新开展实践活动课、主题参观课等学习活动。继续开发基于中华优秀传统文化的青少年研学游项目，完善探究式、体验式社会教育实践模式。建设好“全国中小学生研学实践教育基地”“青少年中华优秀传统文化教育基地”“北京市中小学生社会大课堂”，促进国家典籍博物馆资源与学校教育的有效衔接。

13. 提高藏品保存和管理水平。探索推进国家典籍博物馆实物资源征集入藏，丰富典籍博物馆藏品。进一步完善实物类藏品入藏管理办法，规范库房及藏品管理相关业务。推进藏品管理系统的完善运行，实现藏品和库房智能管理。加强展厅和展陈设备建设维护。积极开展文物展品展示保护及复制品制作等方面研究。

五、强化文献信息资源保障能力

14. 加强国家文献信息资源总库建设。调整完善馆藏发展政策，推进外文馆藏资源质量评价。

加强国内正式出版物催交力度，规范对交存文献的管理与处置。加强海外中国学、法律、周边国家和地区等重点文献采访。探索协调纸电采访，有序开展缺藏本补藏工作。推进“中国记忆”、中国战“疫”记忆库、国家图书馆互联网信息战略保存等项目实施。研究推进开放存取资源、科学数据资源等的采集入藏。加强各类文献信息资源建设与服务中的版权管理，持续开展公共文化资源征集项目。推动学位论文及博士后报告交存管理系统、影音视听资源管理系统等的建设，升级优化 RFID 管理系统。

15. 促进国家文献信息资源总目建设。发布 2021 年中国国家书目。加强馆藏文献信息编目加工，完善书目数据质量自查机制。加强网络资源、活态记忆资源等新型资源编目工作。细化古籍、民国时期文献、音视频、新方志等资源的数据标引粒度，推进基于知识内容的文献信息深度加工。优化“文津搜索”系统，探索基于细粒度知识内容揭示的智能、关联检索。加强与 NSTL、CALIS 等机构合作，探索推进全国图书馆外文文献联合目录建设。

16. 提升国家文献战略保存保护能力。有序推进馆藏保存本文献搬迁和本地库房空间调整，进一步优化馆藏文献存藏布局。做好承德文献周转库文献安全和管理工作，重新启动国家文献储备库建设工程初步设计和投资概算审批。推进北平图书馆旧址修缮工作，加强对全国重点文物保护单位的调研，推进馆藏古籍类文物定级，做好北平图书馆旧址保护总体规划编制，筹建国家纸质文献修复中心，进一步改善馆藏文献的存藏保护条件。实施《国家图书馆数字资源保存策略》，有效提升国家图书馆数字资源的安全性和可靠性。

六、提升面向立法和决策及社会创新的知识服务能力

17. 建设支持国家立法和决策的新型智库。按照首批文化和旅游行业智库建设试点单位建设要求推进相关工作，研究制订智库建设工作方案，规范开展智库运行管理。精准对接用户需求，继续做好全国“两会”服务，发挥好部委分馆阵地作用。以部级领导干部历史文化讲座 20 周年为契机，进一步丰富讲座内容、拓展讲座推广服务渠道。发挥海外中国问题研究领域优势，加强对海外涉华重点领域和重大问题的研判分析，编发《海外涉华研究内参》专报，建设海外中国问题研究资料中心网站。开展法律文献研究，推进国家法律图书馆建设。升级优化立法决策知识服务平台。

18. 提升支撑科技创新的专业知识服务能力。推进国家图书馆科学评价中心建设，推出凸显国家图书馆特色的科学评价服务与产品。依托国家图书馆知识产权公共服务网点，开展多种形式的知识产权信息服务。策划推动文化和旅游产业知识库系统与服务建设。深入调研机构用户服务需求，加大为重点教育科研与生产单位提供专业化、个性化信息咨询服务力度。

七、持续推动全民阅读服务，提升公共文化服务水平

19. 持续提升线上线下阅读服务体验。进一步优化服务空间布局，根据疫情防控形势，动态调整服务政策。探索打造线下智慧阅览空间，满足用户个性化、多元化阅读学习需求。积极开展科普、普法、国学等主题阅读活动，提供多样化艺术鉴赏、交流与学习体验。推动建设培训管理平台、服务预约平台等，探索开展“扫码借书”服务，升级优化统一用户管理系统、自助办证系统、流媒体服务平台等。完成官方网站改版并上线，继续优化“两微一端”服务，着力提升网络

和新媒体服务效能。加强用户信息素养教育，促进公民数字技能提升，支持、引导、推动公民终身学习。

20. 有效整合阅读服务品牌。办好第十七届“文津图书奖”评选工作，加大宣传推广力度。不断丰富“国图公开课”学习资源，打造精品课程。有效整合“文津经典诵读”“国图讲坛”“文津读书沙龙”“M地铁·图书馆”等阅读服务品牌，扩大阅读品牌影响力。继续实施文献借阅创新计划，支持各地图书馆共享藏书。联合全国图书馆共同开展“4·23世界读书日”“文化和自然遗产日”、科技服务周以及传统节假日等主题阅读推广活动。

21. 切实帮助特殊群体享受阅读服务。开展面向少年儿童、老年人、残疾人等特殊群体的阅读素养教育研究。实施少儿馆空间改造升级，推动少年儿童馆“三中心一基地”建设，编制《全国少年儿童图书馆基本藏书目录》，与中小学图书馆合作开展校园阅读推广。依托“关爱夕阳”老年课堂等活动，加强适老阅读资源建设和服务产品开发，提升老年人到馆服务体验。帮助残疾人等特殊群体无障碍享受线上阅读、线上观展等服务。加强对城乡基层和欠发达地区图书馆的阅读指导与帮扶，在阅读服务创新和公共数字文化活动等方面开展对口支援和定点帮扶工作。

八、深化国内外合作与交流，发挥行业引领作用

22. 继续支持行业组织发展。加强对中国图书馆学会、中国古籍保护协会、中国文献影像技术协会、全国图书馆标准化技术委员会、全国文献影像技术标准化技术委员会工作的支持，履行在各类行业组织和合作机制中的职责。做好第七次全国县以上公共图书馆评估定级工作的承接和推进工作，举办中国图书馆年会、第七届百县馆长论坛、全国十五城市公共图书馆工作研讨会、全国图书馆未成年人服务提升计划及有关品牌学术活动等。完成全国文献影像技术标准化技术委员会换届工作。开展各类专题培训。

23. 加强业界交流合作。依托“全国智慧图书馆体系”建设、“中华古籍保护计划”、“革命文献与民国时期文献保护计划”等重大项目和工程，以及全国图书馆联合编目系统、全国省级公共图书馆决策咨询服务协作平台等系统平台，推动行业协同发展。继续开展参考咨询协作网的建设和服务推广，深化与国内外文献信息机构在文献传递与馆际互借业务方面的合作。加强“国家级专业技术人员继续教育基地”建设，打造国家图书馆培训服务品牌。办好《中国图书馆学报》《文献》《国家图书馆学刊》《文津流觞》《文津学志》等学术刊物。

24. 加强跨界合作创新。继续拓展与高等院校、研究机构、高新技术企业的战略合作，积极落实“中国文物保护基金会花呗文物守护专项基金”“中国文物保护基金会字节跳动古籍保护专项基金”等基金资助项目，推动建立“北京国家图书馆事业发展基金会”，引导社会力量助力事业发展。加强与社会各领域在智慧图书馆建设、阅读推广、古籍修复、典籍文化传播、IP资源开发等方面的合作交流。探索通过建立联合实验室等方式，推进先进技术的研发应用。

25. 加强国际交流与合作。继续打造丝绸之路国际图书馆联盟品牌，健全联盟机制，办好联盟内的培训和研讨，建设好丝绸之路数字图书馆。做好中阿电子图书馆运行管理工作。轮值主办第十四次中文文献资源共建共享合作会议和第十五次理事会会议。继续落实《金砖国家图书馆联盟合作意向声明》，履行联盟轮值主席馆职责，举办金砖国家图书馆联盟讨论会。加强与英国、法国等国家图书馆的合作项目，续签《中国国家图书馆与英国国家图书馆国际敦煌项目合作协议》，筹办国际敦煌项目合作会议，持续推进国际敦煌项目数据库文献发布、“中法门户网站”内容更新等工作。与沙特阿拉伯阿卜杜勒·阿齐兹国王公共图书馆合作开展线上培训项目，鼓励中阿图书馆通力协作，合作整理出版中阿图书馆疫情防控最佳案例集。

九、全面提升综合治理水平

26. 抓好疫情防控和安全生产。深入学习贯彻总体国家安全观，成立国家图书馆安全工作领导小组，加强安全生产、网络安全、保密安全、卫生健康、财务内控、疫情防控等重点领域制度建设，完善全馆安全工作的统筹领导、分工协作、群防群治和责任落实机制。继续守护防疫成果，严格落实疫情防控部署，推动限流和预约常态化，加强疫情常态化情况下读者服务和日常管理工作。紧盯重大时间节点、重点区域和重要环节，加强安全巡查，确保节假日及冬奥会、全国“两会”、党的二十大等活动期间的消防安全和稳定，坚决防范重大特大安全事故的发生。加强基础设施设备管理，保证供水、供电、供暖、空调、电梯以及车辆运行、汛期安全。加强应急体系建设，完善应急响应机制。加强重点区域消防设施升级改造，完成总馆南区消防泵房环境改造，总馆北区安防设备更换维修等工作。细化保安公司的监督管理工作，提高保安服务水平。加强网络安全管理和系统安全保障，开展网络和网络安全检查检测，保障网络安全和意识形态安全。

27. 提高管理的科学化、规范化水平。完成《国家图书馆采选条例》《国家图书馆合同管理办法》及合同示范文本、《国家图书馆馆属企业监督管理办法》等业务和管理制度的修订，适时制定《国家图书馆品牌标识授权使用管理办法》，及时梳理并修订财务相关制度。探索建立业务大数据平台，提升基于数据分析的决策水平。不断优化公文管理、会议活动、督查落实、新闻宣传、档案管理、来信来访、参观接待、保密管理等工作的管理机制和流程，提升管理效能。进一步完善国家图书馆理事会运行机制，更好发挥理事会对事业发展的促进作用。

28. 加强财务和资产管理工作。继续落实中央关于过“紧日子”的要求，严格把控经费开支，做好开源节流、提质增效。继续强化预算管理，以“保重点、促发展”为原则，做好预算编制和考核，确保预算执行有序推进。推进财务智慧化管理，完成智慧财务系统的上线运行。继续严格合同的规范化管理，强化合法合规审查。加强内部审计制度建设，开展各类审计和专项检查工作。优化资产管理系统功能，逐步实现资产流转手续无纸化。加强文献资产、无形资产、实物藏品和数字资产管理的研究，适时开展藏品资产入账，探索推进我馆 IP 资源的授权使用管理。统筹服务空间和办公空间使用，加强租赁房屋分类管理，提升各类空间设施利用效率。依托馆属企业，推动民国文献脱酸等专利技术成果的转化利用。规范馆属企业运营，建立和完善现代企业制度，优化监督机制。推动馆属企业对外业务拓展，增强企业核心竞争力。

29. 加强队伍建设，提升科研水平。进一步完善人才招录制度，通过多种渠道引进事业发展所需人才，组织开展高层次人才选拔推荐工作，做好中层干部聘任工作。完善人才考核评价和岗位管理，推进实施针对专业技术干部的分级聘任与岗位晋升。做好专业技术职称评审工作。组织开展针对管理干部和新员工的培训，做好全馆员工通识教育和培训工作。部署人力资源信息化管理系统优化升级工作。继续加强各级各类科研项目管理，做好博士后科研工作站日常管理工作。

30. 强化综合保障能力。加强维修保障项目及各项工程管理，继续推进“北区基础设施设备改造项目”“国家图书馆运行保障维护调度中心控制系统改造工程”“国家图书馆少年儿童馆改造工程”“国家图书馆总馆南区电梯改造”等重点项目。做好一期维修改造工程仲裁工作。推进地铁16号线还建。继续做好全馆健康促进工作、爱国卫生工作和全员体检服务工作。做好物业公司、员工食堂的监督管理，提升服务保障水平。有序推进我馆在京老旧小区综合整治工程，改善职工宿舍环境。

十、全面加强党建工作

31. 加强党的组织建设。全面贯彻新时代党的建设总要求和新时代党的组织路线，严格落实党建工作责任制，强化基层党组织建设，不断增强党组织政治功能和组织功能，进一步激发基层党组织生机活力。召开中国共产党国家图书馆第四次代表大会，研究部署今后一个时期党建工作目标任务，完成党委换届改选，进一步提升国图党组织建设科学化水平。完善国家图书馆党的领导和党的建设制度体系，推进党建工作和业务工作融合发展。严肃党组织政治生活，严格落实“三会一课”、谈心谈话、民主评议党员、党员领导干部双重组织生活会等制度。加强对党支部建设的指导，深入推进“四强”党支部建设，在充分调研基础上，进一步健全党员教育管理制度机制，充分发挥党支部战斗堡垒作用和党员先锋模范作用。加强馆属企业党的领导和党的建设，推进党建工作和生产经营深度融合，探索加强馆属企业流动党员管理。推进党建信息化建设，上线智慧党建平台。

32. 持之以恒正风肃纪反腐倡廉。深入学习贯彻中央及文化和旅游部2022年党风廉政建设相关会议精神，准确把握党中央、中央纪委及文化和旅游部关于全面从严治党、党风廉政建设工作的新要求、新部署。落实党风廉政建设“两个责任”，以全面落实党委主体责任和纪委监督责任为贯穿全年的工作抓手，坚持党委纪委工作碰头会机制，加强党委对纪委工作的领导，同时加强纪委对同级党委的监督。聚焦监督执纪问责主业，不断探索有效监督模式，进一步落实中纪委“三转”要求，切实做好对履行监管主体责任部门的“再监督”。加强对党员干部遵守党的纪律规矩的宣传教育，筑牢党员领导干部“不想腐”思想堤坝。严格执行中央八项规定精神，驰而不息纠治“四风”，继续以节日关口为重点，加强节前宣传教育，开展重点部门节前约谈，认真做好节日关口反“四风”工作。依纪依规做好信访举报和纪律审查工作，深化运用监督执纪“四种形态”，深入基层，加强调研，抓早抓小，防微杜渐。

33. 立体推进群团工作。加强党对群团工作的领导，以党的建设带动群团组织建设。增强群团组织政治性，发挥群团组织引导员工听党话、跟党走的政治任务，开展好党的路线、方针和政策宣讲教育，把党的决策部署变成员工的自觉行动。召开2022年国家图书馆第三届职工代表大会第一次全体会议。举办第十三届员工艺术节，丰富离退休干部活动，广泛开展全民健身运动和群众性文娱活动。做好困难员工帮扶慰问工作，充分发挥职工之家的作用。加强家庭、家教、家风建设。在共青团建团100周年之际，推动共青团工作创新，引领凝聚青年、组织动员青年、联系服务青年。加强和改进统战工作，加强对党外人士的思想政治引领。积极推进国图文化志愿服务工作，开展形式多样的志愿服务活动。

国家图书馆关于规范数字藏品开发与发行工作的通知

各部处、各企业：

数字藏品是新技术环境下产生的新业态，具有广阔的发展前景。为充分发掘馆藏资源优势，善用数字藏品正向价值，有效促进中华优秀传统文化创造性转化创新性发展，经2022年第35次馆务会研究，现就我馆数字藏品开发与发行工作有关要求通知如下：

一、数字藏品开发与发行工作应严格遵循国家有关法律制度及政策规范要求，在审慎研究、科学论证的基础上，加强统筹规划、严格审批流程、强化过程管理、明晰产权责任，有效规避风险。

二、经营管理处为我馆数字藏品开发与发行工作统筹管理部门，负责牵头制定相关规章制度，规范数字藏品研发、审核、发行等全生命周期管理，做好数字藏品开发与发行中的著作权、商标权和品牌授权管理，保护自有知识产权。

三、由经营管理处会同研究院（业务管理处）等相关部门，面向馆属企业和国家图书馆出版社，组织馆内竞标，授权中标企业依托国家图书馆馆藏对外开展数字藏品开发、发行工作。中标企业开展数字藏品开发与发行工作的有关情况将纳入企业年终考核。

四、各业务部门、各企业根据工作需要，于每年11月底前向经营管理处申报下一年度数字藏品商业性、公益性开发计划（包括数字藏品开发选题方向、拟使用馆藏资源清单及资源使用费、数字藏品发行种数和价格、合作机构、发行平台、利益分配模式等），由经营管理处进行汇总整理，形成国家图书馆年度数字藏品开发及发行计划建议稿，提交国家图书馆创收工作领导小组统筹评议，并报请馆务会审批后实施。

五、未纳入年度计划的临时性数字藏品开发及发行工作，根据实际需要一事一报，获批后交由中标企业实施。鼓励馆内各业务部门与各企业合作开展数字藏品开发与发行工作。馆内业务部门提出、洽谈的合作意向，交由中标企业实施，收益分配方式由业务部门与中标企业商议确定。

六、数字藏品开发以基于馆藏资源的二次创作开发为主。馆方出于公益性宣传推广等特殊需要，可开发少量馆藏资源原型数字化形式的数字藏品，并免费发行。

七、审慎选择数字藏品研发及发行合作机构，从企业资质、设计经验、设计能力、平台流量、发行能力、利益分配、合规性、信用记录等方面进行多方综合考察，优先选择管理规范、规模与影响力较大的主流数字藏品发行平台。对基于同一种馆藏文献开发的数字藏品，应避免同时授权多机构、多平台发行。

八、数字藏品定价应坚持社会效益优先、社会效益和经济效益相统一的原则，根据所开发馆藏资源的珍稀级别、数字藏品发行数量等因素进行分级定价，避免过高定价，抵制无序炒作。

九、国家另有政策规定的，按国家政策规定执行。特此通知。

国家图书馆

2022年9月16日

国家图书馆商标和专利管理实施细则（试行）

第一章 总 则

第一条 为加强国家图书馆商标、专利的管理，保障商标、专利的有效盘活、规范授权和合理利用，提高商标、专利使用的社会效益和经济效益，维护国家图书馆合法权益，根据《中华人民共和国商标法》《中华人民共和国专利法》《中华人民共和国民法典》《国家图书馆国有资产管理办法》等有关规定，制定本实施细则。

第二条 本实施细则所称商标、专利，是指以国家图书馆名义取得并经行政主管部门核准注册的商标权、专利权。商标、专利所有权均属于国家图书馆。

第三条 国家图书馆商标、专利实行“统一领导、分工协作、归口审批、强化监督”的管理体制，坚持“控制风险、规范授权、效益优先、保值增值”的使用原则。

第二章 管理职责

第四条 国有资产管理处是国家图书馆商标、专利的资产主管部门，主要职责是：

（一）根据国家法律法规和上级有关规定，制定国家图书馆商标、专利的具体制度并组织实施；

（二）建立商标、专利资产台账，统筹管理商标、专利证书；

（三）组织开展商标、专利的市场价值评估；

（四）负责对商标、专利进行统计、清查及监督检查；

（五）协调各部门做好规划、指导和管理工作；

（六）统一办理商标取得、续展、处置及其他相关事项权属登记手续，缴纳年费等相关费用。

第五条 办公室负责商标名称、标识设计规范性的审核并对授权使用范围提出意见，必要时对使用相关事项开展进一步审查。

第六条 财务处负责商标权、专利权申请过程的费用支付以及相应的账务处理。

第七条 法律事务处负责商标、专利保护维权工作，归口管理商标、专利法律纠纷及诉讼案件，并对商标、专利有关工作提出法律咨询意见。

第八条 研究院（业务管理处）和经营管理处是国家图书馆商标、专利使用归口管理部门，主要职责是：

（一）研究院（业务管理处）负责以履行职能自用等非经营性方式使用商标、专利的审核管理；

（二）经营管理处负责以对外投资、出租出借（含对外授权）等经营性方式使用商标、专利的审核管理。

第九条 其他有关部门主要职责是：

（一）根据工作需要，提出取得、使用及处置等计划；

（二）办理专利取得、续展、处置及其他相关事项权属登记手续，缴纳年费等相关费用；

（三）做好本部门授权使用的商标、专利管理，履行合同审批及授权许可备案手续；

（四）加强后续开发和利用，促进价值转化；

（五）开展其他日常管理工作。

第三章　取得与登记

第十条　国家图书馆商标、专利的取得，是指我馆依法取得的商标权、专利权，取得方式包括但不限于创设、自行开发、外购、接受捐赠或无偿划转及其他方式。

第十一条　创设、自行开发的商标、专利应依法及时申请并办理注册登记手续，依法确立国家图书馆的所有者地位。创设、自行开发的商标、专利应当能够产生服务潜力或者带来经济效益。

第十二条　除创设、自行开发外，采用其他方式取得商标、专利的要符合国家图书馆发展规划，严格审批程序，避免盲目引进。

第十三条　商标、专利的取得应按照如下程序进行：

（一）取得部门提出申请；

（二）研究院（业务管理处）、经营管理处、法律事务处、国有资产管理处、财务处等有关部门会签；

（三）馆领导审批或提交馆务会研究。

第十四条　办理注册登记前，商标名称、标识设计规范性等内容应当提交办公室审核，确保与国家图书馆自身形象、地位等相匹配。

第十五条　商标、专利的变动，包括取得、续展、转让、注销或权利终止等，均需向行政主管部门登记。其中商标有关事项登记由国有资产管理处统一办理，专利有关事项登记由取得部门办理。涉及费用的，按照国家图书馆财务管理办法相关规定执行。

第十六条　商标、专利的账务管理参照《政府会计准则制度》以及《国家图书馆中长期国有资产账务管理工作规划》执行。

第四章　使用管理

第十七条　国家图书馆商标、专利应当用于提供公共服务和保障事业发展。

第十八条　商标、专利使用包括履行职能自用和对外投资、出租出借（含对外授权）等方式。

第十九条　以履行职能自用等非经营方式使用商标、专利的，由使用部门提出申请，经研究院（业务管理处）审核后，按照规定权限和程序进行。在日常或已获准工作中使用商标，且其用途仅为标识、表明身份等的，可直接使用无需另行审批。

第二十条　以对外投资、出租出借（含对外授权）等经营性方式使用商标、专利的，应当符合国家有关法律规定，遵循投资回报、风险控制和跟踪管理等原则，有利于事业发展和实现商标、专利保值增值，经可行性研究和集体决策，按照如下程序进行：

（一）使用部门提出申请；

（二）经营管理处评估论证，提出审核意见；

（三）法律事务处、国有资产管理处、财务处等有关部门会签；

（四）馆领导审批或提交馆务会研究。

第二十一条 有下列情形之一的，由经营管理处作为使用部门提出申请并按照前款程序及规定执行，必要时可在前期组织有关部门进行会商：

（一）馆属企业使用国家图书馆商标、专利的；

（二）委托其他机构、组织开展商标、专利运营的；

（三）其他特殊情形。

第二十二条 批准使用后需要签订授权许可协议的，由使用部门履行合同审批程序。授权许可原则上为普通许可，一般不采用独占许可、排他许可等方式。授权期限原则上不超过一年或一个实施周期。已开展评估论证并经过审批的，授权许可方式、期限等不受以上限制。

第二十三条 使用商标、专利取得的收入，应当按照规定纳入单位预算，统一核算，统一管理。

第五章　处置管理

第二十四条 国家图书馆商标、专利的处置，包括转让、赠与、注销或权利终止等方式。

第二十五条 商标、专利的处置应遵循公开、公正、透明的原则，杜绝处置过程中的流失和违规现象。

第二十六条 商标、专利的处置应按照如下程序进行：

（一）原取得部门提出申请；

（二）研究院（业务管理处）、经营管理处、法律事务处、国有资产管理处、财务处等有关部门会签；

（三）馆领导审批或提交馆务会研究。

第二十七条 商标的注销或权利终止登记由国有资产管理处统一办理，专利的注销或权利终止登记由申请处置部门办理。注销或权利终止后，国有资产管理处及财务处应当进行账务及财务核销工作。

第六章　评估管理

第二十八条 国家图书馆商标、专利评估应遵循合法、真实、公正、独立的原则，评估结果应全面、充分反映市场价值，评估报告必须清晰、简明。

第二十九条 有下列情形之一的，应当开展商标、专利的评估：

（一）外购或转让商标、专利的；

（二）商标、专利价值及收益难以预计或确定，对管理造成困难的；

（三）发生重大对外投资、出租出借（含对外授权）等事项的；

（四）因客观原因变化导致原评估价值不准确，商标、专利价值被严重高估或低估，需要重新评估的；

（五）要进行评估的其他情形。

第三十条 评估结果应当作为商标、专利授权许可的计费依据。确定有关费用时可以根据实际情况，在最近一期评估结果的基础上进行适当调整。

第七章 监督检查

第三十一条 各部门应对使用的商标、专利进行跟踪管理，明确管理责任，规范使用流程，加强产权保护，控制各类风险，切实维护国家图书馆商标、专利的安全和完整。

第三十二条 各部门在商标、专利的取得、管理和使用中，有下列情形之一的，责令改正，并追究相关责任：

（一）未经批准，擅自将工作成果申请注册商标、专利的；

（二）未经批准，擅自将商标、专利用于对外投资、出租出借（含对外授权）等事项的；

（三）未履行职责，放松对商标、专利使用的监督管理，给国家图书馆造成损失或不良影响的；

（四）未如实报告商标、专利使用或收益等重大信息，隐瞒有关情况的；

（五）损害国家图书馆权益的其他情况。

第八章 附 则

第三十三条 专利发明人或者设计人符合规定的，应当给予奖励、报酬，数额及方式等由国有资产管理处会同有关部门在法律、行政法规规定范围内提出合理方案。

第三十四条 本实施细则由国有资产管理处负责解释。

第三十五条 本实施细则已经2022年第38次馆务会讨论通过，自发布之日起施行。

国家图书馆官方网站管理办法（试行）

第一章 总 则

第一条 为加强国家图书馆官方网站（以下简称“馆官方网站”）建设管理，依据相关法律法规及有关规定，结合国家图书馆实际，制定本办法。

第二条 馆官方网站是指由国家图书馆主办，面向社会公众发布公共信息、提供在线服务的总门户，包括域名为“www.nlc.cn”的面向公众开放的所有网页。

本馆建设的面向公众开放的其他域名网站可参照本办法管理。

第三条 馆官方网站遵循“统筹规划、共同建设、分工负责、分级审查”的基本原则进行建设和管理。

第二章 管理机构及职责

第四条 国家图书馆网络安全和信息化领导小组（以下简称“馆网络安全和信息化领导小组”）负责馆官方网站的总体规划、统筹协调和监督检查。馆官方网站建设中的重大事项由馆网络安全和信息化领导小组进行决策，必要时可提请馆务会决定。

第五条 办公室负责对本馆基本工作信息在馆官方网站的发布进行统筹规划。

第六条 研究院负责对本馆综合性服务信息在馆官方网站的发布进行统筹规划和内容审核。

第七条 国际交流处负责对全馆层面涉及国外及台港澳地区交流信息在馆官方网站的发布进行统筹规划和内容审核，并负责多语种栏目的策划及内容审核。

第八条 数字资源部负责馆官方网站的栏目建设、信息发布、运行维护及统计存档等工作。

第九条 信息技术部负责馆官方网站的域名管理、安全保障等工作。

第十条 各部处根据本部处职责及工作内容，开展馆官方网站相关栏目的策划及内容建设等工作。

第三章 网站构成及建设

第十一条 馆官方网站由馆情信息、服务指南、业务专栏、网站链接、多语种栏目等类型的栏目构成。

第十二条 馆情信息指发布国家图书馆概况、组织结构、工作动态、年鉴年报等需要社会公众知晓的基本工作信息的栏目。

（一）设立、调整、撤销。办公室负责统筹规划馆官方网站馆情信息栏目，根据国家图书馆实际需要，提出栏目的设立、调整、撤销方案，经馆网络安全和信息化领导小组批准，必要时报馆务会审批，由数字资源部实施。

（二）内容提供与发布。各相关部处根据本部处职责分工，向数字资源部提供经过本部处负责人审核的信息，数字资源部负责发布。

（三）运营维护。馆情信息栏目由数字资源部负责运营维护。

第十三条 服务指南指在馆官方网站主页上发布读者指南、服务政策等全馆综合性服务信息，以及征集读者意见与建议的栏目。

（一）设立、调整、撤销。研究院负责统筹规划馆官方网站服务指南栏目，根据国家图书馆实际需要，提出栏目的设立、调整、撤销方案，经馆网络安全和信息化领导小组批准，必要时报馆务会审批，由数字资源部实施。

（二）内容提供与发布。各相关部处向数字资源部提供经过本部处负责人审核、研究院审批的信息，数字资源部负责发布。

（三）运营维护。服务指南栏目由数字资源部负责运营维护。

第十四条 业务专栏指各部处根据工作需要，围绕特定资源、特定服务类型、特定服务群体以及重大工程项目等发布信息，提供资源或服务系统入口的栏目。

（一）设立、调整、撤销。各部处根据业务需要提出具体业务专栏的建设需求，由研究院、数字资源部对业务专栏进行统筹规划，提出栏目的设立、调整、撤销方案，经馆网络安全和信息化领导小组批准，必要时报馆务会审批，由数字资源部实施。

（二）内容提供与发布。各相关部处向数字资源部提供经过本部处负责人审核的信息，数字资源部负责发布。

（三）运营维护。业务专栏由数字资源部负责运营维护。

第十五条 网站链接指在馆官方网站主页上挂接馆外机构建设的网站地址或本馆建设的新媒体入口的栏目。原则上不得链接商业网站。

（一）加挂。办公室负责统筹规划网站链接栏目中国内相关机构建设的网站链接及本馆建设的新媒体服务系统链接，国际交流处负责统筹规划网站链接栏目中国外及台港澳地区相关机构建设的网站链接。各部处根据工作需要提出馆官方网站主页上的链接建议，经办公室或国际交流处审批后，由数字资源部实施。在其他栏目下挂接馆外机构建设的网站地址，由各栏目信息提供部处负责建设管理。

（二）调整、撤销。各部处提出申请，说明调整或撤销的原因及具体要求，经办公室或国际交流处审批后由数字资源部实施。

（三）运营维护。网站链接栏目由数字资源部负责运营维护。

第十六条 多语种栏目是指馆官方网站除中文版之外用其他语种建设的专门栏目。

（一）设立、调整、撤销。国际交流处负责对多语种栏目进行统筹规划。各部处可根据业务需要提出栏目的内容建设需求，由国际交流处综合考虑并提出栏目的设立、调整、撤销方案，经馆网络安全和信息化领导小组批准，必要时报馆务会审批，由数字资源部实施。

（二）内容提供与发布。各相关部处向国际交流处提供经过本部处负责人审核的中外文对照内容，国际交流处对外文内容的涉外敏感信息进行审核后，数字资源部负责发布。

（三）运营维护。多语种栏目由数字资源部负责运营维护。

第十七条 各栏目的设立、调整及撤销需填写《国家图书馆官方网站栏目变更申请单》（见附件1），申请设立栏目的，需明确栏目的层级结构、主要内容等，并详细说明与现有栏目有无交叉或关联。各栏目的网页设计应与馆官方网站主页保持统一风格。

第十八条 数字资源部可根据国家图书馆发展的实际需要，适时提出馆官方网站整体升级改版的建议方案，报馆网络安全和信息化领导小组批准，必要时报馆务会审批后实施。

第四章　信息发布

第十九条　馆官方网站发布信息内容应当符合国家关于互联网安全、信息内容版权等有关规定，含有下列内容的信息不得通过馆官方网站发布：

（一）反对宪法所确定的基本原则的。

（二）危害国家安全，泄露国家秘密，颠覆国家政权，破坏国家统一的。

（三）损害国家荣誉和利益的。

（四）歪曲、丑化、亵渎、否定英雄烈士事迹和精神，以侮辱、诽谤或者其他方式侵害英雄烈士的姓名、肖像、名誉、荣誉的。

（五）宣扬恐怖主义、极端主义或者煽动实施恐怖活动、极端主义活动的。

（六）煽动民族仇恨、民族歧视，破坏民族团结的。

（七）破坏国家宗教政策，宣扬邪教和封建迷信的。

（八）散布谣言，扰乱经济秩序和社会秩序的。

（九）散布淫秽、色情、赌博、暴力、凶杀、恐怖或者教唆犯罪的。

（十）侮辱或者诽谤他人，侵害他人名誉、隐私和其他合法权益的。

（十一）未经授权或不符合知识产权相关规定的。

（十二）违反国家图书馆规章制度，损害国家图书馆品牌形象，破坏国家图书馆正常工作秩序的。

（十三）法律、行政法规禁止的其他内容。

第二十条　各信息提供部处应按照“谁提供、谁负责”“先审查，后发布”的原则，在信息发布审批过程中对拟发布信息内容的合法性、准确性和真实性进行审核，并开展保密审查和敏感信息筛查。

第二十一条　信息提供部处应填写《国家图书馆官方网站信息发布审批单》（见附件2），并履行以下程序：

（一）在馆情信息栏目发布信息，应报本部处主要负责人审批。

（二）在服务指南栏目发布信息，应由本部处主要负责人审核、报研究院审批。

（三）在业务专栏栏目发布信息，应报本部处主要负责人审批。

（四）在网站链接栏目加挂、调整或撤销网站链接，应由本部处主要负责人审核，报办公室或国际交流处审批。

（五）在多语种栏目发布信息，应由本部处主要负责人审核，报国际交流处审批。

（六）在各栏目发布重大、敏感信息，应加报本部处主管馆领导审批，必要时报馆长审批。

（七）在馆官方网站主页重要位置发布信息，应加报本部处主管馆领导及数字资源部主管馆领导审批，必要时报馆长审批，原则上发布时间不超过1个月。到期后如需继续保持发布状态，应重新履行审批程序。

第二十二条　外购数据库的试用、开通、变更、下架，按照国家图书馆外购数据库管理相关规定执行。

第二十三条 数字资源部应将审核通过的信息及时、准确地予以发布，原则上不超过 2 个工作日。

第二十四条 各信息提供部处应在信息发布时明确时效期，并对已发布信息的内容准确性以及敏感信息进行定期巡查和及时更新。数字资源部负责对时效期满的信息进行及时删除。

对于馆官方网站上长期不更新信息，或未结合国家图书馆发展变化及时调整内容的栏目，数字资源部可提请研究院会商该栏目责任部处后，报馆网络安全和信息化领导小组批准，督促相关部处限期整改。逾期未整改的，予以撤下相关信息或关闭栏目处理。

第五章　运行管理及安全防护

第二十五条 数字资源部应加强对馆官方网站的日常监测和维护，监测网站的硬件环境、软件环境、应用系统、网站数据等运行状态，留存网站运行日志应不少于 6 个月。定期对网站的敏感信息以及链接有效性等进行巡检、抽检并做好记录，对发现的问题应及时联系相关部处进行处理。

第二十六条 数字资源部应根据国家图书馆业务统计相关规定，做好馆官方网站访问情况等统计工作，定期上报统计数据。

第二十七条 信息技术部应建立环境安全预警机制，定期对网站应用程序、操作系统及数据库、管理终端进行全面安全扫描，发现潜在安全风险并及时处置。

第二十八条 馆官方网站发生网络安全突发事件时，各相关部处应按照《国家图书馆网络安全突发事件应急预案》相关规定进行处理。

第六章　附　则

第二十九条 本办法的解释权属研究院。

第三十条 本办法经 2022 年第 43 次馆务会审批通过，自公布之日起开始施行。原《国家图书馆网站管理办法》（国图业发〔2006〕41 号）和《国家图书馆网站信息发布与管理办法》（国图业发〔2007〕12 号）同时废止。

附件 1：《国家图书馆官方网站栏目变更申请单》（略）

附件 2：《国家图书馆官方网站信息发布审批单》（略）

媒体报道

- 通讯社
- 广电媒体
- 平面媒体
- 网络媒体
- 移动客户端

媒体报道

一、通讯社

日期	标题	媒体
1月1日	学习总书记用典丨致广大而尽精微	新华社
1月20日	学习总书记用典丨在世界经济论坛视频会议的演讲	新华社
1月26日	学习总书记用典丨道虽迩，不行不至；事虽小，不为不成	新华社
4月24日	习近平总书记关切事丨爱读书、读好书、善读书	新华社
4月25日	形成爱读书、读好书、善读书的浓厚氛围——习近平总书记致首届全民阅读大会的贺信引起热烈反响	新华社
7月12日	“2022丝绸之路周”举办“青海道大展”	新华社
7月14日	纳格拉洞藏文古籍保护项目在云南迪庆挂牌	新华社
8月4日	国家图书馆举办“天禄琳琅”修复项目成果展	新华社
9月19日	“典亮世界丛书”在京发布	新华社
10月12日	《2021—2035年国家古籍工作规划》公布实施	新华社
12月27日	电讯人物·年终盘点丨2022，我们记住了他们	新华社
4月25日	杨庆祥：世界读书日，如何“让莎士比亚找到你”？	中国新闻社
6月10日	“日本永青文库捐赠汉籍”专题数据库正式上线	中国新闻社
7月21日	［东西问］杜伟生：古籍在传承中华文明中发挥怎样的作用？	中国新闻社
7月22日	2022中国国际旅交会启幕　71个国家和地区参会觅合作	中国新闻社
9月25日	中国首部非物质文化遗产大型工具书“大辞典”	中国新闻社
2月6日	有书有雪　国图推多样春节活动	中评社
5月11日	公共图书馆事业发展	中评社

二、广电媒体

日期	标题	媒体
1月24日	[朝闻天下]国家图书馆发布21副“古籍里的春联”	中央电视台
4月23日	[视频]弘扬全民阅读风尚　共建共享书香中国	中央电视台
4月23日	[新闻直播间]今天是世界读书日　新闻特写：我们与中国图书的不解之缘	中央电视台
4月23日	开卷品书香世界读书日特别节目	中央电视台
4月24日	[视频]建书香中国　铸精神伟力——习近平总书记致首届全民阅读大会举办的贺信引发热烈反响	中央电视台
4月27日	[朝闻天下]国家图书馆知识产权信息服务中心揭牌	中央电视台
6月4日	[焦点访谈]丨非遗：薪火相传　与时俱进	中央电视台
6月11日	[朝闻天下]关注文化和自然遗产日　国图携手182家图书馆举办非遗展览展映	中央电视台
6月11日	北京：古籍修复　用匠心守护文化遗产	中央电视台
8月4日	[朝闻天下]国家图书馆　馆藏清宫“天禄琳琅”修复项目成果展开展	中央电视台
8月4日	[文化十分]国家图书馆面向青少年推出暑期古籍系列研学课程	中央电视台
8月4日	[新闻袋袋裤]走进典籍博物馆　探秘古籍修复	中央电视台
8月14日	[奋斗者正青春]古籍修复师宋晶：妙手补书书可春	中央电视台
10月28日	国家图书馆作为合作单位拍摄的饮食文化探索类节目《一馔千年》正式播出	中央电视台
11月14日	[文化十分]国家图书馆推出“此心光明——纪念王阳明诞辰550周年”公开课	中央电视台
11月25日	[文化十分]国图举行纪念王阳明活动	中央电视台
1月22日	国图发布21副“古籍里的春联”　最早见于“敦煌遗书”	中国教育电视台 CETV-1
4月19日	国家图书馆推出《中华传统文化百部经典》阅读推广活动	中国教育电视台 CETV-1

（续表）

日期	标题	媒体
4月30日	高雅艺术助推全民阅读	中国教育电视台CETV-1
8月31日	国家图书馆儿童演出季闭幕　多场艺术活动丰富学生暑期生活	中国教育电视台CETV-1
11月1日	国家图书馆举办公开课纪念王阳明诞辰550周年　推广《百部经典》阅读	中国教育电视台CETV-1
9月4日	［特别关注—北京］让古籍里的古曲活起来　国图联手国家院团打造精品	北京卫视
11月4日	［北京您早］推广经典阅读　国图公开课开讲王阳明	北京卫视
11月4日	［北京您早］依托丰富馆藏　国家图书馆多措并举“让书写在古籍里的文字活起来”	北京卫视
11月4日	［特别关注—北京］《红旗颂》手稿等540余种重要艺术文献入藏国家图书馆	北京卫视

三、平面媒体

日期	标题	媒体
1月13日	“文化进万家——视频直播家乡年”活动启动	人民日报
1月18日	方寸之间传承文化遗产	人民日报
1月26日	钟华论：赓续中华文脉，光耀复兴之路	人民日报
3月28日	数字技术赋能多国文物保护	人民日报
4月27日	友好交往　互利合作（大使随笔）	人民日报
4月30日	让中华古籍真正“活起来”（传承之光）	人民日报
6月9日	文化和自然遗产日将办6200多项活动	人民日报
6月12日	非遗宣传展示活动丰富多彩——连接现代生活　绽放迷人光彩	人民日报
6月12日	我国世界自然遗产和双遗产总体保护状况良好	人民日报

（续表）

日期	标题	媒体
6月14日	群众性文化活动丰富多彩	人民日报
6月17日	从古籍中汲取文化财富	人民日报
6月28日	叙利亚古代文物精品展亮相国家图书馆	人民日报
7月6日	夏日书香	人民日报
8月25日	让孩子们感受音乐之美	人民日报
10月2日	“让更多文物和文化遗产活起来”（坚持“两创” 书写史诗·非凡十年）	人民日报
10月7日	汲古润今 传承创新	人民日报
10月13日	踏实肯干 精益求精（奋斗者正青春）	人民日报
11月3日	全国政协举办“和全国政协委员一起读书”活动交流会——建设书香社会 汇聚奋进力量	人民日报
12月16日	促进交流互鉴 增进民心相通	人民日报
12月26日	加强文物古籍保护利用（新时代画卷）	人民日报
3月9日	文化自信，精神力量更昂扬（民生共话）	人民日报海外版
4月11日	现实题材网络文学正打开广阔天地	人民日报海外版
4月18日	线上读书已成为一种生活方式（网上中国）	人民日报海外版
5月10日	“文化大餐”网上享（网上中国）	人民日报海外版
6月1日	赓续生生不息的中华文脉	人民日报海外版
6月1日	激活古籍里的文字——赓续生生不息的中华文脉	人民日报海外版
6月13日	中国世界自然遗产和双遗产总体保护状况良好	人民日报海外版
6月30日	赴一场非遗之约——国图举办“文化和自然遗产日”系列活动	人民日报海外版
7月4日	叙利亚文物来华记	人民日报海外版
8月18日	七夕晒书，琳琅“天禄”现国图	人民日报海外版
8月22日	以“真秦之声”见证薪火相传	人民日报海外版
9月1日	《白庚胜文集》入藏国图	人民日报海外版
9月15日	“文津经典诵读”十年展举办	人民日报海外版
9月27日	协同开展“亚洲文化遗产保护行动”	人民日报海外版

（续表）

日期	标题	媒体
9月28日	展示中华优秀传统文化的当代价值	人民日报海外版
11月10日	《中华传统文化百部经典》开展阅读推广	人民日报海外版
12月9日	承师之愿，十年翻译《琵琶记》（海客话中国）	人民日报海外版
2月25日	“我的生命和书连在一起”	新华每日电讯
4月21日	国家图书馆里的“扫地僧”	新华每日电讯
4月23日	习近平的读书故事	新华每日电讯
4月25日	“中国书架”上的世界	新华每日电讯
4月29日	郑振铎“虎口”护古籍	新华每日电讯
5月25日	古籍典藏温“故”知“新”的故事	新华每日电讯
5月27日	“这本书入藏国图，成就了文明交流的佳话”	新华每日电讯
8月5日	国家图书馆举办“天禄琳琅”修复项目成果展	新华每日电讯
9月9日	留存“中国记忆”的“国图行动”	新华每日电讯
9月21日	坚定文化自信，为新时代新征程凝心聚力——党的十八大以来我国文化建设述评	新华每日电讯
11月4日	接力近半世纪，只为一部更接近曹雪芹原著的《红楼梦》	新华每日电讯
1月10日	国图馆藏“天禄琳琅”修复完成	光明日报
1月10日	我在国图修复“天禄琳琅”	光明日报
1月11日	书香飘向群众　知识送到门口	光明日报
4月13日	古籍保护这十年：让古籍“活”起来传下去	光明日报
4月13日	古书医生会练“轻功”	光明日报
4月13日	让古籍“活”起来传下去	光明日报
4月13日	我亲历古籍保护事业蒸蒸日上	光明日报
4月14日	让古老中华故事从古籍中款款走来	光明日报
4月15日	《永乐大典》：珠还合浦、历劫重光	光明日报
4月15日	让中华文脉在字里行间绵延悠长	光明日报
4月15日	重视古籍，让民族记忆生动起来	光明日报
4月24日	第十七届文津图书奖揭晓	光明日报

（续表）

日期	标题	媒体
4月25日	书香充盈神州大地——记首届全民阅读大会“全民阅读成果展”	光明日报
5月11日	公共图书馆事业发展：营造书香社会　助力文化强国	光明日报
5月11日	营造书香社会　助力文化强国	光明日报
6月12日	非遗上“云”，留存技与艺	光明日报
6月12日	我国世界自然遗产和双遗产总体保护状况良好	光明日报
6月22日	让书写在古籍里的文字活起来——国家图书馆馆长、国家古籍保护中心主任熊远明谈“中华古籍保护计划”十五周年	光明日报
6月28日	190余件文物讲述“丝路文明”	光明日报
7月14日	影音邂逅非遗　焕发全新活力	光明日报
7月19日	“和全国政协委员一起读书”活动社会读者群启动	光明日报
8月4日	见古籍　见技艺	光明日报
8月15日	明清时期丝绸之路研究的档案文献与学术创新	光明日报
9月8日	“文津经典诵读”十周年主题展开展	光明日报
9月20日	守正创新，古籍出版迈向高质量发展	光明日报
9月27日	品味书香　交流思想　共话团结	光明日报
9月28日	把握时代主题　共鉴思想未来——写在第八届尼山世界文明论坛开幕之际	光明日报
10月3日	古代经典的“超文本”阅读法	光明日报
10月18日	三万余页手稿再现鲁迅精神世界	光明日报
10月21日	网络文学以开创性传播走向世界	光明日报
11月6日	《红旗颂》手稿等540余种艺术文献捐赠国家图书馆	光明日报
11月15日	第三届“中国儿童阅读发展论坛”：公共图书馆少儿服务取得长足发展	光明日报
11月15日	公共图书馆少儿服务取得长足发展	光明日报
11月23日	国家图书馆读者：图书馆是我的“第二所大学”	光明日报
2月19日	典籍进万家	经济日报
7月17日	非遗保护守正更要创新	经济日报

（续表）

日期	标题	媒体
9月14日	畅通文化大数据流通渠道	经济日报
1月8日	天禄琳琅　修复经典	科技日报
1月14日	絮化、粘连、一碰就碎……8年时间，如何修复这样的“天禄琳琅”	科技日报
4月25日	国图喊你“一起来阅读”	科技日报
4月26日	文津图书奖获奖图书作者：写就科普佳作的意义不亚于完成一次航天任务	科技日报
5月17日	抢救“国宝”，他们在与时间赛跑……	科技日报
6月24日	记录非遗，守护民族记忆	科技日报
6月28日	在国图　邂逅美索不达米亚	科技日报
5月11日	［现场·我在我思］从“扫地僧”的故事中学习专注与热爱	工人日报
1月6日	满天星业余交响乐团·国家图书馆新年音乐会举行	人民政协报
2月21日	国图推出“网络书香·阅见美好”数字阅读推广新春活动	人民政协报
3月19日	一位委员的“全民阅读”情	人民政协报
4月23日	深入贯彻落实习近平总书记重要指示精神　推动委员读书活动持续深入开展	人民政协报
4月23日	熊远明：发挥国家图书馆资源优势作用　更好支撑委员读书活动	人民政协报
6月9日	将读书和履职紧密结合	人民政协报
6月27日	推进新时代古籍工作	人民政协报
6月27日	争分夺秒，抢救中华民族文化记忆	人民政协报
7月19日	全国政协举办“加强中华儿女大团结”主题读书暨“和全国政协委员一起读书”活动社会读者群启动仪式	人民政协报
7月19日	让我们一起读书——“和全国政协委员一起读书”活动共读倡议书	人民政协报
8月17日	全国政协举办“和全国政协委员一起读书”活动社会读者群线下活动	人民政协报
9月27日	“加强中华儿女大团结”主题读书暨“和全国政协委员一起读书”活动交流会在京举办	人民政协报

（续表）

日期	标题	媒体
10月10日	“文津经典诵读”十周年主题展在京举办	人民政协报
10月17日	中国共产党第二十次全国代表大会开幕侧记	人民政协报
11月7日	国图举办“纪念王阳明诞辰550周年”活动	人民政协报
11月7日	做好新时代古籍出版——访国家图书馆出版社社长魏崇	人民政协报
11月17日	美索不达米亚的文物故事	人民政协报
11月22日	源远流长中国字　生生不息好故事	人民政协报
11月28日	提高图书馆少年儿童服务水平	人民政协报
12月10日	一次阅读，一次震撼	人民政协报
12月19日	国图第十八届文津图书奖正式启动	人民政协报
2月17日	缩微胶片助力珍稀文献上网	人民周刊
4月7日	陈红彦：提升古籍保护　推进全民阅读	人民周刊
1月21日	国家图书馆出版社：扎根古籍出版，为新时代古籍传承保护贡献力量	图书馆报
1月21日	扎根古籍出版，为新时代古籍传承保护贡献力量	图书馆报
3月11日	“全民阅读”“古籍保护”分别连续第九次、首次写入政府工作报告	图书馆报
4月22日	以阅读之光照亮时代生活	文艺报
4月14日	这部纪录片让古籍“活”了	新华日报
4月22日	他们都是古籍“守护人”	新华日报
11月10日	增强文化自信，推动中华典籍外译和传播	新华日报
11月18日	传承中华优秀文化，让古籍走出“深闺”	新华日报
12月9日	四个“新”，让传统文献活起来	新华日报
3月8日	“全民阅读”第9次写入政府工作报告	中国出版传媒商报
3月15日	主动作为　推动文化大发展大繁荣	中国出版传媒商报
4月15日	学界业界热议《关于推进新时代古籍工作的意见》　古籍出版春风浩荡满目新	中国出版传媒商报
12月6日	2022全国少儿阅读峰会在蓉成功举办	中国出版传媒商报
9月20日	妙手补书，用指尖守护文明瑰宝	中国妇女报

（续表）

日期	标题	媒体
11月16日	以阅读赋能城市——公共图书馆探寻“儿童友好”发展新思路	中国教育报
1月29日	去国图官网“翻古籍”　看古人的冰雪运动	中国科学报
8月5日	国家图书馆“晒书”“秀技”	中国科学报
8月23日	图书馆人才培育发展会议召开	中国科学报
1月14日	国家图书馆与革命文献的传承和保护	中国旅游报
1月18日	推动图书馆事业改革创新发展	中国旅游报
3月8日	服务读者　润物无声	中国旅游报
3月21日	推动文化和旅游工作取得新成效	中国旅游报
4月18日	全国文化和旅游人才工作电视电话会议召开	中国旅游报
4月25日	文旅融合更宜“读”　书香作伴更乐“游”	中国旅游报
6月2日	“文化和自然遗产日”全国将办6200余项非遗宣传展示活动	中国旅游报
6月3日	做足“三高”文章　讲好红色故事	中国旅游报
7月6日	当好桥梁纽带　服务文旅发展全局	中国旅游报
7月13日	文旅行业智库建设试点单位工作推进会召开	中国旅游报
8月17日	从一个展览　看“天禄琳琅”如何重获新生	中国旅游报
10月14日	李晓明：为群众创造美好阅读空间	中国旅游报
10月18日	推进文化自信自强　铸就社会主义文化新辉煌	中国旅游报
11月4日	带回好声音　共谋新发展——党的二十大代表返回岗位深入学习宣传贯彻党的二十大精神	中国旅游报
11月7日	汇聚起奋进新征程建功新时代的强大文旅力量	中国旅游报
11月7日	重内容更重意趣　文创日历上新了	中国旅游报
11月16日	以“四新”路径推动虚拟现实与旅游深度融合	中国旅游报
4月25日	“世界读书日·成长与担当”网络主题直播助力青少年爱读书读好书善读书	中国青年报
8月9日	清宫藏书“天禄琳琅”的两次重生	中国青年报
9月6日	古籍藏古曲，千年历史可听可观	中国青年报
10月10日	《熹平石经》见证书法的革新时代	中国青年报

（续表）

日期	标题	媒体
3月18日	加强古籍保护　绵延中华文化	中国社会科学报
6月24日	新时代出土简牍古籍的整理与研究	中国社会科学报
3月10日	守正创新　向文艺高峰迈进	中国文化报
3月11日	为历史文化遗产保护利用“开良方”	中国文化报
4月19日	让中华文脉焕发新活力——古籍保护开启新征程	中国文化报
4月25日	深入推进全民阅读　大力建设书香中国	中国文化报
5月10日	创新推动新时代古籍工作智能化发展	中国文化报
6月9日	国家图书馆馆藏清宫“天禄琳琅”修复项目：学古不泥古、破法不悖法	中国文化报
6月10日	要永远保持对古籍的敬畏心和责任心	中国文化报
6月14日	走进国图　深入了解非遗保护工作新成果	中国文化报
6月20日	国家级非物质文化遗产代表性传承人记录工作：为公众留下珍贵的非遗记忆	中国文化报
6月21日	古籍如何“活”在当下、走进生活	中国文化报
8月16日	“天禄琳琅”修复项目的那些事	中国文化报
8月16日	“中华传统文化百部经典”创意推广展在天津开展	中国文化报
9月16日	“文津经典诵读”十周年主题展联动全国	中国文化报
10月27日	古文字工程首年总结：实现良好开局	中国文化报
11月2日	修复《永乐大典》　展示中华文明鲜明标识	中国文化报
11月11日	《红旗颂》手稿等捐赠国家图书馆	中国文化报
11月16日	把文旅工作放在中国式现代化的历史方位中把握	中国文化报
12月15日	让新时代中国形象更加闪亮	中国文化报
1月14日	献礼丰功伟业　奋进时代征程	中国艺术报
1月24日	“天禄琳琅”，国图古籍修复的新里程碑	中国艺术报
1月28日	国图筑梦冰雪迎新春	中国艺术报
2月23日	大型中华古籍全文检索数据库《国学宝典》建设与应用学术研讨会举行	中国艺术报
4月25日	读书日，每个图书馆都等待你的到来	中国艺术报

（续表）

日期	标题	媒体
6月6日	6200多项活动将亮相“遗产日”让非遗连接现代生活	中国艺术报
6月22日	坚持以人民为中心的创作导向　铸就中华民族伟大复兴时代的文艺高峰——习近平总书记文艺工作重要论述理论研讨会发言摘登	中国艺术报
7月11日	感受国家图书馆里的艺术魅力	中国艺术报
8月10日	北京首家民营全建制职业交响乐团携三大传世经典名曲首演	中国艺术报
9月5日	让古籍古谱在古曲中荡漾——中国煤矿文工团倾心打造《古籍里的古曲》	中国艺术报
9月16日	青年艺术家领航古典音乐世界系列活动展现“古典璀璨”	中国艺术报
10月18日	弘扬优秀传统文化　书写时代正大气象	中国艺术报
4月24日	《中华医藏》出版签约仪式暨出版工作启动	中国中医药报
2月11日	国家图书馆春节系列主题活动精彩纷呈	中华读书报
5月11日	国家图书馆（国家典籍博物馆）5月3日起闭馆	中华读书报
6月15日	国家图书馆举办“文化和自然遗产日”系列主题活动	中华读书报
6月22日	国家图书馆上线日本永青文库捐赠汉籍专题数据库	中华读书报
8月16日	国家图书馆藏清宫“天禄琳琅”珍贵古籍“晒书”重光	中华读书报
9月21日	国图联合228家图书馆共同举办“文津经典诵读”十周年主题展	中华读书报
11月16日	智慧图书馆：全媒体阅读时代的文化粮仓	中华读书报
11月16日	中国儿童阅读发展论坛在京举办	中华读书报
11月18日	熊远明：大力提升知识服务的“图书馆智慧”	中华读书报
11月23日	为少儿数字阅读积极保驾护航	中华读书报
3月11日	培养古籍事业的适用人才	金融时报
1月28日	有书有雪　国图推多样春节活动	北京日报
3月9日	韩永进代表：加快推进修改文物保护法	北京日报
3月10日	确保民众享受更好的公共文化服务	北京日报
4月15日	革命文献与民国时期文献保护计划实施十年　100余万条历史数据供公众使用	北京日报

（续表）

日期	标题	媒体
4月22日	二〇二二“阅读北京”系列文化活动启动	北京日报
4月24日	19种图书获第十七届文津图书奖!部分可线上限时免费阅读	北京日报
4月27日	国图知产信息服务中心成立	北京日报
5月9日	“云端博物馆直播周”将开启	北京日报
6月11日	国家图书馆：百余部非遗传承人纪录片线上展映	北京日报
6月25日	196件展品国图讲述古叙利亚	北京日报
7月6日	国图艺术中心暑期演出季将启幕	北京日报
7月7日	赋予古籍“新生命”	北京日报
7月7日	施展化腐朽为神奇的“绝活”，古籍修复师赋予古籍“新生命”	北京日报
8月4日	“天禄琳琅”邀观众当古籍医生	北京日报
8月10日	溯流“两河”邂逅古文明	北京日报
9月2日	千余展品追溯文艺工作者初心使命	北京日报
9月7日	国图艺术中心推出三场公益演出	北京日报
10月12日	人工智能助力古籍线上“活”起来	北京日报
10月22日	《典籍里的中国》第二季回归，制作升级收视增长　节目叙事节奏更快视觉更唯美	北京日报
10月22日	智慧技术“唤醒”珍贵古籍	北京日报
10月31日	国图公开课恢复线下活动，系列讲座纪念王阳明诞辰550周年	北京日报
11月2日	漫话“天禄琳琅”	北京日报
11月10日	舞台创新连演三部《红楼梦》题材作品，传统文化有了更多“打开方式”	北京日报
1月7日	国图藏清宫“天禄琳琅”修复完成年内展出	北京晚报
1月28日	国图推出新春文化礼包　带领读者一起看“典籍里的中国”	北京晚报
3月8日	她们用针线为文物“延寿”	北京晚报
4月22日	央视总台与人文社联手，推出“4·23全民阅读十小时直播活动”	北京晚报
7月18日	缤纷国图儿童演出季开幕	北京晚报

（续表）

日期	标题	媒体
7月20日	博物馆里过暑假挺好玩　北京推出70余项展览活动	北京晚报
7月26日	躲过抗日战火，九死一生的国宝《赵城金藏》都经历了什么？	北京晚报
8月2日	当前报道：国图为孩子定制“手不释书”礼包	北京晚报
8月27日	国图从古籍中选古曲，《古籍里的古曲》系列音乐会让古籍可“听”	北京晚报
9月2日	“人民为中心　文艺攀高峰”主题展开幕，千余件展品彰显文艺工作者初心使命	北京晚报
9月6日	他们是与时光对抗的匠人	北京晚报
1月9日	“天禄琳琅”历时八年成功修复	北京青年报
3月9日	既要保护好文物又要让它“活起来”	北京青年报
3月22日	我不是国图里的“苦行僧”	北京青年报
4月24日	从书中寻找精神的原乡，中外皆然	北京青年报
6月2日	“文化和自然遗产日”活动多：非遗产品销售用上直播、秒杀、闪购	北京青年报
6月7日	韦力：馆中多一册书　即学术上多受一分利益	北京青年报
7月12日	暑期带娃看新展	北京青年报
8月4日	国图“晒书”	北京青年报
8月28日	让古籍古曲“活”起来	北京青年报
10月5日	《古籍里的古曲》让现代观众享受古人馈赠	北京青年报
3月30日	妙手修复　千年古籍“破镜重圆”	天津日报
4月20日	感受阅读带来的人生之美	天津日报
6月30日	“年华易老　技·忆永存”非遗展进校园	天津日报
7月30日	中国艺术节将在津举办四大主题活动	天津日报
8月11日	让书写在古籍里的文字活起来	天津日报
11月15日	《典籍里的中国》：翻开古籍　看何以中国	天津日报
11月20日	“天津市最美（特色）书店”揭晓	天津日报
4月22日	世界读书日特别节目明日播出　央视全天候“开卷品书香”	今晚报
4月24日	第17届文津图书奖获奖图书昨天在国家图书馆揭晓	今晚报

（续表）

日期	标题	媒体
6月13日	国家图书馆里的“扫地僧”	今晚报
8月13日	中国艺术节全国演艺及文创产品博览会9月在津举办	今晚报
2月10日	纪录片《但是还有书籍2》何以成为爆款?	文汇报
3月10日	激活数字服务平台，给“养在深闺”的古籍注入新的生命力	文汇报
3月24日	妙手缀珍：西方珍本书和中国藏书印	文汇报
3月26日	从《但是还有书籍》到《穿越时空的古籍》，高分纪录片润物细无声走向大众	文汇报
5月23日	为书写生生不息的人民史诗，凝聚新时代文艺力量	文汇报
11月20日	古籍修复：以虔敬之心守护文明瑰宝	文汇报
12月27日	填补古籍整理和明清文史研究诸多空白	文汇报
6月13日	今天，你看纪录片了吗	解放日报
7月4日	市井万象/邂逅.美索不达米亚	大公报
8月27日	良师益友/国图古籍馆实习　体验拓片技艺	大公报
12月5日	中国最古老最完整法典在京展出	大公报
8月24日	图书馆正变“潮”	大众日报
2月10日	在国家典籍博物馆	黑龙江日报
7月14日	数字化保护让古籍焕发全新生命力	辽宁日报
7月20日	《四库全书》是我国最大一部手抄丛书	辽宁日报
8月10日	“辽宁非遗”讲座首次走进国图讲堂	辽宁日报
4月4日	国家图书馆里有位“扫地僧”　12年潜心学习十几种语言	齐鲁晚报
12月2日	300家出版机构共赴盛宴　原版影印《永乐大典》首现海图会	厦门日报
4月19日	古籍中的文字要“活起来”	陕西日报
10月28日	数字出版产品重磅首发　中国国家图书馆馆藏《庆赏升平》	上海证券报
1月6日	甲骨文成新年最“火”文化IP	深圳商报
1月20日	国图发布“古籍里的春联”	深圳商报
6月25日	让百万册古籍延续千年书香	苏州日报
7月3日	为新时代古籍传承保护贡献力量	苏州日报

（续表）

日期	标题	媒体
1月12日	“天禄琳琅”修复项目取得成功	贵阳日报
8月17日	图片新闻：“艺术典藏之舞蹈艺术——讲舞堂”第八期在国家图书馆艺术中心·音乐厅举办	贵阳日报
9月7日	《古籍里的古曲》音乐会　为国家图书馆“庆生”	贵阳日报
12月18日	让书写在古籍里的文字活起来	贵阳日报
4月24日	国家图书馆举行世界读书日特别活动	海口日报

四、网络媒体

日期	标题	媒体
1月7日	历时8年　国家图书馆藏清宫“天禄琳琅”成功修复	人民网
1月17日	20部优秀新时代小康纪实影像作品入藏国图	人民网
1月25日	组图：国家图书馆举办迎春音乐会　为读者送上新春祝福	人民网
4月18日	国图“致敬经典”系列活动启动　新中国第一代女播音员葛兰开讲	人民网
4月24日	国家图书馆举行世界读书日活动　揭晓第十七届文津图书奖	人民网
5月5日	努力建设“书香政协”　切实提高履职水平	人民网
6月10日	全国182家图书馆联袂展映　来国家图书馆赴一场“非遗之约”	人民网
8月11日	《中华传统文化百部经典》创意推广展在天津开幕	人民网
8月24日	奥林匹克精神遇见中华文明　国图、故宫、国博迎来“冬奥遗产”	人民网
8月26日	瞿弦和、张筠英作品《朗诵实践谈：百篇百感》手稿入藏国家图书馆	人民网
10月7日	习主席的国礼故事 | 首部《论语导读》法文版	人民网
10月8日	百部典籍里品读中国智慧	人民网
10月11日	在《京韵红楼》中　国学碰撞国粹	人民网

（续表）

日期	标题	媒体
11月4日	《红旗颂》手稿等540余种重要艺术文献捐赠国家图书馆	人民网
12月31日	年味书香两相宜　国家图书馆元旦、春节活动丰富多样迎新氛围渐浓	人民网
1月5日	音乐点亮人生“满天星”公益音乐会奏响国图艺术中心	新华网
1月19日	国家图书馆举行“古籍里的春联”　发布暨春联书写活动	新华网
4月23日	读书之美｜如何让沉睡的古籍“活”起来?	新华网
4月24日	国家图书馆举行世界读书日特别活动	新华网
4月29日	《许渊冲百岁自述》获第十七届文津图书奖	新华网
5月24日	习近平的文化情怀｜“这本书入藏国图，成就了文明交流的佳话”	新华网
6月2日	“文化和自然遗产日”非遗活动大幕拉开	新华网
6月24日	“邂逅·美索不达米亚——叙利亚古代文物精品展”亮相国家图书馆	新华网
7月3日	全球连线｜千年非遗皮纸让博物馆古籍焕发新生	新华网
7月14日	华东师大名教授方勇手稿影印出版　原件入藏国家图书馆	新华网
7月28日	中国驻新潟总领馆向日本东北大学赠送新版《鲁迅手稿全集》	新华网
8月4日	“妙手传天禄　丹心鉴古今——国家图书馆藏清宫‘天禄琳琅’修复项目成果展”将在京开展	新华网
8月11日	《中华传统文化百部经典》创意推广展在天津开展	新华网
8月29日	让古籍古曲“活”起来	新华网
9月5日	《古籍里的古曲》系列音乐会在国家图书馆开演	新华网
9月7日	经典，予生活以诗意	新华网
11月10日	“阅读北京”漫步北京　感受长河的源流与承载的历史	新华网
11月11日	推动“儿童优先”原则融入阅读　中国儿童阅读发展论坛在京开幕	新华网
1月14日	直播｜“个体记忆里的家国往事”口述纪录片主题研讨会	光明网
1月25日	书香筑梦金虎纳福　国家图书馆迎春音乐会开幕	光明网

（续表）

日期	标题	媒体
2月15日	《古韵新春》：让古籍活化的有益尝试	光明网
3月22日	《但是，还有书籍2》：与书相遇的那一抹温柔	光明网
4月15日	纪录片《穿越时空的古籍》收官，多元方式助力中华文化传承	光明网
4月20日	书籍　春风　还有你	光明网
4月24日	第十七届文津图书奖揭晓　19种图书获奖	光明网
4月26日	“音乐点亮人生——读书日专场音乐会”助推全民阅读	光明网
6月10日	“年华易老，技·忆永存”　探讨非遗传承新思路	光明网
7月1日	14个项目获得文化和旅游部重点实验室资助项目立项资格	光明网
7月29日	字节跳动资助修复古籍50册（件）　国图珍贵图档再现颐和园原貌	光明网
8月15日	古籍修复师宋晶：妙手补书书可春	光明网
9月20日	魏崇：守正创新，古籍出版迈向高质量发展	光明网
10月11日	古籍数字化平台搭建免费开放的“智能图书馆”	光明网
10月31日	全民阅读暖人心　浓郁书香飘万家	光明网
11月29日	从《一馔千年》说起，探索中华古代饮食文明的足迹	光明网
4月23日	全民阅读迈入崭新阶段！第十七届文津图书奖揭晓	央广网
6月1日	用年轻人乐于参与的方式传播非遗“文化和自然遗产日”非遗活动大幕拉开	央广网
6月10日	“日本永青文库捐赠汉籍”专题数据库上线　国家图书馆官网可阅览	央广网
6月11日	如何看待“活起来的非遗”？专家这样说	央广网
8月28日	“艺术典藏之舞蹈艺术——讲舞堂”公益讲座再次开讲	央广网
8月29日	让古籍可听，让古曲可观	央广网
11月6日	北京市文旅局发布25条建筑主题游线路	央广网
12月31日	寻年俗、读好书、乐享年趣　国家图书馆线上线下联动迎新年	央广网
3月3日	《古韵新春》追根溯源中国年　传递文化自信	央视网

（续表）

日期	标题	媒体
4月23日	[北京您早]第27个世界读书日　国家图书馆推出《中华传统文化百部经典》阅读推广活动	央视网
4月23日	[新闻直播间]第十七届文津图书奖在国家图书馆揭晓　19种图书获奖　51种图书获推荐	央视网
4月29日	第十七届文津图书奖在国家图书馆揭晓	央视网
6月6日	国家图书馆：6月6日开放预约，6月7日起恢复开馆	央视网
6月11日	让文化和自然遗产绽放新光彩　我国世界自然遗产和双遗产总体保护状况良好	央视网
6月11日	文化和自然遗产日丨北京：古籍修复　用匠心守护文化遗产	央视网
6月22日	6月22日起，国家图书馆少年儿童馆暂停开放	央视网
7月6日	奋斗者·正青春丨古籍修复师宋晶：妙手补书书可春	央视网
8月8日	[文化十分]国家图书馆藏清宫“天禄琳琅”修复项目成果展开展	央视网
8月14日	[奋斗者正青春]古籍修复师宋晶：妙手补书书可春	央视网
9月8日	[北京您早]过文化中秋　国图邀您诵读“文津”十年经典	央视网
9月10日	[北京您早]文化中秋：国家图书馆邀读者来看老电影	央视网
9月24日	《典籍里的中国2》首期识读《永乐大典》，走进“布衣都总裁”陈济“曾典蓬山四库书”的文化坚守人生	央视网
9月30日	“邂逅·美索不达米亚——叙利亚古代文物精品展”在国家图书馆延长展期	央视网
10月12日	3000万跳动的古籍字符，通过这个平台免费开放了	央视网
10月28日	撒贝宁对话中国第一位修撰正史的女史家　《典籍里的中国2》探寻《汉书》著书故事	央视网
10月28日	一家两代记述230年西汉历史　《典籍里的中国2》第二期识读《汉书》	央视网
12月25日	《典籍里的中国2》第三期《礼记》上新　撒贝宁开启寻“礼”之旅	央视网
5月27日	国图发布数字藏品“诗词中的国家图书馆”	环球网
6月11日	走进中国记忆里的非遗，在“传承人记录”中把技和忆留住	环球网

（续表）

日期	标题	媒体
8月2日	让青少年领略古籍之美　国家图书馆发布“手不释书”——我们的书籍系列研学产品	环球网
12月3日	“纪念现行宪法公布实施四十周年馆藏文献展”开展	法治网
1月18日	国家图书馆发布古籍修复项目重大成果	人民政协网
3月18日	字节跳动向北大提供捐赠　支持研发古籍数字化平台	人民政协网
4月24日	“百部经典”主题诵读音乐会举办	人民政协网
4月24日	第十七届文津图书奖在国家图书馆揭晓	人民政协网
4月24日	发挥国家图书馆资源优势作用　更好支撑委员读书活动	人民政协网
4月24日	推广全民阅读，国家图书馆开展系列活动	人民政协网
4月26日	“音乐点亮人生　我和我的祖国”世界读书日专场音乐会上演	人民政协网
7月21日	熊远明：国家图书馆是服务全民阅读的重要阵地	人民政协网
8月16日	“艺术典藏之舞蹈艺术——讲舞堂”在国家图书馆举办	人民政协网
8月17日	“和全国政协委员一起读书”社会读者群线下活动举办	人民政协网
9月3日	国家图书馆馆长熊远明：推动公共文化服务机构做好交往交流交融工作	人民政协网
9月7日	国家图书馆举办“经典，予生活以诗意——‘文津经典诵读’十周年主题展”	人民政协网
9月26日	直播丨全国政协“加强中华儿女大团结”主题读书暨“和全国政协委员一起读书”活动交流会	人民政协网
2月9日	“网络书香·阅见美好”数字阅读推广新春活动启动	人民论坛网
4月24日	国家图书馆举办“4·23世界读书日”特别活动	人民论坛网
8月1日	国家图书馆发布“手不释书”研学产品	人民论坛网
10月26日	“艺术典藏之舞蹈艺术——讲舞堂”第十一场在国家图书馆开讲	人民论坛网
4月24日	《许渊冲百岁自述》等19种图书斩获第十七届文津图书奖	人民周刊网
6月28日	叙利亚古代文物精品展在国家图书馆开展	人民周刊网
8月15日	刘岩国图开讲：从舞台转身讲台，舞蹈依旧疗愈人生	人民周刊网

（续表）

日期	标题	媒体
8月3日	“国家图书馆藏清宫‘天禄琳琅’修复项目成果展”将在京开展	中国日报网
1月5日	国家图书馆联合阅文集团发起甲骨文推广公益项目	中国新闻网
1月7日	中国国家图书馆藏清宫“天禄琳琅”修复项目八年收官	中国新闻网
1月15日	第十五届小康电视节目工程荣誉揭晓　国家图书馆典藏优秀作品	中国新闻网
1月18日	国家图书馆发布21副“古籍里的春联”　最早见于“敦煌遗书”	中国新闻网
2月24日	《“部级领导干部历史文化讲座”20周年纪念版丛书》：从历史文化中汲取中国智慧	中国新闻网
3月2日	脱贫攻坚纪录片《阿昌人家》角逐全国大奖　获国家图书馆典藏	中国新闻网
4月18日	“革命文献与民国时期文献保护计划”十年建成东京审判等特色资源库	中国新闻网
4月18日	国图开启“致敬经典”系列活动　新中国第一代女播音员葛兰开讲	中国新闻网
4月18日	世界读书日：在国家图书馆与名家学者共赴精神盛宴	中国新闻网
4月21日	《开卷品书香——世界读书日特别节目》将播：十小时直播聚焦全民阅读	中国新闻网
4月23日	10条“书香北京——阅读空间主题游”线路发布	中国新闻网
4月23日	权威推荐!第十七届文津图书奖在国家图书馆揭晓	中国新闻网
4月23日	中国千余家图书馆联合发出“给读者的一封信”	中国新闻网
4月24日	第十七届文津图书奖在国家图书馆揭晓	中国新闻网
6月1日	6200多项非遗宣传展示活动将在“文化和自然遗产日”前后举办	中国新闻网
6月6日	与古籍“交友”的修复师：“对话”历史“挽留”光阴	中国新闻网
6月10日	国家图书馆恢复开馆　学习氛围浓	中国新闻网
6月10日	全国182家图书馆首次联动展示国家级非遗传承人记录工作成果	中国新闻网

（续表）

日期	标题	媒体
6月15日	文博IP结合数字藏品大有可为　国图《诗词中的国家图书馆》系列亮相TopHolder头号藏家	中国新闻网
6月16日	《鲁迅手稿全集》新书首发式在国家图书馆举行	中国新闻网
6月17日	京港地铁推出主题阅读活动　乘客出行中体会阅读乐趣	中国新闻网
6月24日	叙利亚古代文物精品展在京亮相　带观众纵览50万年历史画卷	中国新闻网
7月1日	民众在北京邂逅叙利亚美索不达米亚文物精品	中国新闻网
8月3日	国家图书馆“晒书”亮宝　展示高超古籍修复技艺	中国新闻网
8月4日	国家图书馆藏清宫“天禄琳琅”修复项目成果即将与公众见面	中国新闻网
8月12日	《中华传统文化百部经典》创意推广展亮相天津	中国新闻网
8月27日	《古籍里的古曲》系列音乐会：让古籍可听，让古曲可观	中国新闻网
9月1日	政协委员专家建言：在交往交流交融中铸牢中华民族共同体意识	中国新闻网
9月22日	文旅部：持续推进文化和旅游领域知识产权保护工作	中国新闻网
10月28日	国图公开课 | 走进王阳明的心学世界	中国新闻网
10月31日	纪念王阳明诞辰550周年　国图公开课推广经典阅读	中国新闻网
11月4日	国家图书馆获捐《红旗颂》手稿等540余种重要艺术文献	中国新闻网
12月1日	“2022纪实影像照见未来”系列研讨及展映活动在线举办	中国新闻网
12月28日	如何定级？公共图书馆系统古籍类文物定级指南发布	中国新闻网
1月6日	国图联合阅文发起甲骨文推广公益项目	中新经纬
1月28日	国家图书馆辟谣“捐课”，俞敏洪发视频回应了	中新经纬
6月30日	国图讲坛抖音开播，艺术教育家杨先让分享“黄河十四走”经历	中国青年网
7月28日	国图讲坛抖音开播，非遗专家宋晓冬分享辽宁非遗项目	中国青年网
9月8日	百年国图藏书票亮相“豹豹青春宇宙”数字藏品平台	中国青年网
10月27日	此心光明——纪念王阳明诞辰550周年国图公开课特别活动	中青在线
2月7日	书香迎新　阅向未来	中国新闻出版广电网

（续表）

日期	标题	媒体
3月7日	代表委员：让古籍“活起来”“火起来”	中国新闻出版广电网
3月8日	传统文化如何创新，才能常润华夏	中国新闻出版广电网
3月8日	让古籍“走出深闺”走进大众视野	中国新闻出版广电网
3月10日	“古籍保护”首次写入政府工作报告　代表委员：让古籍“活起来”“火起来”	中国新闻出版广电网
3月14日	国图“和全国政协委员一起读书”招募读者	中国新闻出版广电网
4月8日	三年内完成万种古籍智能化整理	中国新闻出版广电网
4月15日	“革命文献与民国时期文献保护计划”实施十年　整理文献出版图书8522册	中国新闻出版广电网
4月22日	书香满神州　阅读聚力量	中国新闻出版广电网
4月26日	第十七届文津图书奖揭晓	中国新闻出版广电网
4月28日	中医药古籍重点项目《中华医藏》将由国图社出版	中国新闻出版广电网
4月29日	国家图书馆知识产权信息服务中心在京揭牌	中国新闻出版广电网
5月25日	“《中华传统文化百部经典》阅读推广活动”开启	中国新闻出版广电网
5月30日	“部级领导干部历史文化讲座”20周年纪念版丛书出版	中国新闻出版广电网
5月31日	郑振铎生前编著的清人杂剧合集出版	中国新闻出版广电网
6月15日	“日本永青文库捐赠汉籍”专题数据库正式上线	中国新闻出版广电网
7月4日	古籍办推荐《论语》及其6种优秀整理版本	中国新闻出版广电网
7月28日	《明清宫藏丝绸之路档案图典》出版发行	中国新闻出版广电网
8月3日	熔古铸今，让中华文脉世代传承	中国新闻出版广电网
8月10日	“两宋浙刻丛刊”打造宋韵文化传世工程	中国新闻出版广电网
8月18日	《中华传统文化百部经典》创意推广展在津开展	中国新闻出版广电网
9月1日	古籍出版：让文学经典在新时代焕发生机	中国新闻出版广电网
9月8日	古籍办推荐《老子》及其5种优秀整理版本	中国新闻出版广电网
9月15日	16部中国网文作品入藏大英图书馆	中国新闻出版广电网
9月15日	围绕文津图书奖提升工作　国图向出版单位“取经”	中国新闻出版广电网
9月16日	中国原创图画书发展史图文展线上开展	中国新闻出版广电网

（续表）

日期	标题	媒体
11月16日	推动“儿童优先”原则融入阅读	中国新闻出版广电网
11月23日	助推中华文化提升影响力创造力竞争力	中国新闻出版广电网
11月29日	推动全民阅读与文化强国建设紧密结合	中国新闻出版广电网
12月5日	百名阅读推广人主题展线上开展	中国新闻出版广电网
1月10日	国家图书馆联合阅文集团发起甲骨文推广公益项目	中国产业经济信息网
11月1日	走进国图公开课　了解王阳明的心学世界	中国产业经济信息网
1月10日	国家图书馆发布古籍修复项目重大成果	文化和旅游部官网
1月10日	凝“新”聚力，行稳致远——国家图书馆开展2021年新员工培训	文化和旅游部官网
2月8日	文化和旅游行业智库建设试点单位——国家图书馆	文化和旅游部官网
2月28日	国家图书馆员工大会召开	文化和旅游部官网
3月4日	国际图联亚洲和大洋洲地区部委员会举行线上工作会议	文化和旅游部官网
3月4日	乌拉圭赠书丰富中国国家图书馆馆藏外文文献	文化和旅游部官网
3月14日	文化和旅游部召开学习贯彻全国两会精神会议	文化和旅游部官网
3月25日	纪念斯特拉文斯基诞辰140周年中央歌剧院交响音乐会在北京国图艺术中心成功上演	文化和旅游部官网
4月11日	中西国家图书馆馆长“云对话”：探讨数字时代合作新机遇	文化和旅游部官网
6月20日	机关服务中心组织职工赴国家图书馆参观学习	文化和旅游部官网
6月22日	国家图书馆与中国科学技术信息研究所签订战略合作协议	文化和旅游部官网
7月4日	金砖国家图书馆联盟线上研讨会召开	文化和旅游部官网
8月12日	“启卷知新　文脉流长——中华传统晒书活动”盛大开启	文化和旅游部官网
9月6日	文化和旅游部召开国家图书馆领导干部任职宣布会	文化和旅游部官网
10月9日	广东省立中山图书馆举办第十七届文津图书奖获奖图书展	文化和旅游部官网
10月18日	国家图书馆组织全馆员工认真收听收看习近平总书记在中国共产党第二十次全国代表大会上的报告	文化和旅游部官网
11月1日	第十四次中文文献资源共建共享合作会议（线上）在中国国家图书馆举行	文化和旅游部官网
12月12日	中日两国国家图书馆馆长举行视频会议	文化和旅游部官网

（续表）

日期	标题	媒体
12月29日	第十七届全国省、自治区、直辖市、较大城市图书馆馆长联席会议召开	文化和旅游部官网
1月12日	中国古籍保护协会获民政部“全国先进社会组织”称号	民政部官网
3月11日	代表委员专访｜韩永进代表：建议加快推进修订《文物保护法》	国家文物局官网
3月15日	特别策划｜文博界代表委员助力文物事业高质量发展	国家文物局官网
4月26日	国家图书馆推出“世界读书日”系列活动	国家文物局官网
6月21日	国图举办非遗传承人记录工作回顾展	国家文物局官网
6月28日	“日本永青文库捐赠汉籍”专题数据库在国图上线	国家文物局官网
6月28日	“邂逅·美索不达米亚——叙利亚古代文物精品展”在国图开幕	国家文物局官网
8月5日	国图举办“天禄琳琅”古籍修复成果展	国家文物局官网
9月9日	《古籍里的古曲》系列音乐会在国家图书馆开演	国家文物局官网
11月4日	国图举办“纪念王阳明诞辰550周年”特别活动	国家文物局官网
4月25日	深入推进全民阅读，总裁读书会吹响建设书香企业号角	中华工商网
9月26日	“国家图书馆儿童阅读指导培训班”第二期成功举办	中国社会科学网
9月29日	“艺术典藏之舞蹈艺术——讲舞堂”第十场在国图开讲	中国社会科学网
10月8日	推动古籍目录数据库建设	中国社会科学网
11月14日	国家图书馆举办第三届“中国儿童阅读发展论坛”	中国社会科学网
1月19日	聚焦口述史纪录片　中国记忆项目中心举办系列研讨活动	中国网
4月23日	世界读书日：国图喊你“一起来阅读”　第十七届文津图书奖揭晓	中国网
6月1日	文化和旅游部：用年轻人乐于参与的方式传播非遗	中国网
7月20日	《中华传统文化百部经典》音乐会开启	中国网
9月12日	国图艺术中心举办公益讲座《因为热爱——钢琴艺术与阅读》	中国网
11月4日	540余种重要艺术文献　捐赠国家图书馆	中国网

（续表）

日期	标题	媒体
6月24日	邂逅·美索不达米亚——叙利亚古代文物精品展在国家图书馆开展	中国文化网
8月28日	“艺术典藏之舞蹈艺术——讲舞堂”公益讲座《面朝大海，春暖花开——导演日志》在中国国家图书馆举办	中国文艺网
9月5日	《天下谁人不读书　政协书院溢书香》公益讲座在国家图书馆举办	中国文艺网
9月26日	“艺术典藏之舞蹈艺术——讲舞堂”系列讲座活动（第十场）在国图艺术中心开讲	中国文艺网
4月27日	国家图书馆举行世界读书日特别活动	中国小康网
1月11日	出版传媒：24个项目入选“十四五”国家重点出版物规划	中国证券网
5月29日	天下秀虹宇宙平台与国家图书馆合作　拓宽应用场景和内容	中国证券网
9月22日	文化和旅游部：继续深入开展图书馆馆藏资源数字化保护利用工作调研	中国证券网
7月29日	95后女孩成国图最年轻的“古籍修复师”，曾为修复一条裂纹花费半个月	中华网
1月14日	国家图书馆馆藏清宫“天禄琳琅”修复项目完成	科学网
2月11日	烧杯、量筒、试剂……国图里，这群理科生在干啥？	科学网
4月24日	《月背征途》等19种图书获第十七届文津图书奖	科学网
6月10日	国图举办“文化和自然遗产日”系列主题活动	科学网
6月14日	“国图讲坛”抖音开播　民俗学家刘魁立谈二十四节气中的传统文化	京报网
10月29日	国学融合国粹　赴梦有情天下《京韵红楼》音乐会在北京国图艺术中心音乐厅首演	京报网
11月21日	国家图书馆举办“中国儿童阅读发展论坛”	京报网
12月27日	国家图书馆：元旦假期每天9至17时开放这个区，需实名预约	京报网
5月26日	“国图讲坛”抖音开播　首期趣谈百年考古学知识	北青网
6月16日	抖音与国家图书馆合作上线115部非遗纪录片	北青网
8月25日	“读行海淀，博物世界”系列研学活动在国图文创空间成功开展	北青网

（续表）

日期	标题	媒体
12月4日	在这里读懂我国宪法发展脉络“国家图书馆法律馆”开展	北青网
4月25日	国家图书馆举办第十七届文津图书奖发布活动	华媒网
1月7日	国图藏清宫“天禄琳琅”历时八年成功修复	新京报网
6月10日	国家图书馆举办“文化和自然遗产日”系列主题活动	新京报网
6月10日	我国已对872位国家级非遗代表性传承人记录成果完成验收	新京报网
6月27日	6月28日起，国家图书馆少年儿童馆恢复开放	新京报网
8月14日	“讲舞堂”国图开讲，刘岩传授舞蹈艺术疗愈方法	新京报网
8月23日	国家图书馆、故宫博物院、国家博物馆获赠“冬奥遗产”	新京报网
9月13日	国图举办“党歌颂百年”声乐专场音乐会	新京报网
10月1日	《古籍里的古曲》系列音乐会国庆期间将亮相天桥艺术中心	新京报网
10月28日	京城秋色 | 750岁国图古银杏树展最美秋姿	新京报网
11月3日	《红旗颂》手稿等540余种重要艺术文献捐赠国家图书馆	新京报网
12月1日	百名阅读推广人主题展今日线上开展	新京报网
4月24日	国家图书馆举行世界读书日特别活动	华夏经纬网
4月25日	关注第27个“世界读书日”，“数字阅读”正改变生活	华夏经纬网
6月27日	叙利亚古代文物精品展在京亮相　带观众纵览50万年历史画卷	华夏经纬网
12月12日	文化年终策划之文化大展	华夏经纬网
11月4日	7位知名艺术家捐赠音乐手稿老照片等给国图，看看都有啥	今日头条
11月11日	“讲舞堂”系列讲座在国图开讲	今日头条
11月30日	《人类知道的太多了》是一本得国家图书馆文津奖的科普读物	今日头条
11月4日	《红旗颂》手稿等540余种重要艺术文献捐赠国家图书馆	搜狐
11月24日	国图文化运营项目获评“首批全国知识产权信息服务优秀案例”	搜狐
11月25日	共迎新春，古韵送福！	搜狐
12月7日	12月，全国博物馆100个精品大展，你要看几个！	搜狐

（续表）

日期	标题	媒体
12月29日	正月初一合家欢，欢乐陪您过大年！	搜狐
8月26日	全国文化大数据交易中心试运行蓄势待发，国家图书馆出版社拟进场	新浪
1月18日	“甲骨文+网文跨千年展”在津湾文创空间亮相	北方网
8月10日	百川渊薮　熔古铸今——《中华传统文化百部经典》创意推广展开幕	北方网
9月5日	“你好天津”月度入围作品：国图天津津湾文创空间	北方网
9月9日	革命文献与民国时期文献保护计划专题培训班——郑州站在河南省图书馆举行	大河网
8月10日	全国文化大数据交易中心走访国家图书馆出版社，就双方业务合作进行交流	东方网
9月21日	想要买稀缺性数据，看国图出版社首批进场数据	东方网
1月13日	国家图书馆发布“天禄琳琅”古籍修复项目重大成果	东南网
3月10日	“全民阅读”第9次写入政府工作报告　代表委员提出哪些希望？	封面新闻网
6月26日	年华易老，技·忆永存——国家级“非遗”代表性传承人纪录片邀您来看！（三）	汉网
4月24日	世界读书日　书香更满城	河北省人民政府网
1月12日	郑州：《中华传统文化百部经典》阅读推广活动开启	河南省人民政府网
9月21日	第十七届“文津图书奖”获奖图书展在长春市图书馆举行	吉林省文化和旅游厅官网
11月4日	建言国家图书馆：当为查阅复制古籍开方便之门	南方周末网
8月26日	《中华传统文化百部经典》专题研讨会在宁夏召开	宁夏新闻网
1月5日	国家图书馆发起甲骨文推广公益项目，用网文为甲骨文写故事	澎湃新闻网
4月22日	4·23世界读书日，中央广播电视总台制作全天候读书活动	澎湃新闻网
6月11日	文化和自然遗产日：线上观看115部非遗纪录片	澎湃新闻网

（续表）

日期	标题	媒体
11月24日	七地图书馆联袂，共商古籍保护利用新思路	澎湃新闻网
12月1日	典籍交流：传递中国声音　倾听世界回响	澎湃新闻网
12月5日	国图推广活动："智慧图书馆建设成果案例展示活动"开始啦！	澎湃新闻网
4月22日	世界读书日丨携手同筑中国梦　青春正是读书时	陕西网
4月23日	第十七届文津图书奖揭晓，《许渊冲百岁自述》等19种图书获奖	文汇网
6月4日	《古韵新声》端午节目：文物和古韵中，打开传统佳节的"前世今生"	文汇网
6月9日	《全国古籍普查登记目录》启动10年，截至4月已出版546家收藏单位的127种普查登记目录，收录古籍数据130万余条	文汇网
6月10日	全国图书馆共赴非遗之约！"文化和自然遗产日"系列活动在国家图书馆举办	文汇网
10月13日	国家新闻出版署：2021至2035年将重点实施《永乐大典》等保护工程	文汇网
11月20日	天下丨古籍修复：以虔敬之心守护文明瑰宝	文汇网

五、移动客户端

日期	标题	媒体
10月13日	二十大代表风采丨国家图书馆典藏阅览部主任李晓明：创新推动全民阅读走深走实	人民日报客户端
11月2日	字节跳动投入古籍保护与开发　助力古籍焕发新生机	人民日报客户端
11月21日	国家图书馆举办"中国儿童阅读发展论坛"	人民日报客户端
12月8日	国家图书馆：今起入馆不再查验核酸检测阴性证明	环球网客户端
4月1日	未来三年，万千古籍将重返"青春期"	新华社客户端
4月21日	国家图书馆里的"扫地僧"	新华社客户端

（续表）

日期	标题	媒体
4月22日	从这些故事里感受习近平与书的“不解之缘”	新华社客户端
5月14日	中国故事|匠心再现古籍芳华	新华社客户端
5月24日	习近平的文化情怀|“这本书入藏国图，成就了文明交流的佳话”	新华社客户端
5月24日	习近平总书记关切事|故纸堆里捧出“金娃娃”：古籍典藏温“故”知“新”的故事	新华社客户端
6月10日	“我在国图修古籍”是这样炼成的	新华社客户端
6月24日	叙利亚古代文物精品展亮相中国国家图书馆	新华社客户端
7月21日	文明之美看东方|穿越时空的古籍是这样“活”起来的	新华社客户端
8月3日	“妙手传天禄　丹心鉴古今——国家图书馆藏清宫‘天禄琳琅’修复项目成果展”将在京开展	新华社客户端
8月11日	《中华传统文化百部经典》创意推广展开展　让书写在古籍里的文字活起来	新华社客户端
8月23日	冬奥应急救护设备落户国图、故宫、国博	新华社客户端
8月29日	《古籍里的古曲》音乐会9月为国家图书馆“庆生”	新华社客户端
9月20日	坚定文化自信，为新时代新征程凝心聚力——党的十八大以来我国文化建设述评	新华社客户端
9月21日	冬奥遗产守卫国家总书库：心肺复苏技能和红十字冬奥AED使用培训走进国家图书馆	新华社客户端
10月30日	国家图书馆举办“纪念王阳明诞辰550周年”特别活动	新华社客户端
1月10日	国图馆藏“天禄琳琅”修复完成	光明日报客户端
3月18日	看数字与人文如何交相辉映	光明日报客户端
4月23日	“书香满京城，一起向未来”	光明日报客户端
4月23日	直播|国家图书馆4·23世界读书日特别活动暨第十七届文津图书奖发布	光明日报客户端
6月14日	“日本永青文库捐赠汉籍”数据库正式上线	光明日报客户端
7月11日	甲骨文的世界	光明日报客户端
1月7日	几乎还原如初!国家图书馆抢救性修复300多册“天禄琳琅”古籍	央视新闻客户端

（续表）

日期	标题	媒体
4月23日	新影像丨我们为什么要读书？	央视新闻客户端
4月23日	这些好书你读过几本？第十七届文津图书奖获奖图书书单发布！	央视新闻客户端
4月26日	国家图书馆知识产权信息服务中心揭牌	央视新闻客户端
6月11日	国图携手182家图书馆举办非遗展览展映	央视新闻客户端
6月25日	叙利亚古代文物精品展今日在国家图书馆向公众开放	央视新闻客户端
8月4日	国家图书馆：馆藏清宫“天禄琳琅”修复项目成果展开展	央视新闻客户端
4月23日	第十七届文津图书奖在国家图书馆揭晓	工人日报客户端
6月25日	邂逅美索不达米亚	工人日报客户端
8月4日	“国家图书馆藏清宫‘天禄琳琅’修复项目成果展”在京开展	工人日报客户端
8月11日	百川渊薮　熔古铸今——《中华传统文化百部经典》创意推广展正式开幕	工人日报客户端
9月8日	国家图书馆举办“经典，予生活以诗意——‘文津经典诵读’十周年主题展”	工人日报客户端
9月14日	“党歌颂百年”声乐专场音乐会在国图开唱	工人日报客户端
10月31日	国图公开课来了！这次走近王明阳	工人日报客户端
1月8日	乾隆的“天禄琳琅”藏书，80后跟着60后修好了	中国青年报客户端
4月21日	世界读书日，和王蒙、濮存昕一起全天候开卷品书香	中国青年报客户端
4月23日	书籍，春风，还有你，《许渊冲百岁自述》等获第十七届文津图书奖	中国青年报客户端
1月4日	公共丨免费阅览全文影像！国家图书馆联合39家单位累计在线发布古籍数字资源13万部（件）	文旅中国客户端
1月5日	文物丨国家图书馆联合39家单位累计在线发布古籍数字资源13万部（件）	文旅中国客户端
1月8日	文物丨国家图书馆发布古籍修复项目重大成果	文旅中国客户端
1月28日	我这十年丨陈红彦：难忘国宝级文物入藏国图	文旅中国客户端
2月7日	我这十年丨中国科学院自然科学史研究所副研究员郑诚：与国图古籍相伴的“真读书人”	文旅中国客户端

（续表）

日期	标题	媒体
4月23日	公共丨第十七届文津图书奖在国家图书馆揭晓	文旅中国客户端
4月28日	公共丨国家图书馆知识产权信息服务中心正式揭牌	文旅中国客户端
9月4日	艺术丨《古籍里的古曲》系列音乐会在国家图书馆开演	文旅中国客户端
9月7日	公共丨国家图书馆举办“经典，予生活以诗意——‘文津经典诵读’十周年主题展”	文旅中国客户端
9月13日	公共丨国家图书馆召开学习贯彻习近平总书记给国图老专家回信精神三周年座谈会	文旅中国客户端
9月26日	书画丨《白庚胜文集》入藏国家图书馆	文旅中国客户端
10月18日	党建丨国家图书馆组织全馆员工认真收听收看习近平总书记在中国共产党第二十次全国代表大会上的报告	文旅中国客户端
10月24日	国家图书馆：推动全民阅读　引领全国图书馆行业发展	文旅中国客户端
4月13日	革命文献与民国时期文献保护计划实施10年，填补了多项国内空白	北京日报客户端
4月20日	重温留声故事，感受黑胶魅力，国家图书馆举办黑胶文化节	北京日报客户端
4月28日	国家图书馆“五一”假期只闭馆一天，需实名预约	北京日报客户端
5月2日	国家图书馆5月3日起闭馆，线上服务正常开展	北京日报客户端
6月10日	全国182家图书馆首次联动！邀您赴一场“非遗之约”	北京日报客户端
6月15日	上班路上体验阅读乐趣!今起，乘京港地铁可免费读书	北京日报客户端
6月22日	因疫情防控需要，国家图书馆少年儿童馆暂停开放	北京日报客户端
7月20日	《中华传统文化　百部经典》阅读推广专场音乐会举办	北京日报客户端
8月1日	让古代典籍“活起来”，国图为中小学生送来古籍研学礼包	北京日报客户端
9月6日	国图艺术中心上演“古典璀璨”三场公益演出	北京日报客户端
9月7日	国图举办专题展，让读者走进立体的诗词世界	北京日报客户端
11月10日	我国少儿馆数量增加显著，办馆条件明显改善	北京日报客户端
11月15日	国家图书馆第十八届文津图书奖正式启动	北京日报客户端
12月31日	国家图书馆发布元旦春节活动安排	北京日报客户端
12月31日	国家图书馆线上线下丰富活动伴读者过书香年	北京日报客户端
4月23日	世界读书日丨第十七届文津图书奖发布　国家图书馆开展系列活动	北京青年报客户端

（续表）

日期	标题	媒体
8月28日	国乐压轴　缤纷国图2022暑期儿童演出季闭幕	北京青年报客户端
10月30日	“讲舞堂”国图开讲　舞蹈家曹诚渊讲述现代舞	北京青年报客户端
12月27日	国家图书馆：元旦假期每天9至17时开放这个区，需实名预约	北青网客户端
1月10日	历时八年　珍贵古籍《天禄琳琅》的修复之路	金融界客户端
10月28日	视频 | 国图两株古银杏进入最佳观赏期	新京报客户端
6月25日	在国图邂逅美索不达米亚	新浪新闻客户端
7月15日	数字藏品平台的日子不太好过	新浪新闻客户端
7月24日	北京冬奥会交响组曲《冰雪相约》在国图艺术中心上演	新浪新闻客户端
12月18日	5本学者口述史 | 中国学人的精神风貌	搜狐新闻客户端
3月2日	指挥家陈亮声去世：将贝多芬原稿手迹影印件赠送国图收藏	澎湃新闻客户端
4月28日	国家图书馆知识产权信息服务中心26日举行揭牌仪式	澎湃新闻客户端
6月4日	文山州图书馆这个视频被国家图书馆收录!快来看看	澎湃新闻客户端
6月24日	从亚述壁画到祭拜者雕像，国图呈现叙利亚50万年	澎湃新闻客户端
4月14日	国家图书馆“革命文献与民国时期文献保护计划”实施10年成果丰硕	新民客户端
4月22日	5亿人加入数字阅读　200本付费好书陪你共度世界读书日	新民客户端
4月23日	好书最美！第十七届文津图书奖今揭晓，你读过哪一本呢？	新民客户端

年度大事记

年度大事记

一 月

4日，国家图书馆馆长熊远明会见腾讯集团副总裁、阅文集团CEO程武一行，国家图书馆副馆长张军参加会见。双方以甲骨文推广公益活动为契机，就进一步深化合作达成初步意向。

5日，国家图书馆联合阅文集团举办“甲骨文推广公益项目”主题发布会。现场还举办“甲骨文与网络文学的跨千年交汇”对谈沙龙。与会嘉宾参观正在国图·津湾文创空间展出的“甲骨文+网文跨千年展”。

7日，国家图书馆召开馆藏清宫“天禄琳琅”修复项目重大成果新闻发布会，现场展示“天禄琳琅”修复成果。

14日，国家图书馆与中国文学艺术界联合会、中共福建省委宣传部、国家乡村振兴局、中国电视艺术家协会等单位共同主办的“新时代小康纪实影像征集典藏”活动在福建宁德举办。20部优秀纪录片永久入藏国家图书馆。

18日，“古籍里的春联”发布暨春联书写活动在国家图书馆总馆北区举行，“典籍里的中国年”同时开展。

20日，国家图书馆召开安全工作领导小组全体会议，馆领导班子成员出席会议，各部处主要负责人参加会议。会议宣布成立国家图书馆安全工作领导小组，下设安全生产、网络安全、保密安全、卫生健康、财务内控、疫情防控等6个专项组。

25日，国家图书馆召开馆属企业经营工作座谈会，馆长熊远明、副馆长张军出席会议并讲话，相关部处及各馆属企业负责人等30余人参加会议。

二 月

9日，国家图书馆召开党史学习教育总结会议。文化和旅游部党史学习教育第四指导组组长宋晨出席会议并做指导讲话，馆领导班子成员出席会议，党委委员、纪委委员、中层干部、馆属企业主要负责人和党支部委员等130人参加会议。

15日，国家图书馆召开2022年年初中层干部会议。馆长、党委副书记熊远明做主旨讲话，党委书记、副馆长魏大威主持会议并总结讲话，馆领导陈樱、汪东波、张军、霍瑞娟出席会议，各部处负责人和各馆属企业主要负责人等参加会议。

18日，国际图联亚洲和大洋洲地区部委员会举行线上工作会议。中国国家图书馆副馆长陈樱作为委员出席会议，与参会委员就各项议题进行深入交流。

22 日，国家图书馆召开 2022 年员工大会，文化和旅游部党组成员、副部长张旭出席并讲话，公共服务司司长李宏出席，国家图书馆馆长、党委副书记熊远明讲话，党委书记、副馆长魏大威主持，馆领导张志清、陈樱、汪东波、张军、霍瑞娟出席，各部处、各馆属企业负责人和员工代表及离退休老同志代表等参加。

25 日，中国图书馆学会十届三次理事会暨十届理事会党员大会以线上线下相结合的方式召开，中国图书馆学会负责人和理事等 148 人出席会议，监事会成员列席会议。国家图书馆馆长熊远明当选为中国图书馆学会第十届理事会理事长、党委书记，并担任法定代表人。

三 月

2 日，国家图书馆纪委召开扩大会议，专题学习十九届中央纪委六次全会精神和中共中央印发的《中国共产党纪律检查委员会工作条例》，副馆长、党委副书记、纪委书记陈樱主持会议并讲话。馆纪委委员、各党支部纪检委员及纪检监察处全体人员等近 30 人参加会议。

11 日，文化和旅游部党组成员、副部长卢映川一行到国家图书馆调研指导党建工作，国家图书馆馆长、党委副书记熊远明等馆领导及有关部门负责人陪同调研。

14—15 日，中国国家图书馆社会教育部副主任田苗、信息技术部高级工程师李晓鸣线上参加由俄罗斯科学院西伯利亚分院国立公共科技图书馆联合俄罗斯图书馆协会等机构主办的“图书馆科学技术与信息”国际科学与实践会议。

16 日，“中英图书馆论坛”线上研讨会举办。此次研讨会邀请 6 位专家针对 2021 年的培训视频，与 300 余位图书馆员进行线上交流研讨。

四 月

8 日，中国国家图书馆馆长熊远明、副馆长陈樱参加与西班牙国家图书馆的视频会议，就“数字时代的图书馆”一题进行“云对话”。

11 日，全国政协文化文史和学习委员会驻会副主任胡纪源一行到国家图书馆调研。国家图书馆馆长熊远明、副馆长陈樱参加调研。双方就全国政协书院与国家图书馆合作事宜进行座谈交流。

13 日，“革命文献与民国时期文献保护计划十周年研讨会”通过线下线上相结合的方式在国家图书馆召开。来自国家图书馆、全国各省级公共图书馆、高校图书馆、科研院所等 41 家单位的 60 余名代表参加会议。

22 日，国家文物局督察司副司长岳志勇一行到国家图书馆古籍馆调研，走访查看古籍馆中控室、文津楼、古籍库房、阅览室等处，并与国家图书馆相关负责人座谈交流，听取北平图书馆旧址安防和消防升级改造工程有关情况的汇报。国家图书馆副馆长霍瑞娟参加调研和座谈。

23 日，国家图书馆联合中国图书馆学会举办“书籍　春风　还有你——国家图书馆 2022 年 4·23 世界读书日特别活动暨第十七届文津图书奖发布”活动。文化和旅游部公共服务司、国家图书馆等单位领导出席，文津图书奖评委代表、部分获奖图书作（译）者、出版社和联合评审单位代表等共200余人参加活动。活动现场揭晓第十七届文津图书奖评选的19种获奖图书和51种推荐图书。

23日，“文梓共采　笔墨同辉——从古代经典诗词到现当代文学”展在国家典籍博物馆第六展厅开展。此次展览分为“唐诗宋词”和“现当代文学”两部分，这两部分分别展出经典诗词作品的古籍文献、现当代名家手稿及相应的当代书法创作。

23日，由国家图书馆主办、国家知识产权局公共服务司指导，以“图书馆的使命：保护知识产权引领知识共享”为题的知识产权主题展览在国家典籍博物馆第九展厅正式开展。此次展览共分为“知识产权基础知识”“国家知识产权成就及战略规划”“国家图书馆知识产权工作与信息服务”3个单元。

26日，国家图书馆知识产权信息服务中心揭牌仪式在国家典籍博物馆举行。国家图书馆馆长熊远明、国家知识产权局公共服务司副司长刘毅等出席活动并致辞，熊远明、刘毅共同为中心揭牌。

五　月

9—31日，由国家图书馆、中国图书馆学会主办的2022“全国图书馆未成年人服务提升计划”线上专题培训班举办，来自全国各图书馆的千余名未成年人服务工作者参加培训，视频点击量16000余次。

11日，国家古籍保护中心下发《关于征集“中华古籍保护计划”开展以来各地区取得的古籍保护成果案例宣传稿件的通知》，面向各地征集古籍保护成果案例宣传稿件。各省级古籍保护中心结合各自工作特色和保护成果，积极组织区域内保护单位报送稿件百余篇。

六　月

10日，“年华易老　技·忆永存——第四届国家级非物质文化遗产代表性传承人记录工作成果展映月暨工作回顾展”在国家图书馆总馆北区二层大厅开展。同时，第四届国家级非物质文化遗产代表性传承人记录工作成果纪录片115部通过国家图书馆网站首页展示专区（ich.nlc.cn）发布。2022年“非遗讲座月”活动线上同步推出，通过国家图书馆微信订阅号、官方微博、“方寸大观　国图视听”抖音号发布相关讲座视频。

10日，“日本永青文库捐赠汉籍”专题数据库在国家图书馆（国家古籍保护中心）“中华古籍资源库”正式上线。该数据库包含汉籍资源36部793种4000余册，共计37万余叶，采取免登录注册方式面向读者提供全文阅览服务。

15日，国家图书馆召开馆属企业经营工作座谈会。馆领导熊远明、魏大威、张志清、陈樱、张军、霍瑞娟出席会议，相关部处、国家图书馆出版社及各馆属企业负责人等30余人参加。

17日，国家图书馆与中国科学技术信息研究所战略合作签约仪式在中国科学技术信息研究所举行，国家图书馆馆长熊远明、中国科学技术信息研究所党委书记赵志耘出席活动，并代表双方签署协议。

21日，国家图书馆第六届青年学术论坛举办。此届论坛以“传承·创新·开放——图书馆智慧化转型时代背景下的青年责任与使命”为主题，共收到投稿论文200篇，最终评选出一等奖11篇、二等奖20篇、三等奖28篇、优秀奖37篇。

24日，由中国文物交流中心和国家图书馆（国家典籍博物馆）联合主办的“邂逅·美索不达米亚——叙利亚古代文物精品展”开幕式在国家图书馆举行。

28日，作为2022年金砖国家图书馆联盟轮值主席馆，中国国家图书馆邀请各成员馆馆长举行金砖国家图书馆联盟线上研讨会。

28日，全国智慧图书馆体系基础平台建设推进会召开。会议由国家图书馆数字资源部和信息技术部牵头组织，承担系统平台建设任务的16家省级馆的60余位主管馆领导及相关部门负责人参加会议。

29日，国家图书馆召开业务工作座谈会。馆领导、各业务部处和参职部处及相关职能部处负责人30余人参加。

七　月

5日，中国教育图书进出口有限公司总经理王建新等一行8人到国家图书馆进行业务交流。馆长熊远明、副馆长汪东波以及相关部门负责人参加。

6日，全国图书馆文献缩微复制中心以线下线上相结合的方式召开2022年全国公共图书馆缩微工作会议。

18日，由全国政协书院联合国家图书馆、光明日报社共同推出的“加强中华儿女大团结”主题读书暨“和全国政协委员一起读书”活动社会读者群启动仪式在全国政协机关举行。

21日，2022年国家图书馆年中中层干部会议召开。馆领导班子成员、各部处负责人、各馆属企业主要负责人等参加会议。

八　月

4日，由国家图书馆（国家古籍保护中心）主办的“启卷知新　文脉流长——2022年中华传统晒书活动启动仪式”暨“典籍里的七夕：一起晒书吧”直播活动在国家典籍博物馆“甲骨文记忆”展厅正式启动。

4日，由国家图书馆（国家古籍保护中心、国家典籍博物馆）主办的“妙手传天禄　丹心鉴古今——国家图书馆藏‘天禄琳琅’修复项目成果展”在国家典籍博物馆正式开展。

10日，“百川渊薮　熔古铸今——《中华传统文化百部经典》创意推广展”开幕式在天津市国图·津湾文创空间举行。

29日，文澜阁《四库全书》影印本入藏暨开架服务仪式在国家图书馆总馆北区举办。专架设在总馆北区中厅负一层，供读者开架阅览。

九　月

2日，文化和旅游部在国家图书馆召开国家图书馆领导干部任职宣布会。文化和旅游部党组成员、副部长饶权，文化和旅游部人事司一级巡视员古今出席会议，国家图书馆领导班子成员、各部处负责人、各馆属企业主要负责人参加会议。古今宣读《文化和旅游部关于张志清任职的通知》（文旅人发〔2022〕80号），任命张志清为国家图书馆常务副馆长（正局级）。

2日，《国家图书馆智慧图书馆建设概要设计报告》（初稿）专家征求意见会在国家图书馆以线上线下相结合的方式召开。

6日，由中国国家图书馆（丝绸之路国际图书馆联盟指导委员会办公室）主办、卡塔尔国家图书馆承办的第四届丝绸之路国际图书馆联盟论坛以线上形式召开。此次论坛主题为“数字资源共享的实践与挑战”。

7日，由国家图书馆联合全国各级各类图书馆共同举办的“经典，予生活以诗意——文津经典诵读十周年主题展”在国家图书馆北区二层大厅开幕。

9日，国家图书馆在总馆南区广场举行建馆113周年升旗仪式。馆领导班子成员以及各部处负责人、在职员工、离退休员工代表共300余人参加升旗仪式。

9日，国家图书馆组织召开“学习贯彻习近平总书记给国图老专家回信精神三周年座谈会”，进一步深入学习贯彻落实习近平总书记给国图老专家回信精神，回顾总结三年来贯彻落实回信精神工作情况，以总书记回信精神为指引，全面推动国家图书馆事业发展。馆领导班子成员、离退休老同志代表，各部处、各馆属企业主要负责人出席。相关部处的7位负责人做交流发言。

9日，国家图书馆推出外借图书逾期费豁免月及开放13—15周岁读者外借中文图书权限等措施。

26日，国家图书馆纪委组织开展党风廉政警示教育活动，集体观看党风廉政警示教育片。馆领导班子成员、中层干部、各党支部委员、馆属企业主要负责人等130余人参加会议。

27—29日，“2022年全国智慧图书馆建设与管理培训班”以线上直播的方式举办，国家图书馆馆长、党委副书记熊远明做开班致辞，国家图书馆党委书记、副馆长魏大威做主旨报告，来自全国各省（自治区、直辖市）的公共图书馆馆长及项目负责人共1000余人参加培训。

十　月

1日，国家图书馆民国时期文献保护工作办公室联合国家图书馆出版社、上海师范大学图书馆创办的学术集刊《民国文献研究》第一期正式出版。《民国文献研究》计划每年出版两辑，由国家图书馆出版社出版，面向国内外公开发行。

25 日，第 28 届亚洲和大洋洲地区国家图书馆馆长会议在印度尼西亚雅加达举行，会议主题为“图书馆服务对社会的影响：可持续发展、包容和创新”。中国国家图书馆馆长熊远明应邀以线上方式出席会议，并做专题报告。中国国家图书馆副馆长陈樱线上参加会议。国际图联当选主席维基 · 麦克唐纳以及来自中国、印度尼西亚、伊朗、越南、菲律宾、新加坡、菲律宾、卡塔尔等 27 个国家的国家图书馆代表参加会议。

26—27 日，由国家图书馆举办的“第十四次中文文献资源共建共享合作会议”以视频连线的方式举行。国家图书馆馆长熊远明、常务副馆长张志清、副馆长陈樱，香港中央图书馆、香港大学图书馆、澳门公共图书馆管理厅、澳门图书馆暨资讯管理协会、澳门大学图书馆、台湾汉学研究中心等机构的 30 余名馆长和专家，以及 50 余位省级公共图书馆、专业图书馆、高校图书馆、其他学术机构的馆长和专家学者出席。此次会议主题为“‘智’同道合，创新赋能——智慧环境下的文献资源共建共享”。熊远明在会上做主旨报告。大会期间还召开中文文献资源共建共享合作会议第 15 次理事会会议。

30 日，国家图书馆举办国图公开课“此心光明——纪念王阳明诞辰 550 周年”《中华传统文化百部经典》阅读推广特别活动，并通过多个平台进行线上直播。

十一月

1—3 日，由国家图书馆、中国图书馆学会联合主办的“2022 年全国智慧图书馆建设与管理基层图书馆员培训班”举办。来自全国各地千余名基层图书馆员参加线上直播培训。此次培训班特邀业内具有丰富理论和实践经验的专家学者围绕智慧图书馆建设中的热点问题进行授课。

3 日，国家图书馆重要艺术文献捐赠仪式暨“音乐点亮人生，我和我的祖国——音乐沙龙特别版”活动在国图艺术中心音乐厅举办。7 位知名艺术家捐赠手稿、日记、老照片等重要文献，共计 540 余种 1100 余册 / 件 3780 余张。

10 日，由文化和旅游部公共服务司指导、国家图书馆主办、国家图书馆少年儿童馆承办的“中国儿童阅读发展论坛”在国家图书馆召开。来自国内图书馆和教育界的 9 位专家学者在线上做专题分享。

15 日，《中国图书馆分类法》编委会第九届委员会成立大会暨工作会议以线上和线下相结合的方式在国家图书馆召开。来自国家图书馆、公共图书馆、高校图书馆、科研院所图书馆以及高等学校信息管理院系等 28 家机构的 32 名委员、顾问出席此次会议。

22 日，国家图书馆通过线上视频会议召开党的二十大精神宣讲和学习推进会。馆领导班子成员、党委委员、纪委委员、中层干部、馆属企业主要负责人、各党支部委员、团员代表、统战人士代表、离退休同志代表等 150 余人参加会议。

22 日，全国图书馆联合编目中心 2022 年度工作会议在线举办。来自全国各省级分中心的主任及代表共计 50 余人参加。

30 日，中国国家图书馆馆长熊远明与日本国立国会图书馆馆长吉永元信举行视频会议。中国国家图书馆副馆长陈樱、日本国立国会图书馆副馆长片山信子参加视频会议。两馆相关人员继续

2021 年的交流，再次以“智慧图书馆的发展与建设”为主题进行业务交流。

30 日—12 月 1 日，国家图书馆中国记忆项目中心联合中国图书馆学会公共图书馆分会和广州图书馆，共同举办“2022 纪实影像照见未来”系列研讨及展映活动。此次活动以线上方式举行，包括“图书馆纪实影音文献建设的发展与创新”主题研讨会以及“我们的文化记忆”主题纪录片展映两部分。

十二月

15 日，《国家图书馆智慧图书馆建设概要设计报告》（初稿）专家论证会线上召开。来自国家信息中心信息化和产业发展部、文化和旅游部信息中心、广东省立中山图书馆、中国农业科学院、中国国防科技信息中心、北京大学图书馆和浙江大学图书馆 CADAL 项目管理中心的 7 位专家参加会议。

22 日，由中国科学技术信息研究所、国家图书馆、国家科技图书文献中心和中国科学技术情报学会主办，《数字图书馆论坛》编辑部协办的第十三届全国知识组织与知识服务学术研讨会在线召开，主题为“开放视角下的知识系统重构与服务”。来自图书馆、高校、信息情报机构的 8 位专家学者分别做专题报告。

27 日，第十七届全国省、自治区、直辖市、较大城市图书馆馆长联席会议线上召开。此次会议的主题是深入学习贯彻党的二十大精神，落实习近平总书记给国图老专家回信以及党中央关于推动新时代古籍工作的有关精神，推动公共图书馆事业高质量发展。文化和旅游部党组成员、副部长饶权以视频方式致辞。国家图书馆馆长熊远明做主旨报告。国家图书馆党委书记、副馆长魏大威，常务副馆长张志清，副馆长陈樱、汪东波、张军、霍瑞娟，以及全国副省级城市以上公共图书馆负责人等参加会议。

综合索引

D

E

F

G

H

J

K

L

M

N

P

Q

R

S

T

W

X

Y

Z

（佛山大学　衡中青　李秋宇编制）